KB272466

통일교육의
세계시민적 접근과
코리안 디아스포라

통일교육의 세계시민적 접근과 코리안 디아스포라

2026년 2월 25일 초판 인쇄
2026년 2월 28일 초판 발행

엮은이 | 이화여자대학교 통일교육선도대학사업단
지은이 | 서수정 · 조영웅 · 조선철 · 이인정 · 정주아 · 김수한 · 윤혜령 · 홍면기
교정교열 | 정난진
펴낸이 | 이찬규
펴낸곳 | 북코리아
등록번호 | 제03-01240호
주소 | 13209 경기도 성남시 중원구 사기막골로45번길 14
       우림2차 A동 1007호
전화 | 02-704-7840
팩스 | 02-704-7848
이메일 | ibookorea@naver.com
홈페이지 | www.북코리아.kr
ISBN | 979-11-94299-89-9 (93300)

값 20,000원

통일교육의 세계시민적 접근과 코리안 디아스포라

이화여자대학교 통일교육선도대학사업단 엮음

서수정·조영웅·조선철·이인정·정주아·김수한·윤혜령·홍면기 지음

북코리아

통일은 어느 날 갑자기 이루어지는 사건이 아니다. 그것은 남과 북 사이에 쌓여온 불신과 긴장을 넘어 신뢰와 협력이 조금씩 축적되어가는 과정이다. 나는 오랫동안 통일을 "원심력보다 구심력이 커질 때 비로소 가능해지는 일"이라고 말해왔다. 통일의 구심력이란 남북이 서로를 적이 아닌 협력의 상대로 인식하고 관계를 관리해나가는 과정 속에서 내부적으로 형성되는 힘이다.

오늘의 한반도 현실에서 통일을 논하는 것 자체가 쉽지 않은 일이다. 무력충돌의 위협이 상존하고 핵과 미사일 문제가 한반도 정세를 요동치게 만드는 상황에서 통일이라는 화두는 신기루처럼 보일 수 있다. 그렇기 때문에 지금 우리에게 필요한 것은 통일을 하겠다는 의지나 선언이 아니라, 먼저 평화를 관리하고 축적해나가는 일이다. 평화가 정착되어야 남북 간 신뢰가 쌓이고, 그 위에서 통일의 구심력도 비로소 자랄 수 있다.

이 책은 바로 이러한 문제의식에서 출발한다. 통일을 단일한 정치적 사건이나 제도적 결합의 결과로 이해하기보다 평화를 통해 통일의 조건을 만들어가는 장기적 과정으로 여기도록 이끈다. 특히 주목할 점은 통일의 구심력이 남북 내부에서 형성되는 것이지만, 그 지속과 강화는 결코 남북만의 문제가 아니라는 점을 분명히 하고 있다는 것이다. 한반도는 국제질서와 분리된 공간이 아니며, 남북관계 역시 주변국들의 정책과 국제환경 속에서 영향을 받을 수밖에 없다. 따라서 통일의 구심력을 키워나가면서, 통일의 구심력보다 통일의 원심력이 더 커지지 않도록 국제환경을 어떻게 관리할 것인가라는 과제 역시 함께 고민되어야 한다.

이러한 맥락에서 이 책은 코리안 디아스포라의 경험에 주목한다. 세계 곳곳에 살고 있는 코리안 디아스포라는 한반도의 분단과 냉전을 몸으로 겪어온 존재임과 동시에 국제사회 속에서 살아온 시민이다. 이들의 역사적 경험과 실천은 남북관계를 민족 내부의 감정이나 이념에만 가두지 않고, 보다 넓은 세계시민적 시야에서 바라보게 하는 중요한 자산이다. 통일의 구심력은 남북 내부에서 만들어지지만, 그 구심력을 뒷받침하고 확장하는 조건은 국제사회와의 관계 속에서 함께 형성된다는 점에서 코리안 디아스포라의 경험은 통일 논의를 한 단계 업그레이드시키는 디딤돌이 될 것이다.

오늘날 한반도 평화와 통일을 둘러싼 논의는 더 이상 과거의 틀에 머물러서는 안 된다. 통일을 서두르기보다 평화를 축적하고 신뢰를 관리하며, 그 과정 속에서 통일의 구심력을 키워나가는 일이 필요하다. 통일을 이상으로만 말하지 않고, 오늘의 현실 속에서 통일의 구심력을 어떻게 키워나갈 것인지를 묻는 이 책의 공동저자들의 문제제기는 앞으로의 통일논의와 통일교육에 중요한 기준점을 제공하게 될 것이다.

정세현 前 통일부 장관

이 책은 코리안 디아스포라가 한반도 평화와 통일이라는 복합적 과제 속에서 형성되어온 학술적·실천적 의미를 세계시민적 관점에서 검토하고, 그 의미가 오늘의 맥락에서 어떻게 재해석될 수 있는지를 탐구한다. 한국 사회에서 통일 문제는 오랫동안 민족 내부의 당위이자 국가 정책의 목표로 다루어져왔으며, 통일교육 역시 이러한 인식하에 민족공동체 의식과 안보 인식, 제도적 통합에 대한 이해를 중심으로 형성·발전해왔다. 그러나 분단이 장기화되고 한반도를 둘러싼 국제질서와 사회 환경이 변화함에 따라 지금의 통일교육이 달라진 현실을 충분히 반영하고 있는지에 대해서는 재검토가 불가피해졌다.

이 책은 통일을 단일한 정치적 사건이나 제도적 결합의 결과로 환원하지 않고, 장기적인 사회적 과정이자 가치의 문제, 그리고 시민적 역량 형성의 문제로 재구성한다. 이러한 문제의식 아래, 통일교육을 국가 중심의 교육에서 세계시민적 관점에 기반한 교육으로 전환할 필요성을 제기하며, 코리안 디아스포라를 중요한 분석 주체로 조명한다. 여기에서 코리안 디아스포라는 혈연적 동질성이나 고정된 민족 정체성을 전제로 한 규범적 범주가 아니다. 이 책에서 말하는 코리안 디아스포라란 한반도와 연결된 역사적 이동과 정착, 분단과 냉전, 세대 교체와 문화적 혼종성 속에서 형성된 경험과 관계, 그리고 실천의 장을 가리킨다. 즉 '코리안'이라는 표지는 민족을 본질화하기 위한 개념이 아니라, 서로 다른 공간에서 형성된 다층적 경험이 초국적 네트워크로 연결되고 변주되어온 과정을 분석하기 위한 출발점이다. 이러한 점에서 이 책에 등장하는 '민족' 관련 용어는 분단의 역사적 경험이 기억과 정체성 구성에 어떠한 방식으로 작동해왔는지를 설명하기 위한 서술적·분석적 개념으로 사용된다. 따라서 세계시민적 접근은 민족주의 담론을 재생산하기보다 그 담론이 형성·변형·충돌하는 과정에서 드러난 한계를 성찰하고, 그 위에서 통일교육을 재구성하는 비판적 렌즈에 가깝다.

이러한 문제의식을 바탕으로, 이 책은 '문제 제기-가치 확장-실천적 재구성'이라는 단계적 논리 전개에 따라 세 부분으로 구성했다. 우선 1부는 이 책의 문제의식을 집중적으로 다루는 이론적·분석적 영역으로, 통일교육이 형성되어온 역사적 맥락과 사회적 변화를 검토하고, 통일 인식이 시대에 따라 어떻게 변화해왔는지를 분석한다. 이를 통해 기존 통일 담론과 통일교육이 지닌 구조적 한계를 짚어내고, 세계시민적 관점이 오늘날 통일교육에서 왜 불가피한 문제의식으로 등장하게 되었는지를 설명한다. 특히 코리안 디아스포라의 전개와 현재를 살펴보고, 사회정치적 현실과 연결하여 고찰함으로써 통일 논의가 한반도 내부의 문제에 머물 수 없다는 점을 이론적으로 제시한다. 즉, 1부는 통일교육과 디아스포라를 새로운 주제로 제시하기보다 이미 변화된 현실을 '어떤 관점'으로 다시 읽어야 하는지를 묻는 시작점에 해당한다. 다음으로 2부는 세계시민적 가치의 확장 영역이다. 여기에서는 세계시민교육에 관한 이론적 논의와 국제적 흐름을 바탕으로, 통일교육이 기존의 지식 전달이나 이념 중심

    통일교육의 세계시민적 접근과 코리안 디아스포라

접근을 넘어 어떻게 확장될 수 있는지를 탐색한다. 특히 냉전기 디아스포라 문학과 교육 현장의 사례를 통해 한반도의 분단 경험이 세계시민적 언어와 감수성으로 발현되는 과정을 분석한다. 이를 바탕으로 통일과 평화가 제도적·정책적 논의에만 국한되지 않고, 가치·윤리·문화의 차원에서 지속적으로 재구성되어왔음을 보여준다. 정리하자면 2부는 통일을 가르쳐야 할 내용이 아니라, '세계시민적 가치와 연결된 실천의 과정'으로 이해하도록 이끈다. 마지막으로 3부는 인식, 외교, 연대라는 보다 실천적인 차원으로 논의를 확장한다. 재외동포에 대한 국민 인식, 변화하는 글로벌 통일환경 속에서의 통일공공외교, 그리고 코리안 디아스포라와의 연대와 협력 방안을 분석함으로써 세계시민적 관점이 실제 정책과 사회적 실천에서 어떤 의미를 갖는지를 검토한다. 여기에서는 통일을 국가 주도의 과제로만 다루기보다 시민사회와 디아스포라, 국제사회의 다양한 행위자들이 함께 만들어가는 '다층적 과정'으로 이해하도록 제안한다. 이를 통해 통일이 추상적인 미래의 목표가 아니라, 이미 진행 중인 협력과 신뢰의 축적 과정임을 드러낸다. 따라서 이러한 3단계 구성은 한반도 평화와 통일을 변화하는 사회적 현실과 국제적 맥락 속에서 다시 읽고, 재고찰하며, 함께 실천해나가야 할 과정으로 이해하려는 이 책의 기본 문제의식을 반영하고 있다.

무엇보다 이 책은 통일교육과 코리안 디아스포라를 둘러싼 논의를 다양한 사회적 장에서 새롭게 사유할 수 있는 관점을 제시한다. 이를 위해 이론적 설명에 머무르지 않고 통계 자료, 구체적인 인물과 사건, 그리고 문학적 서사를 함께 검토함으로써 독자의 이해를 돕고 공감의 지평을 확장하고자 했다. 동시에 이 책은 통일에 대한 단일한 해답을 제시하기보다 질문을 던진다. 우리는 통일을 어떤 관점에서 이해해왔는가, 그리고 세계시민적 접근은 한반도 평화와 통일을 사유하는 우리의 인식 틀을 어떻게 확장시킬 수 있는가. 이 책이 그러한 질문들을 지속적으로 환기하는 하나의 계기가 되기를 바란다.

마지막으로, 이 책은 정세현 전 통일부 장관님의 통찰적 추천사를 통해 한반도 평화와 통일을 둘러싼 논의의 문제의식과 방향성을 한층 또렷이 드러낼 수 있었다. 또한 국립평화통일민주교육원(전 국립통일교육원)과 이화여자대학교 박원곤 교수님을 비롯한 이화통일교육선도사업단의 지원을 통해 본 연구가 하나의 책으로 결실을 맺을 수 있었다. 연구 전반에 걸쳐 든든한 조언과 지속적인 격려를 보내주신 최대석 교수님께도 이 자리를 빌려 감사의 뜻을 전한다. 처음으로 연구책임을 맡으며 시행착오를 겪는 과정에서 선배 연구자들께서 나누어주신 조언과 경험은 연구를 성찰하고 확장하는 데 중요한 이정표가 되었다. 더불어 연구과정에서 문제의식을 공유하고 다양한 아이디어로 협력해준 동료 연구자들, 그리고 이화여대 대학원 수업 '통일교육의 이론과 실제' 수강생 여러분의 성실한 참여와 연대 역시 이 책을 가능하게 한 중요한 토대였다. 지면 관계상 이름을 밝히지 못한 분들께도 마음을 담아 깊은 고마움을 전한다.

필진을 대표하여
서수정

CONTENTS

I

세계시민적 관점에서 본 통일교육의 재구성과 코리안 디아스포라

1
새로운 통일교육 패러다임과 세계시민적 주체로서의 코리안 디아스포라

서수정*

1) 통일교육의 형성과 발전

「통일교육 지원법」 제2조 제1호에 따르면, 통일교육이란 "자유민주주의에 대한 신념과 민족공동체의식 및 건전한 안보관을 바탕으로 통일을 이룩하는 데 필요한 가치관과 태도를 기르도록 하기 위한 교육"을 말한다.[1] 이러한 통일교육은 "조국의 평화적 통일의 사명에 입각하여 정의·인도와 동포애로써 민족이 단결을 공고히 하고, (중략) 밖으로 항구적인 세계평화와 인류공영에 이바지함"을 천명한 헌법 전문과 "대한민국은 통일을 지향하며, 자유민주적 기본질서에 입각한 평화적 통일정책을 수

---

* 이화여자대학교 통일학연구원 객원연구위원, 이화여자대학교 통일교육선도대학사업단 책임연구원.

1 「통일교육 지원법」(법률 제19998호).

립하고 이를 추진한다"라고 규정한 헌법 제4조의 정신을 바탕으로 하고 있다.[2] 이처럼 통일교육은 평화적 통일을 이루어가는 데 필요한 긍정적 인식과 바람직한 태도를 기르는 것을 목표로 한다.[3]

통일교육은 1970년대 동북아 국제정치의 지각 변동과 남북관계의 변화가 본격화되던 시기에 태동했다. 미국과 중국의 화해 분위기, 중국과 일본의 수교 등 냉전적 대립 구도가 완화되자 오랜 기간 이념 갈등을 겪던 국가들 사이에 대화와 협력이 시작되었다. 국제정세 변화는 한반도의 남북관계에도 직접적인 영향을 미쳤다. 1971년 8월에는 분단 이후 처음으로 남북 당국이 대면한 남북 적십자회담 예비회담이 판문점에서 열렸으며, 이듬해 1972년 7월에는 「7.4남북공동성명」이 발표되었다. 이는 남북 최고 당국자가 합의한 최초의 공동성명으로서, 정부 차원에서 통일문제를 공식 논의한 역사적 출발점으로 평가되고 있다.[4]

이러한 변화 속에서 민족자존과 공동체 의식 그리고 평화통일 의지 등을 함양할 국민교육 기관의 필요성이 제기되었고, 이에 따라 1972년 5월 통일부(당시 국토통일원) 소속기관으로 오늘날의 국립평화통일민주교육원이 발족했다. 창설 당시의 명칭은 통일연수소였으나, 이후 1986년 12월 통일연수원, 1996년 12월 통일교육원, 2021년 3월 국립통일교육원

2　　최근 '통일 포기'와 '두 개 국가 수용' 및 '영토 조항 개정 및 삭제' 주장이 제기된 것과 관련하여 평화통일정책 대통령 자문기관인 민주평화통일자문회의에서는 대한민국 헌법에 담긴 가치와 정신을 훼손한 데 대해 심각한 유감을 표한다는 성명을 발표했다. 참고: "반헌법적 통일 포기 주장 관련, 민주평화통일자문회의 수석부의장 성명," 민주평화통일자문회의 홈페이지, 2024년 9월 20일; 〈www.puac.go.kr〉.

3　　국립통일교육원, 『2023 통일교육 기본방향』 (서울: 국립통일교육원, 2023), p. 6.

4　　「7.4남북공동성명」의 핵심은 통일의 세 가지 원칙, 즉 자주, 평화, 민족대단결에 대한 남북 간의 합의였다. 참고: 국립통일교육원, 『2025 통일문제이해(개정판)』 (서울: 국립통일교육원, 2025), p. 59.

　　I. 세계시민적 관점에서 본 통일교육의 재구성과 코리안 디아스포라

으로 개칭되었고, 2025년 11월부터 현재의 국립평화통일민주교육원 명칭을 사용하고 있다.[5]

1970년대 초반 이전까지 통일교육은 산발적이고 파편적으로 이루어졌다. 당시 국토통일원은 이러한 한계를 극복하고 통일교육을 체계적으로 정립하기 위해 통일연수소 창설 이듬해인 1973년 『정치사상교육 교수지침서』를 발간했다. 그러나 해당 지침서는 '공산주의 및 북한의 모순 비판과 도전 극복 능력 육성'을 주요 목표 중 하나로 제시함으로써 통일교육이 남북 간 첨예한 체제 경쟁 구도 속에서 사실상 남한 주도 통일의 정당성을 강화하는 방향으로 기능하도록 했다.[6] 이후 1976년 「통일안보교육의 집중강화계획」과 「국민정신교육 강화방안의 시행계획」 등 일련의 종합적인 계획이 구체화되었지만, 통일문제는 여전히 남북 양측 모두에게 체제 정당화를 위한 정치적 도구로 활용되는 데 머물렀다.[7]

1980년대에는 정부 부처별로 시행해온 국민정신교육이 체계성과 연계성이 부족해 충분한 효과를 거두기 어렵다는 비판이 제기되었다. 당시 국토통일원은 각급 사회교육기관(35개)을 대상으로 국민정신교육 실태를 분석·평가하고, 그 토대 위에서 새로운 국민정신교육의 이념, 교육방향 및 교육내용을 설정하여 국민정신교육 체계화를 시도했다. 한편, 국제적으로 탈냉전 분위기가 확산되고 남한의 체제우위가 공고해지자 교육 분야에서는 기존의 반공 일변도 교육을 지양하고, 남한 체제의 안전과

---

5   통일부 통일교육원, 『통일교육원 40년사』 (서울: 통일부 통일교육원, 2012), pp. 32-33; "국립평화통일민주교육원-교육원소개-일반현황," 국립평화통일민주교육원 홈페이지; 〈www.uniedu.go.kr〉.

6   김진환, "한국 정부의 통일교육: 역사, 현황, 방향," 『통일과 평화』, 제13권 2호 (2021), pp. 437-438.

7   통일부 통일교육원, 『통일교육원 40년사』, pp. 33-34.

조화를 이루게 하는 통일·안보교육에 중점을 두었다.[8] 그리고 이러한 변화는 1988년 「민족자존과 통일번영을 위한 특별선언(7.7선언)」 발표를 계기로 더욱 가속화되었다. 같은 해 통일연수원은 연수 목표로 '자유민주주의 신념 고취', '민족공동체 의식 함양'을 제시했으며, 1989년에는 '남북교류 및 협력 활성화에 대비한 통일주도 역량 축적'을 주요 목표로 추가하면서 교육 방향의 전환을 도모했다.[9]

1990년대에 들어서자, 오랜 기간 유지되었던 '자유민주주의와 남한 체제 우월성에 대한 인식 제고'가 연수 목표에서 제외되고, '민주화 시대에 상응하는 건전한 국민정신 함양'이 새롭게 등장했다. 또한, 1999년 「통일교육 지원법」이 제정되면서 첫 공식 통일교육 지침서가 같은 해에 발간되었다. 그뿐만 아니라, 2000년 남북 첫 정상회담 이후에는 '남북 화해·협력 실천 의지'가 통일교육의 핵심 가치로 강조되는 등 통일교육의 패러다임 전환이 본격화되기 시작했다.[10]

그러나 2008년 이후 북한과 비핵화 협상이 중단되고, 남북관계가 악화되자 통일교육 목표에도 다시금 조정이 요구되었다. 이 시기 통일교육에서는 '국가안보의 중요성 인식'과 '북한에 대한 올바른 이해'를 강조했고, 북한을 화해·협력의 대상인 동시에 안보 위협 요인으로 이해하는 이중적 시각을 처음으로 교육내용에 명시했다. 2010년 천안함 사건과 연평도 포격 사건으로 남북관계가 악화되자, 2011년에는 기존 통일교육 3대 목표 중 하나였던 '평화통일 의지와 역량 함양'을 삭제하고 '균형 있는 북한관'을 추가하는 방향으로 수정했으며, 이후 2016년 통일교육 지침서에

8　위의 책, p. 34.

9　김진환, "한국 정부의 통일교육: 역사, 현황, 방향," p. 440.

10　통일부 통일교육원, 『통일교육원 40년사』, p. 35; 김진환, 위의 글, pp. 440-443.

 I. 세계시민적 관점에서 본 통일교육의 재구성과 코리안 디아스포라

는 이를 '올바른 북한관'으로 조정했다.[11]

2018년 한반도 프로세스가 급진전되자 국립통일교육원은 기존 지침서를 대신하여『평화·통일교육 방향과 관점』을 발간하고, 평화·통일 중심으로 방향 전환을 시도했다.[12] 이후 발표된『2023 통일교육 기본방향』에서는 북한에 대한 '객관적 북한관'을 제시했으며, '건전한 안보관'을 언급함으로써 북한에 대한 객관적 이해를 강조했다.[13] 더불어 통일교육의 중점 방향에는 '개인의 삶의 기회 확대'가 새롭게 등장했는데, 이는『2024년 통일교육 기본계획』에서 '개인의 자유, 인권, 복지, 존엄성의 확대'라는 형태로 더욱 구체화된 것으로 나타났다. 그리고 이렇게 구체화된 내용은『2025년 통일교육 기본계획』에도 동일하게 반영되었다.[14]

이처럼 통일교육은 특정한 이념이나 체제의 우월성을 강조하던 시기를 지나, 점차 포용성과 다양성을 반영하는 방향으로 진화해왔다. 통일교육의 목표 역시 안보와 정체성 중심에서 평화·공존·시민역량 등으로 확대되고 있으며, 이는 통일을 둘러싼 담론의 성숙과도 맞닿아 있다. 정리해보면, 대한민국의 통일교육은 한반도 정세와 국제질서의 흐름을 반영하여 시대적 요구에 맞게 내용을 조정하며 지속적으로 발전해온 과정이라 할 수 있겠다.

---

11   통일부 통일교육원, 위의 책, p. 35; 김진환, 위의 글, pp. 444-448.

12   통일부 통일교육원,『평화·통일교육 방향과 관점』(서울: 통일부 통일교육원, 2018).

13   국립통일교육원,『2023 통일교육 기본방향』, p. 17; 국립통일교육원,『2023 통일교육 운영계획』(서울: 통일부 통일교육원, 2023), p. 14.

14   통일부 국립통일교육원,『2024 통일교육 기본계획』(서울: 통일부 국립통일교육원, 2024), p. 19; 통일부 국립통일교육원,『2025 통일교육 기본계획』(서울: 통일부 국립통일교육원, 2025), p. 17.

2) 통일인식의 변화와 그 배경

시대 변화에 따라 한국 사회의 통일인식은 뚜렷한 차이를 보였다. 통일부의 전신인 국토통일원이 1969년 창설된 이후 처음으로 실시한 통일여론조사에 따르면, 통일희구도(통일 필요성)를 묻는 문항에서 응답자의 90.6%가 "통일이 꼭 되어야 한다"고 답한 것으로 나타났다.[15] 이는 해당 시기 한국 사회에서 통일에 대한 국민적 관심과 염원이 매우 높았음을 보여주는 지표이다.

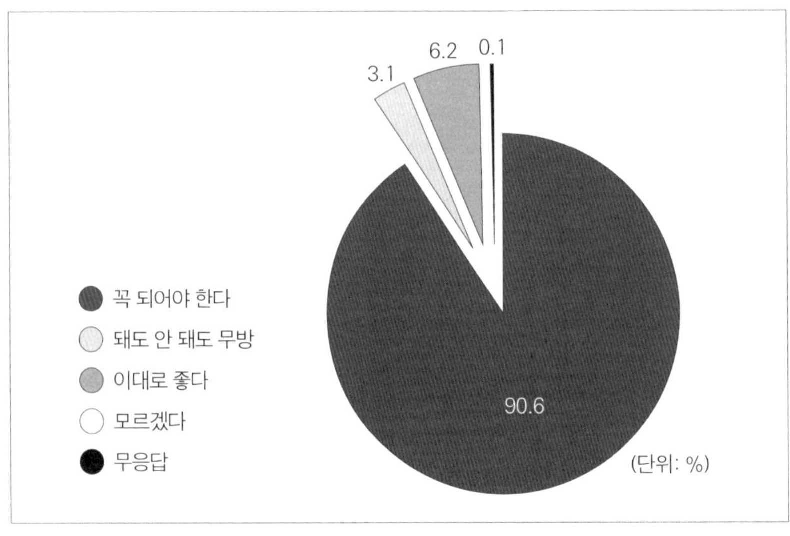

〈그림 1〉 통일희구도(1969년)

자료: 이상신 외, 『KINU 통일의식조사 2024』(서울: 통일연구원, 2024), pp. 39-40을 참고하여 재작성.

---

[15] 국토통일원이 1969년 12월에 실시한 「국토통일에 관한 국민여론조사」에 따르면, 통일 필요성에 대해 "꼭 되어야 한다"는 응답이 90.6%로 가장 높게 나타났으며, "이대로 좋다" 6.2%, "돼도 안 돼도 무방" 3.1%, "무응답" 0.1%, "모르겠다" 0% 순이었다. 참고: 이상신 외, 『KINU 통일의식조사 2024』 (서울: 통일연구원, 2024), pp. 39-40.

　　I. 세계시민적 관점에서 본 통일교육의 재구성과 코리안 디아스포라

그러나 최근 각 기관에서 실시한 통일의식조사 결과는 60여 년 전과 확연한 대비를 이룬다. 서울대학교 통일평화연구원에서 실시한 『2024 통일의식조사』에서는 통일 필요성에 대한 긍정 응답이 해를 거듭할수록 꾸준히 감소하여 2024년에는 36.9%에 머물렀고, 부정 응답과의 격차가 1.9%에 불과하여 역대 조사 가운데 가장 적은 차이를 기록했다.[16] 이러한 변화는 통일연구원이 실시한 『KINU 통일의식조사 2025』에서도 동일하게 나타났다. 특히 "통일이 필요하지 않다"고 응답한 비율이 "통일이 필요하다"는 응답을 처음으로 넘어섬에 따라 그래프상에서 두 응답 비율이 교차하는 X자 패턴을 보여주었다.[17] 이는 최근 한국 사회 구성원들의 통일 인식이 과거와는 본질적으로 달라졌음을 시사하는 상징적 변화라 할 수 있다.

그렇다면 통일 필요성 인식 저하는 어디에서 비롯된 것일까? 요인을 단정할 수는 없지만, 본고는 그 핵심 배경을 통일문제가 개인의 삶과 직접적으로 연결되지 않는 데서 찾고자 한다. 분단의 장기화는 분단 상황을 '주어진 현실'로 인식하게 만들었고, 이로 인해 일상 속에서 통일의 필요성을 체감하기는 더욱 어려워졌다.[18] 그 결과 통일은 국민 개개인의 삶과 연계되지 못한 채 추상적 과제로 받아들여지기 쉬우며, 특히 분단 이후 출생한 세대는 전쟁과 이산의 경험을 공유하지 못했기 때문에 통일을 '나의 문제'로 인식하기보다 통일이 초래할 비용과 편익을 따지는 현실적 관점에서 접근하는 경향이 강하다. 이러한 인식 구조는 통일연구원이 실시한 『KINU 통일의식조사 2024』에서도 확인할 수 있다. 통일이 "자신에

---

16   김범수 외, 『2024 통일의식조사』 (서울: 서울대학교 통일평화연구원, 2024), p. 32.

17   이상신 외, 『KINU 통일의식조사 2025』 (서울: 통일연구원, 2025), p. 12.

18   국립통일교육원, 『2025 통일문제이해(개정판)』, p. 8.

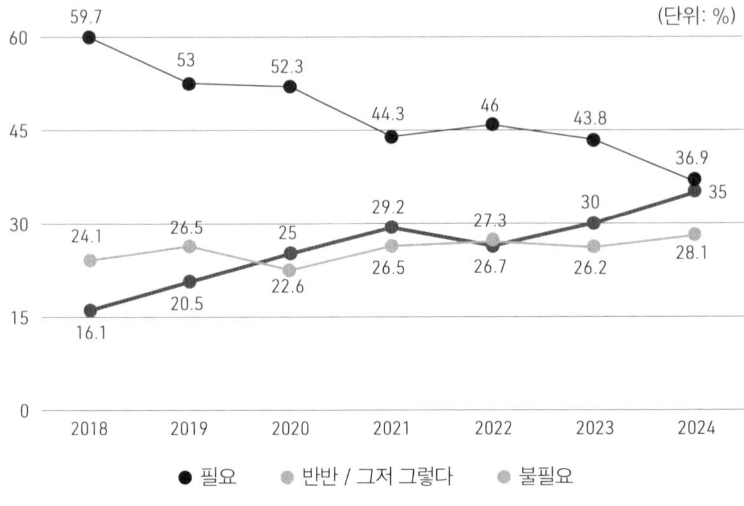

〈그림 2〉 통일 필요성에 대한 인식(2018~2024년)

자료: 김범수 외, 『2024 통일의식조사』(서울: 서울대학교 통일평화연구원, 2024), p. 32를 참고하여 재작성.

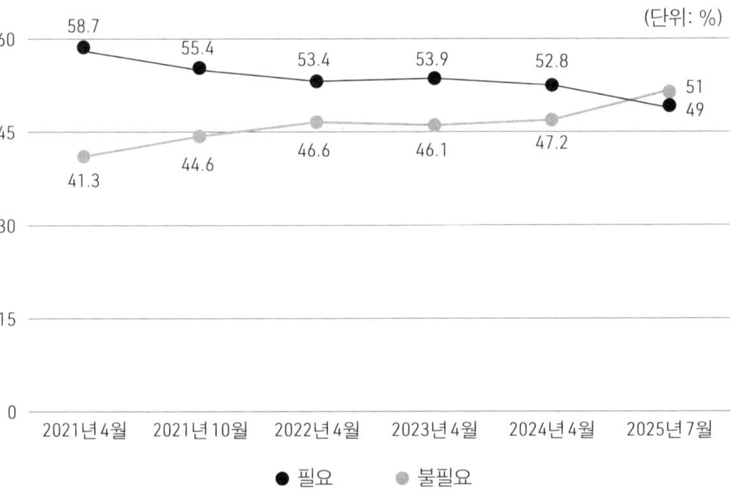

〈그림 3〉 통일 필요성에 대한 인식(2021~2025년)

자료: 이상신 외, 『KINU 통일의식조사 2025』(서울: 통일연구원, 2025), p. 12를 참고하여 재작성.

  I. 세계시민적 관점에서 본 통일교육의 재구성과 코리안 디아스포라

게 이익이 된다"라고 응답한 비율은 30.6%에 불과한 반면, "국가에 이익이 된다"는 응답은 66.4%, "북한 주민에게 이익이 된다"는 응답은 92.4%에 달했다. 역대 조사에서도 일관되게 드러나듯, 통일의 혜택이 국가 혹은 북한 주민에게 돌아가는 것으로 인식하지만, 개인에게 주어질 실질적 이익은 크지 않다고 생각한다. 다시 말해, 통일 필요성에 대한 회의적 태도 확산의 배경에는 통일이 개인에게 제공할 구체적 이익이 충분히 설명되지 못한 점이 크게 작용했을 가능성이 크다.[19]

통일 필요성 인식 저하는 정부 차원에서도 주요 현안으로 다뤄지고 있다. 국립통일교육원이 제시한 『2023 통일교육 기본방향』은 다음과 같이 진단한다.

> "분단이 70년 넘게 장기화되면서 우리 사회에서는 분단 상황을 주어진 현실로 받아들이며 통일을 부담으로 여기는 경향이 나타나고 있다. 또한 통일을 더 이상 민족적 당위성 차원에서 당연히 이루어져야 하는 것으로 생각하지 않는 국민도 늘어나고 있다. 따라서 통일을 해야 하는 민족적 당위성과 함께 보다 현실적인 이유를 다양한 측면에서 제시해야 한다."
>
> 국립통일교육원, 『2023 통일교육 기본방향』, p. 6.

이처럼 기존의 민족적 당위성에 기반한 통일담론은 그 설득력에 있어 명백한 한계에 직면하고 있다. 앞으로의 통일교육은 왜 통일을 상상하고 준비해야 하는가라는 질문에 대해 국민 개개인이 자기 삶의 맥락 속에

---

[19] 이상신 외, 『KINU 통일의식조사 2024』, pp. 48-50.

서 스스로 답을 찾아갈 수 있도록 돕는 방향으로 전환되어야 한다. 무엇보다 통일교육은 시대적 요구에 부응하여 보다 평화적이고 민주적인 방식으로 구성원 모두가 함께 만들어가는 사회적 실천으로 자리매김해야할 것이다.

3) 기존 통일담론의 한계와 세계시민적 접근의 필요성

한반도 통일과 관련한 기존 담론은 시대와 정세 변화에 따라 다양한 방향으로 전개되었다. 그중에서도 민족주의 중심 담론은 분단 직후 남북 모두에서 가장 널리 공유된 인식 틀이자 정체성 기반의 통일담론으로 자리 잡으면서, 통일을 민족사의 필연적 과업이자 미완의 역사적 사명으로 규정해왔다. 특히 '같은 민족'이라는 동질성을 강조하는 이 담론은 분단 초기 사회적 결속과 공동체 정체성을 강화하는 데 중요한 역할을 했고, 이후 등장한 실용주의적 접근이나 평화공존 담론보다 오랜 기간 대중적 지지를 확보했다.

그러나 이러한 민족 중심의 사고는 분단과 냉전이라는 특수한 구조 속에서 부정적인 효과를 낳은 것도 사실이다. 냉전의 잔재가 여전히 남아 있던 한반도에서는 민족주의 담론이 남북 간 체제 우월성 경쟁을 심화시키고, 상대를 변화 가능성이 있는 협력 대상이 아니라 극복해야 할 적대적 타자로 고정하는 역할을 했다. 그 결과, 상대 체제의 정통성과 정당성을 인정하지 않는 인식이 고착화되었으며, 상호 불신과 긴장은 정치 담론과 제도 전반에 깊게 스며들었다. 이러한 적대성의 누적은 남북 갈등을 일시적 정책 실패나 정세적 긴장을 넘어, 각 체제가 스스로의 정당성

       I. 세계시민적 관점에서 본 통일교육의 재구성과 코리안 디아스포라

을 유지하기 위해 반복적으로 재생산하는 장기적 대립 구도로 굳어지게 했다. 더 나아가 사회 내부의 분열, 즉 남남갈등을 심화시키며 통일문제를 둘러싼 인식의 균열을 더욱 증폭시키는 요인이 되었다.[20] 이러한 조건에서는 갈등 완화나 협력 시도조차 체제 흔들기 또는 이념적 양보로 간주되기 쉽기 때문에 장기적인 평화 구축에 필요한 정치적 상상력과 정책적 실험의 여지가 제약될 수밖에 없다. 즉 민족주의 중심 접근이 본질적으로 부정적이라기보다 분단과 냉전이라는 구조적 제약 속에서 평화와 협력의 공간을 제한했다는 점에서 한계를 지닌다고 볼 수 있다.

반면, 세계시민적 접근은 기존 한반도 통일담론이 지닌 한계를 넘어설 수 있는 새로운 관점을 제공한다. 세계시민은 특정 국가나 지역의 시민 정체성을 넘어, 지구공동체의 일원으로서 보편적 가치·책임·연대를 인식하는 존재로 정의된다. 이러한 세계시민적 접근은 분단과 냉전이 고착시킨 경직된 사고의 틀에서 벗어나, 한반도 문제를 보다 넓은 공동체적·국제적 맥락에서 재해석하도록 이끈다. 아울러 인류공동체 소속감, 다양성 존중, 연대와 협력을 바탕으로 평화와 공존을 실질적으로 확장할 수 있는 새로운 사고의 틀을 제시한다.[21] 이러한 관점은 기존 민족주의 담론이 가진 배타성과 경직성을 보완하며, 한반도 평화를 보다 개방적이고 다층적인 방식으로 상상할 수 있는 대안적 프레임을 제공한다. 더 나아가, 한반도 통일을 단일 민족의 미완의 과제가 아니라, 지속가능성·평화·연대라는 국제사회 보편 가치와 연결된 문제로 재구성할 수 있는 가

---

20 문인철 외, "분단 이후 한반도 통일정책 및 통일담론에 관한 고찰,"『세계지역연구논총』, 제41권 2호 (2023), pp. 118-119; 건국대학교 통일인문학연구단, 『통일의 기본가치와 인문적 비전』 (서울: 선인, 2015), pp. 106-107.

21 유네스코 아시아태평양 국제이해교육원 편,『유네스코가 권장하는 세계시민교육 교수학습 길라잡이』 (서울: 유네스코 아시아태평양 국제이해교육원, 2015), pp. 14-15.

능성을 열어준다. 다시 말해, 한반도 평화를 지역 안정의 문제를 넘어 인류 전체의 미래와 직결된 글로벌 공공선(global public good)으로 바라볼 수 있게 하는 것이다.

한편, 21세기 한국 사회의 구조적 변화와 국제적 환경의 전환은 세계시민적 접근의 필요성을 더욱 강화하고 있다. 1990년대 이후 세계화의 심화, 국제 이동의 증가, 이주민 및 다문화가정의 확대 등 인구구조 변화가 더해지면서 한국 사회는 점점 더 다층적이고 이질적인 공동체로 변모하고 있다.[22] 그리고 이러한 변화는 교육에도 새로운 요구를 제기한다. 국적, 문화, 정체성이 단일하지 않은 시대에는 단일한 민족주의 틀만으로 학생들의 삶과 경험을 충분히 설명하거나 포괄하기 어렵기 때문이다. 세계시민적 관점은 이와 같은 변화를 반영하며, 타인과 더불어 살아가고 함께 행동하는 시민성을 기르는 데 필요한 교육적 기반을 마련한다. 유네스코가 2013년 세계시민교육 전문가 회의에서 강조했듯이, 오늘날의 세계는 '사람과 장소의 상호의존과 상호연결성이 증대되고 있는 현실을 인식하는 것'이 무엇보다 중요하다. 들로르 보고서(Delors Commission Report)가 제안한 '더불어 살아가기 위한 학습'은 이러한 시대적 요구를 가장 핵심적으로 설명한다. 다만, 상호연결성은 문화 간 이해와 협력을 확대하는 동시에, 새로운 갈등과 배제의 원인이 되기도 한다.[23] 따라서 단순한 공존을 넘어 평화를 위한 공동의 실천을 가능하게 하는 역량, 즉 세계시민적 실

---

[22] 한경구 외, 『SDGs 시대의 세계시민교육 추진 방안』 (서울: 유네스코 아시아태평양 국제이해교육원, 2015), p. 19.

[23] 토 스위힌 외, 『세계시민교육 정책 개발을 위한 가이드』 (서울: 유네스코 아시아태평양 국제이해교육원, 2017), p. 14.

    I. 세계시민적 관점에서 본 통일교육의 재구성과 코리안 디아스포라

천 역량을 갖출 필요가 있다.[24] 세계시민적 접근은 한반도 통일문제를 민족적 과제에 국한하지 않고 한국 사회가 직면한 글로벌·다문화적 현실을 반영하며, 국제사회와의 연대 속에서 평화와 협력을 실현할 수 있도록 하는 새로운 패러다임을 제시한다. 이러한 접근은 통일교육이 지향해야 할 가치와 방향을 재정립하고, 한반도 통일을 보다 포괄적인 인류 공동의 과제로 재구성하는 데 중요한 토대를 제공할 것이다.

4) 통일교육의 재구성과 세계시민적 주체로서의 코리안 디아스포라

한반도 통일은 아무도 가보지 않은 길을 개척하는 일에 비유될 수 있다. 한반도 통일은 국토를 분단 이전의 상태로 단순히 복원하는 차원에 머무르지 않고, 미래를 향해 새로운 공동체를 창조하는 과정이다. 다시 말해, 서로 다른 두 체제를 자유민주적 기본질서와 시장경제의 원칙 위에서 통합하여 새로운 민족공동체를 건설하는 것을 의미한다.[25]

근대 이후 한반도는 국제관계 속에서 스스로의 운명을 비교적 수동적으로 결정해왔다. 일제강점기에서의 해방 또한 국제정세의 변화에 기인한 측면이 크고, 해방 직후 한반도는 곧바로 분단과 전쟁 그리고 이산의 고통을 겪었다. 이로 인해 축적된 집단적 경험은 오늘날까지도 완전히 치유되지 못한 채 역사적 트라우마로 남아 있다. 이러한 맥락에서, 서울

---

[24] UNESCO, *Global Citizenship Education: Preparing learners for the challenges of the twenty-first century* (UNESCO, 2014), p. 5.

[25] 국립통일교육원, 『2025 통일문제이해(개정판)』, p. 9.

대학교 통일평화연구원이 실시한 통일의식조사에서 "같은 민족이기 때문에 통일이 필요하다"는 응답이 매년 꾸준히 높은 비중을 차지하고 있다는 점은 주목할 만하다.[26] 이는 망국, 분단, 전쟁이라는 역사적 경험이 여전히 민족공동체를 지향하는 정서적 기반으로 작동하고 있음을 시사한다.

통일의 가장 큰 이유(2018~2024년): 서울대학교 통일평화연구원

(단위: %)

연도	같은 민족	이산가족 고통 해결	남북 간 전쟁 위협 해소	북한 주민 생활 수준 증진	선진국 되기 위해	기타/없다/ 모름/ 무응답	1순위
2018	44.5	6.7	31.6	3.5	13.5	0.2	같은 민족
2019	34.6	10.6	32.6	3.0	18.9	0.3	같은 민족
2020	36.6	7.0	38.9	1.9	15.3	0.3	남북 간 전쟁 위협 해소
2021	45.2	12.0	28.1	3.6	11.0	0.1	같은 민족
2022	42.3	10.6	31.6	4.7	10.6	0.3	같은 민족
2023	30.6	10.1	39.1	5.6	14.6	0.0	남북 간 전쟁 위협 해소
2024	37.7	8.0	38.0	3.7	12.4	0.1	남북 간 전쟁 위협 해소

자료: 김범수 외, 『2024 통일의식조사』(서울: 서울대학교 통일평화연구원, 2024), p. 36을 참고하여 재작성.

---

26   김범수 외, 『2024 통일의식조사』, p. 36.

     I. 세계시민적 관점에서 본 통일교육의 재구성과 코리안 디아스포라

이러한 역사적 경험은 남북한 주민에게만 국한되지 않는다. 그리고 바로 이 지점에서 통일 논의의 지평은 한반도 내부를 넘어 외부로 확장된다. 재중 조선족, 재일 조선인, 재러 고려인 등 해외 코리안 디아스포라는 식민지배, 강제동원, 이산 등 한반도를 관통한 구조적 폭력 속에서 형성된 공동체로, 이들의 삶의 궤적에도 분단의 흔적이 깊이 남아 있다.[27] 코리안 디아스포라의 정체성과 사회적 위치는 지역에 따라 다양하게 형성되었지만, 이들의 역사적 형성과정은 남북한 주민이 겪어온 경험과 본질적으로 연결되어 있으며, 통일이 한반도 내부 문제에 한정될 수 없는 이유를 설명해준다. 다시 말해, 통일은 전 세계에 흩어져 살아온 코리안 디아스포라 전체가 공유하는 민족 자결의 과제이자 아직 완수되지 않은 역사적 책무라 할 수 있다.

코리안 디아스포라는 초국적 경계와 이동 과정을 통해 다중적 정체성을 형성하고 다양한 글로벌 네트워크를 축적해왔다.[28] 이러한 경험과 자원은 세계시민적 관점과도 깊이 연결되어 있으며, 한반도 통일문제를 다층적이고 초국적 시각에서 재구성할 수 있는 자원을 제공한다. 특히 국제사회의 지지와 협력은 통일의 성공을 좌우하는 중요한 요소이기 때문에[29] 세계를 무대로 활동해온 디아스포라의 경험과 감수성은 남북 간 신뢰 형성이나 관계 개선에도 의미 있는 역할을 할 수 있다. 예를 들어, 재일 조선인과 같이 북한과의 네트워크를 보유한 공동체는 남북 간 경직된

---

27   윤인진, 『코리안 디아스포라: 재외한인의 이주, 적응, 정체성』 (서울: 고려대학교 출판부, 2005), pp. 316-325.

28   김재기, 『세계화 시대 글로벌 코리안 네트워크와 국가발전』 (파주: 한국학술정보, 2006), pp. 19-21; 최원식 외, 『동아시아의 오늘과 내일』 (서울: 논형, 2009), pp. 103-205.

29   국립통일교육원, 『2025 통일문제이해(개정판)』, p. 21.

상태를 완화하거나 새로운 대화의 접점을 마련하는 데 독특한 위치를 갖는다. 또한 분단 이후 서로 다른 두 체제를 모두 경험하고 남한 사회에 정착한 북한이탈주민은 남북 주민 간 사회문화적 간극을 이해하는 데 필요한 고유의 감수성과 연결성을 제공할 수 있다. 이처럼 서로 다른 배경을 지닌 다양한 코리안 디아스포라 집단은 남·북·국제사회를 아우르는 한반도 공동체의 구성원으로서 한반도의 미래를 함께 구상하고 실천하는 데 기여할 수 있는 유연한 연결자이자 협력적 동반자이다.

결론적으로 코리안 디아스포라는 통일을 민족 내부의 과제로만 국한하지 않고, 국제사회와 연결된 공동의 미래로 확장하는 데 기여할 수 있는 존재이다. 이들은 각기 다른 지역과 역사 속에서 형성된 경험을 바탕으로 한반도 평화와 협력의 지평을 넓히는 데 실질적인 역할을 할 수 있으며, 이를 통해 통일은 단지 제도적 통합을 넘어서 일상 속에서 실현되는 삶의 전환으로 이해될 수 있다. 최근에는 통일을 단일한 사건이 아닌 다단계의 축적된 실천으로 인식하는 경향이 확산되고 있으며, '평화·통일'이라는 표현이 선호되는 이유도 여기에 있다. 남북 간 교류와 협력, 인적·물적 소통의 확대는 이미 작은 통일의 실천이며, 이는 궁극적으로 더 큰 통일로 나아가는 기반이 된다.[30] 결국 통일은 먼 미래에 갑자기 도래하는 사건이 아니라, 세계 곳곳에서 평화공존·포용·연대 같은 세계시민적 가치를 실현해온 코리안 디아스포라의 축적된 삶의 실천 속에서 이미 시작되고 있다. 따라서 코리안 디아스포라의 경계를 넘는 삶의 방식과 감수성은 한반도 통일을 제도적·정치적 합의에 머무르지 않고, 포용적 미래 공동체로 확장해나가는 데 핵심 자산이 된다.

---

[30] 위의 책, p. 9.

 I. 세계시민적 관점에서 본 통일교육의 재구성과 코리안 디아스포라

참고문헌

건국대학교 통일인문학연구단. 『통일의 기본가치와 인문적 비전』. 서울: 선인, 2015.

국립통일교육원. 『2023 통일교육 기본방향』. 서울: 국립통일교육원, 2023.

______. 『2023 통일교육 운영계획』. 서울: 국립통일교육원, 2023.

______. 『2025 통일문제이해(개정판)』. 서울: 국립통일교육원, 2025.

"국립평화통일민주교육원–교육원소개–일반현황." 국립평화통일민주교육원 홈페이지; 〈http://
www.uniedu.go.kr〉.

김범수·김병로·장용석·최은영·황수환·이성우·김택빈·김민지. 『2024 통일의식조사』. 서울:
서울대학교 통일평화연구원, 2024.

김재기. 『세계화 시대 글로벌 코리안 네트워크와 국가발전』. 파주: 한국학술정보, 2006.

김진환. "한국 정부의 통일교육: 역사, 현황, 방향." 『통일과 평화』, 제13권 2호 (2021).

문인철·엄현숙·여현철. "분단 이후 한반도 통일정책 및 통일담론에 관한 고찰."
『세계지역연구논총』, 제41권 2호 (2023), pp. 117-149.

"반헌법적 통일 포기 주장 관련, 민주평화통일자문회의 수석부의장 성명." 민주평화통일자문회의
홈페이지, 2024년 9월 20일; 〈www.puac.go.kr〉.

유네스코 아시아태평양 국제이해교육원 편. 『유네스코가 권장하는 세계시민교육 교수학습
길라잡이』. 서울: 유네스코 아시아태평양 국제이해교육원, 2015.

윤인진. 『코리안 디아스포라: 재외한인의 이주, 적응, 정체성』. 서울: 고려대학교 출판부, 2005.

이상신·민태은·박주화·이무철·윤광일·구본상. 『KINU 통일의식조사 2024』. 서울: 통일연구원,
2024.

이상신·민태은·이무철·윤광일·구본상·박주화. 『KINU 통일의식조사 2025』. 서울: 통일연구원,
2025.

최원식·백영서·신윤환·강태웅 공편. 『동아시아의 오늘과 내일』. 서울: 논형, 2009.

토 스위힌·개리 쇼·다닐로 파딜라. 『세계시민교육 정책 개발을 위한 가이드』. 서울: 유네스코
아시아태평양 국제이해교육원, 2017.

「통일교육 지원법」(법률 제19998호).

통일부 국립통일교육원. 『2024 통일교육 기본계획』. 서울: 통일부 국립통일교육원, 2024.

______. 『2025 통일교육 기본계획』. 서울: 통일부 국립통일교육원, 2025.

통일부 통일교육원. 『통일교육원 40년사』. 서울: 통일부 통일교육원, 2012.

______. 『평화·통일교육 방향과 관점』. 서울: 통일부 통일교육원, 2018.

한경구·김종훈·이규영·조대훈. 『SDGs 시대의 세계시민교육 추진 방안』. 서울: 유네스코
    아시아태평양 국제이해교육원, 2015.

UNESCO. *Global Citizenship Education: Preparing learners for the challenges of the
    twenty-first century*. UNESCO, 2014.

2
코리안 디아스포라의
전개와 현재

조영웅*

1) 디아스포라와 코리안 디아스포라

디아스포라(diaspora)는 '흩뿌리다'라는 뜻의 그리스어 diaspeirein에서 유래한다. 본래 디아스포라는 기원전 6세기 바빌론 유수, 기원후 70년경 로마-유대 전쟁 등으로 팔레스타인을 떠나 세계 각지로 흩어진 유대 민족과 그들의 이주 역사를 지칭해왔다. 그러나 오늘날 국제 이주와 분산의 역사는 비단 유대 민족에게만 해당하는 것이 아니다. 현대 인류의 초국적 이주는 다양한 동기와 형태로 활발히 전개되어왔으며, 이는 자연히 세계 여러 민족의 국제적 분산을 수반했다. 이에 따라 오늘날 디아스포라는 유대 민족의 특수한 역사적 경험뿐만 아니라, 타국에 정착해 살아가는 모든 민족 집단과 그들의 이주 현상을 통칭하는 단어로 확장되었다.

---

*　연세대학교 통일연구원 전문연구원

용례 차원의 변화와 구별하여 현대 디아스포라는 과거의 그것과 완전히 다른 사회적·공간적 실체로 변모했다. 과거 디아스포라의 이미지는 거주국 사회 주변부에 위치하는 폐쇄적인 소수 이주민 집단에 지나지 않았다. 그러나 오늘날 디아스포라는 거주국의 문화와 전통을 수용하고 이를 본국의 그것과 융화시키면서 혼종성(hybridity), 유동성(fluidity), 크레올화(creolization), 종합주의(syncretism)가 공존하는, 거주국과 본국 그리고 이들을 연결하는 초국가적 네트워크의 주요 경제적·정치적·문화적 행위자로 발돋움했다.

코리안 디아스포라 역시 굵직한 변화를 거듭해왔다. 코리안 디아스포라는 한국인 또는 한민족이 다양한 역사적·사회적·경제적 요인으로 인해 고향인 한반도를 떠나 다른 지역으로 이주하여 형성한 공동체와 그들의 후손 그리고 그들 사이의 네트워크를 포괄한다. 재외동포청의 통계에 따르면 2023년 기준 전 세계 193개 국가에 약 700만 명의 재외동포가 거주하고 있다. 이러한 코리안 디아스포라는 조선의 몰락, 일제 강점, 해방과 분단, 한국전쟁, 산업화와 세계화 등 근현대 한반도의 중요한 역사적 변곡점들로부터 지대한 영향을 받으며 전개되어왔다. 한반도의 역사적 변화는 도피, 강제이주, 취업, 유학, 결혼 등 다양한 동기로 한인의 국제 이주를 추동했으며, 중국, 일본, 북미, 중동, 중남미 등 이주 대상 국가 결정에도 중요한 영향을 미쳤다.

그러나 코리안 디아스포라를 한반도 근현대사의 피조물로 단순하게 이해할 수는 없다. 코리안 디아스포라가 오늘날 한민족과 한국의 발전 과정에 끼친 영향도 적지 않기 때문이다. 예컨대, 과거 한반도에 국한되어 온 한민족 정체성은 코리안 디아스포라의 전개와 함께 세계 속 한민족 정체성으로 확장될 수 있었다. 또한 이주 한인의 정체성은 시공간과 거주국의 다양한 사회적 환경 그리고 한반도와의 연결 속에서 지속적인 분화와 재구성을 거듭하면서 한민족 정체성의 스펙트럼 확대를 견인해왔다. 한편, 과거 해외 한인은 주로 거주국의 생산 하부 구조에 편입되어왔으나, 점차 자기 공동체뿐만 아니라 거주국 전체 사회에 영향을 미치는 주요 사회 집단으로 성장했다. 이들은 한국과의 지속적인 연결 속에서 한국 사회와 경제에도 적지 않은 영향을 미쳤으며, 한국 정부와 공조하여 거주국과 한국의 국제관계를 발전시키는 공공 부문의 기능도 수행하고 있다.

이상의 시각에서 코리안 디아스포라의 전개 과정은 한민족의 특수한 국제적 분산 경험뿐만 아니라 오늘날의 한민족 정체성 변화, 한국의 국제적 성장과 초국적 네트워크 형성 과정을 이해하는 데 중요한 통찰을 제공한다. 이 장은 이러한 문제의식 위에서 코리안 디아스포라의 형성과 변화, 그리고 현대적 의미와 과제를 종합적으로 조망하고자 한다. 이 장은 다음과 같이 구성된다. 2절에서는 디아스포라 개념과 코리안 디아스포라의 특징을 논의한다. 3절에서는 코리안 디아스포라의 전개 과정을 주요 시기별로 구분해서 살펴본다. 4절에서는 코리안 디아스포라의 현대적 역할과 함께 이들이 직면하고 있는 여러 과제를 확인한다. 마지막 5절에서는 코리안 디아스포라를 포함해 디아스포라 연구의 발전 방향에 관해 논한다.

2) 디아스포라의 개념과 코리안 디아스포라의 특징

(1) 디아스포라의 개념

현대 인류의 이주 현상이 복잡하고 다양하게 분화하면서, 학계에서
는 디아스포라 개념을 둘러싼 논쟁이 활발하게 진행되었다. 디아스포라
가 더 이상 단일한 민족의 강제이주나 특정 역사적 경험에만 국한되지 않
으면서, "무엇을 디아스포라로 볼 것인가?", "어디까지를 디아스포라의
경계로 설정할 것인가?" 같은 문제의식이 자연스럽게 제기된 것이다. 이
러한 디아스포라 개념을 둘러싼 학계의 논쟁은 디아스포라의 형성과 분
화, 정체성, 초국가적 연결 등 현대 디아스포라의 핵심 지점에 대한 학계
의 다양한 시각과 논의를 함축하고 있다.

우선, 고전적 시각에서 디아스포라를 개념화하려는 연구자로는 사
프란(Safran, 1991)이 있다. 초기 디아스포라 연구자인 그의 개념은 강제적
이주, 집단적이고 단일한 민족 정체성, 본국으로의 귀환 의지 등 유대 민
족의 전통과 역사적 경험이 짙게 반영되어 있다. 그는 디아스포라를 다음
여섯 가지 특징으로 정의한다. 첫째, 본국을 떠나 두 개 이상 외국으로의
분산, 둘째, 모국에 대한 집단적인 기억이나 신화, 셋째, 거주국 사회에서
완전히 수용되지 않은 외부인으로서의 자의식, 넷째, 모국으로의 귀환 의
지, 다섯째, 모국의 유지와 재건에 대한 지속적인 헌신과 지지, 여섯째, 모
국과의 관계를 중심으로 집단 정체성을 형성하며 다른 국가의 동족 구성
원과의 연대 의식 유지 등이다. 이러한 사프란의 개념은 디아스포라의 범
위를 선명하게 경계 짓고 있다는 점에서 분석적 유용성이 크지만, 동시에
현대 디아스포라가 가지는 자발성과 다원적 정체성의 특징을 충분히 포

섭하지 못한다는 한계를 갖는다. 이러한 사프란의 개념 정의는 그것의 장단점과 구별하여 디아스포라 개념에 관한 학계 논의의 출발점이 되었다는 점에서 주목할 필요가 있다.

코헨(Cohen, 1995)은 고전적 시각을 수용하면서도 현대 디아스포라의 특징을 포섭하고자 했다. 그는 과거에 대한 강한 유대감, 동화에 대한 저항, 다른 나라 동족 구성원들과의 공통된 정체성 등을 디아스포라 집단의 특징으로 제시하면서 사프란과 고전적 시각에 동조한다. 그러나 디아스포라의 범위를 강제적 이주에 국한한 사프란과 달리, 코헨은 적극적(aggressive)이거나 자발적 이주도 디아스포라 개념이 포괄해야 한다고 주장한다. 더불어 사프란의 개념이 유대 민족의 암울한 역사적 경험에 주로 근거하고 있는 것과 달리, 코헨은 디아스포라가 부정적이고 소극적인 시각에서 벗어나 보다 적극적이고 긍정적인 시각에서 정의되어야 한다고 주문한다.

고전적 시각의 과거 지향성, 고정적 정체성을 비판하고 보다 광의적인 시각에서 디아스포라를 개념화하려는 노력도 존재한다. 홀(Hall, 1990)은 본국과 귀환에 대한 절대적인 가치를 부여하는 개념화 시도가 구시대적이고 제국주의적·패권적인 민족성(ethnicity)의 발현이라 지적한다. 대신에, 그는 디아스포라 정체성은 변형과 차이를 통해 스스로를 지속적으로 생산하고 재생산하며, 이러한 정체성의 복잡성과 다양성이 디아스포라의 특징으로서 개념에 포함되어야 한다고 주장한다. 클리퍼드(Clifford, 1994) 역시 고전적 시각에 동의하지 않는다. 그는 사프란이 제시한 마지막 세 가지 특징은 유대 민족의 특수한 경험에 국한된다고 지적하며, 이를 디아스포라의 일반적 특징으로 삼는 데 대해 의문을 표한다. 그는 디아스포라가 자기 민족에 대한 강한 소속감을 가지고 있다는 점에는 동의

하지만, 이는 어디까지나 디아스포라 정체성을 구성하는 주요 부분 중 하나라고 말한다. 그는 민족적 뿌리(roots)만큼이나 이동 경로(routes) 역시 디아스포라 정체성 구성에 중요하다고 지적하며, 이주자들이 이동 과정에서 다양한 공간에 걸쳐 부분적이고 다중적인 소속감을 형성하고, 이러한 경험이 디아스포라의 정체성을 혼종적으로 변화시킨다고 본다. 그래서 다양하고 복잡한 디아스포라 정체성을 개념의 기준으로 놓는 대신, 그는 국민국가의 규범들과 원주민의 토착적 권리 주장에 대항하는 '경계 짓기(boundary work)' 작업이 디아스포라의 특징적인 행태라 주장하며, 이를 디아스포라 개념의 중심에 놓을 것을 요청한다.

그러나 디아스포라 개념의 광의적 정의를 경계하는 목소리도 존재한다. 브루베이커(Brubaker, 2005)는 디아스포라가 학계, 문화계, 정치계 등 다양한 영역에서 광범위하게 사용되면서 개념적 명확성이 소실되었고, 이것이 디아스포라 개념의 분석적 유용성을 떨어뜨렸다고 지적한다. 디아스포라가 단순한 이주민과 이주 노동자, 나아가 특정 언어 사용자나 종교 공동체까지 포괄하는 범주로 확장되면서, 유대인이나 아르메니아인 같은 전통적 디아스포라를 특징짓던 강제적 이산, 귀환 지향, 고향 상실의 트라우마 등은 개념적 중심성에서 점차 밀려나게 되었다. 브루베이커는 이러한 용례의 과잉 확산과 의미의 분산을 '디아스포라의 디아스포라(the "diaspora" diaspora)'라고 칭하기도 한다. 그는 개념적 무분별성을 완화하고 분석적 시각을 강화하기 위해 디아스포라의 범위를 분산(dispersion), 조국 지향성(homeland orientation), 경계 유지(boundary maintenance) 등 세 가지 특징을 기준으로 획정할 것을 제시한다. 이때 디아스포라의 경계를 중시하는 그의 시각을 고전적 시각과 동일시해서는 곤란하다. 그는 디아스포라를 고정된 실체가 아닌, 사회적 실천 과정에서 구성되는 현상으로 범주화

　　I. 세계시민적 관점에서 본 통일교육의 재구성과 코리안 디아스포라

해야 한다고 주장한다. 즉, 디아스포라는 사회적 행위자들이 특정한 맥락 속에서 자신의 정체성을 표현하고, 권리를 주장하며, 네트워크를 조직하는 데 활용하는 언어(idiom), 태도(stance), 담론(claim), 기획(project)을 통해 끊임없이 형성되고 재생산되는 현상이라는 것이다. 이러한 관점은 디아스포라의 유동성, 다양성, 그리고 맥락의존성을 적극적으로 수용한다는 점에서 고전적 시각과 뚜렷이 구별된다.

디아스포라 개념을 둘러싼 학자들 간의 논쟁은 앞으로도 지속될 수밖에 없다. 디아스포라의 분화는 현재도 진행 중이며, 인류의 삶의 방식 변화, 기술 발전, 그 외에도 예측하기 어려운 다양한 요인이 새로운 형태의 디아스포라를 끊임없이 만들어내고 있다. 현재의 우리가 디아스포라의 미래 전경을 온전히 예측하기는 사실상 불가능하기 때문이다. 물론, 이러한 학계의 개념적 논쟁이 불필요하게 보일 수도 있을 것이다. 그러나 디아스포라가 근현대 인류 이동의 역사적 경험을 함축하고 있으며, 국제 이주가 현대사회의 핵심적 특징 가운데 하나이고, 이러한 흐름이 앞으로도 지속될 것이라는 점을 고려할 때, 디아스포라의 개념을 정교화하고 그 변화를 학문적으로 성찰하려는 노력은 절대 불필요하지 않다. 디아스포라의 긍정적 발전을 효과적으로 도모하기 위해서는 변화하는 현실을 정확히 포착하면서도 분석적 유용성을 갖춘 개념적 틀을 지속적으로 개발하려는 노력이 병행되어야 한다. 이러한 측면에서 디아스포라 개념에 대한 논쟁은 단순히 불가피한 것이 아니라, 오히려 반드시 요구되는 학문적 과정이라 할 수 있겠다.

(2) 코리안 디아스포라의 특징

코리안 디아스포라는 디아스포라의 일반적 특징을 공유하는 동시에, 다른 디아스포라와 구별되는 차별적 특징도 가지고 있다. 코리안 디아스포라의 차별적 특징은 다원적이고 복합적인 이주 역사, 다면적 정체성 스펙트럼, 광범위하고 다층적인 초국가적 네트워크 형성 등으로 정리할 수 있다.

우선, 코리안 디아스포라는 다원적이고 복합적인 이주 역사의 특징을 가지고 있다. 많은 경우, 디아스포라는 한 세대 또는 하나의 역사적 사건을 중심으로 형성된다. 반면, 한민족의 국제적 분산은 한반도의 복잡한 역사적 변화 속에서 상이한 동기, 조건, 경로를 통해 반복적으로 발생해 왔다. 조선 후기의 경제적·사회적 위기 속에서 이루어진 생존형 이주, 일제강점기 강제 동원으로 인한 강제이주, 해방과 한국전쟁으로 인한 귀환과 난민, 산업화 시기의 노동, 경제이민, 1990년대 이후 유학·전문직·결혼이주 등은 서로 다른 역사적 맥락에서 발생한 독립된 이주 흐름이었다. 이러한 이주 양식의 다양성은 코리안 디아스포라를 단일한 이주 집단으로 환원하기 어렵게 만드는 동시에, 세대와 지역에 따라 구성이 이질적으로 분화되는 구조적 토대를 형성했다. 코리안 디아스포라는 단일한 기원이 아닌 복수의 이주 원인과 다중 경로를 기반으로 형성된 특수한 디아스포라인 셈이다.

다음으로, 코리안 디아스포라는 다른 디아스포라에 비해 상대적으로 다면적인 정체성 스펙트럼을 보인다는 특징이 있다. 디아스포라 정체성은 시공간적 환경, 거주국 정착 기간, 거주국 사회 환경, 집단 규모, 거주국과 본국과의 관계 등 여러 요인의 영향을 받으며 형성된다. 이렇게

    I. 세계시민적 관점에서 본 통일교육의 재구성과 코리안 디아스포라

형성된 디아스포라 정체성은 본국 정체성과 거주국 정체성이 융화하면서 두 가지 정체성을 양끝으로 하는 연속선 상에 위치하게 된다. 그런데 다원적이고 복합적인 형성 과정을 가진 코리안 디아스포라는 이상의 스펙트럼 위에 명확히 위치시키기 어려운 속성의 디아스포라 정체성을 포함한다. 예를 들어, 중국으로 이주한 조선족이 있다. 이들은 현재도 한민족의 언어, 문화, 생활 양식 등 민족 정체성을 선명하게 유지하는 동시에 거주국(중국)에서 소수민족으로서의 정체성을 적극 수용하는, 매우 양가적인 성격의 독특한 정체성을 보여준다. 한편, 재일 조선인의 정체성은 조선족의 그것과 상당한 대비를 이룬다. 재일 조선인은 조선족에 비해 거주국(일본)의 언어, 문화, 생활 양식을 상대적으로 많이 수용하고 있다. 그러나 재일 조선인은 법적, 정치적, 경제적, 문화적 등 다양한 차별을 경험하면서도 일본 국적을 거부하고 조선학교 설립과 민족 정체성 교육을 통해 본국과의 강력한 유대를 이어오고 있다.

광범위하고 다층적인 초국가적 네트워크 역시 코리안 디아스포라의 두드러진 특징이다. 초국적 네트워크는 다른 디아스포라에서도 쉽게 발견된다. 예를 들어, 유대인 디아스포라는 국제 금융 환경을 조정하거나 정계 로비를 통해 각국 정부가 유대 민족과 이스라엘에 유리한 정책을 결정하도록 영향력을 행사하는 것으로 잘 알려져 있다. 세계 주요 초국적 IT 기업의 임원을 다수 배출하여 주목받고 있는 인도 디아스포라 또한 인도의 경제 성장과 자국 인재의 미국 진출을 돕는 데 중요한 역할을 하고 있다. 그러나 이러한 디아스포라 네트워크는 특정 계층 커뮤니티 혹은 특정 산업 분야를 중심으로 구성되어 상대적으로 협소한 모습이다. 반면, 코리안 디아스포라의 초국적 네트워크는 전문직, 상공업, 문화·예술, 지역 공동체 등 다양한 분야와 계층에 걸쳐 광범위하게 형성되어 있다. 예를 들어, 1971년 설립된 미국한인과학기술자협회는 한국 정부, 대학, 연구기관과 공동 학술대회, 기술교류 사업을 꾸준히 진행해왔다. 경제 분야에서도 코트라(KOTRA)의 해외무역관과 현지 한인 기업들의 연계 활동, 정부의 재외동포재단(현 재외동포청) 교류 및 교육 프로그램, 세계한인무역협회를 통한 중소기업 해외 진출 지원 등 협력 네트워크가 활발하게 운영되고 있다. 전 세계에 조직된 각국 한인회 역시 중요한 네트워크 거점으로 기능하고 있다. 특히 이들은 현지 한인의 정착과 생활을 보조하는 다양한 민간 활동을 펼치는 동시에, 한국 정부에서 주최하는 문화행사, 한국 기업 지원, 재난 시 한국 정부와의 긴급 협력 등 공적 부문의 기능까지 함께 수행하고 있다.

이상 코리안 디아스포라가 가진 차별적 특징은 그것을 이해하고 분석하는 데 있어 디아스포라 일반의 시각뿐만 아니라, 고유의 역사적 환경과 시공간적 제약을 함께 종합적으로 고려할 필요성을 제기한다. 이에 따라 다음 절에서는 코리안 디아스포라의 역사적 전개 과정을 시기별로 검토함으로써 현재의 복합적 양상이 어떠한 역사적 궤적 속에서 형성되어 왔는지를 구체적으로 살펴보고자 한다.

3) 코리안 디아스포라의 역사적 전개 과정

(1) 조선 후기 국제 이주의 출발과 코리안 디아스포라의 태동

한민족의 국제 이주 역사는 19세기 말 조선 후기에 시작된다. 말기의 조선은 정치적 혼란과 경제적 위기를 겪고 있었다. 개항과 함께 외세의 압력은 심화했고, 경제적으로는 지주제 강화와 수탈적 세금 제도로 인해 농민층은 빠르게 몰락했다. 정치적 억압과 경제적 궁핍 속에서 조선인은 생존 위기에 직면하게 되었고, 이에 국경을 넘어 새로운 정착지를 찾으려는 사람들이 나타나기 시작했다.

조선인의 초기 이주는 주로 만주와 러시아 연해주를 중심으로 진행되었다. 비옥한 토지와 넓은 개척지가 있었던 만주는 새로운 경작지를 찾고 있었던 조선인에게 좋은 대안이 되어주었다. 만주의 조선인은 농업 개척민으로서 정착을 시작했고, 곧 작은 공동체를 형성하여 자급자족 생활을 꾸려나갈 수 있었다. 만주 지역으로의 이주는 금세 활발해졌는데, 1910년까지 약 17만 명의 조선인이 만주로 이주하여 정착했다. 연해주로의 이주는 청나라의 러시아로의 연해주 할양이 결정된 1860년 러·청 북경조약 체결 이후 활발히 진행되었다. 이미 함경도 북부 지역 주민은 춘경추귀(春耕秋歸, 봄에 밭을 갈고 가을에 돌아옴) 등의 형태로 만주와 연해주 지방을 왕래하고 있었고, 거주민 간 물자 이동도 잦았다. 이러한 일시적 왕래는 1870년을 즈음하여 완전 이주의 형태로 변형되기 시작했다. 당시 함경도 지방에 대기근이 발생하면서 연해주로의 이주를 희망하는 조선인이 생겨나기 시작했다. 이러한 변화에 연해주 개발을 위해 노동력이 필요했던 러시아 제국은 토지 제공, 곡물 및 농기구 지원, 세금 감면, 러시아 국적 취득 등의 혜택을 제공하면서 조선인의 정착을 지원했다. 그러나 조선인 공동체의 성장이 러시아 지역민과의 경쟁을 유발하고 러일전쟁 이후 일본의 관할을 받던 비귀화 조선인의 증대를 러시아 정부가 꺼리게 되면서 조선인 이주 우호 정책도 중단되었다. 그럼에도 조선인의 연해주 이주는 계속되었는데, 특히 1910년 경술국치는 러시아 이주의 중요 계기가되었다. 1910년 러시아 이주 조선인 규모는 5만 4,076명으로 1900년 2만

7,880명 규모의 두 배 정도였는데, 이들 중 대부분이 연해주에 정착했다.

이 시기 또 다른 중요한 이주는 1903년 하와이 이민이다. 하와이 사탕수수 농장주는 노동력 부족 문제를 해결하기 위해 조선인 노동자를 모집하기 시작했고, 102명의 조선인이 하와이 이주를 결정했다. 이후 하와이 이주는 지속적으로 증가했는데, 1905년까지 7천여 명의 조선인이 하와이로 이주했다. 그러나 하와이로 이주한 조선인의 삶은 매우 열악했다. 이들은 하루 10시간 이상 강제노동에 시달리며, 언어폭력과 인종차별에 시달렸다. 이러한 하와이 이주 조선인의 삶에서 교회는 중요한 의미를 가진 공간이었다. 초기 이주자의 절반 이상은 기독교 신자였는데, 이들은 교회를 통해 다른 이주 조선인과 상호부조의 공동체를 구성하여 언어와 문화적 고립을 잠깐이나마 해소할 수 있었다. 교회는 단순한 예배 공간을 너머, 조선인 동포 공동체를 유지하는 핵심적인 공간으로 기능했다. 계약이 끝난 조선인 중 일부는 더 많은 경제적 기회를 찾아 캘리포니아, 샌프란시스코 등 미국 본토로 이주했는데, 이들의 이주 역시 교회의 보조 속에서 가능했다.

이 시기 생존을 위한 조선인의 이주는 코리안 디아스포라의 역사적 출발점으로 기능했다. 이들의 이주는 경제적 위기와 정치적 억압에 의해 촉발되었다는 점에서 수동적인 측면이 있으나, 동시에 낯선 환경 속에서 새로운 삶의 가능성을 모색한 적극적인 생존 전략이기도 했다. 해외로 확장된 한인의 생활 공간은 단순한 이주의 결과를 넘어, 해외 한인 공동체 형성과 사회적 관계망 구축의 초석이 되었다. 예컨대, 교회를 중심으로 상호부조 체계를 형성하고 공동체 정체성을 유지하려는 경험은 이후 미국 본토 및 다른 지역으로 확산한 한인사회에서도 반복적으로 재현되었다. 이처럼 초기 한인의 이주 경험은 이후 전개될 코리안 디아스포라의 기반 형성에 중요한 기여를 했다는 의의를 가진다.

(2) 식민지배와 강제이주의 구조화

일제강점기에는 국가폭력에 의한 한인의 조직적 국제 이주가 정점에 달했다. 조선 병합 이후 일본은 군사, 산업 자원 확충을 위해 조선인을 주요 국가 노동 자원으로 삼았고 본토와 식민 개발지로 대규모 이동시켰다. 1920~1930년대 전시 경제체제가 심화하면서 조선인은 산업단지, 탄광, 조선소 등 열악한 노동 현장에 배치되어 극심한 착취를 경험했다. 1938년 국가총동원법 이후 강제동원은 더욱 확대되었으며, 군국주의 일제의 패망 시점까지 약 100만 명 이상의 조선인이 일본 노동 현장에 투입되었다. 이 과정에서 오사카, 도쿄, 나고야 등 대도시에는 조선인 거주지가 형성되기도 했다. 이들 지역은 도시 빈민가로 취급되었으며, 취약한 생활 기반에 더해 민족적·신분적 차별과 지속적인 감시 등 철저한 사회적 배제에 노출되었다. 그러나 동시에 이러한 공동 거주지는 재일 조선인의 상호부조, 정체성 유지 공간으로 기능하면서 이후 재일 조선인 단체 설립과 민족 활동의 기반으로 발전하는 토대가 되기도 했다.

19세기 조선인에게 생존을 위한 도피처가 되어주었던 만주는 일제강점기를 거치면서 일본 제국의 식민 통치 전략에 편입되었다. 1931년 일본은 만주사변 후 괴뢰 만주국을 수립하고, 식량, 광물, 군수 물자 공급지로 재편했다. 1930년대부터 약 70만 명 이상의 조선인이 만주로 이주했으며, 이들은 농지 개간과 곡물 생산뿐 아니라 광업, 도로 및 철도 건설 등 식민 인프라 개발에 동원되었다. 일본은 이들에게 토지를 배정하고 정착을 지원한다고 선전했지만, 실상 군국주의 경제체제에 종속된 식민 노동력에 불과했다. 반면, 만주는 식민 착취의 공간인 동시에 조선 민족운동의 중심지로서 기능했다는 점에서 의의가 있다. 만주에 정착한 조선인은 어려움 속에서도 향약, 학교를 설립하여 민족 정체성을 유지하려 노력했다. 이러한 바탕에서 만주는 독립운동의 중심지로서도 기능했는데, 특히 북간도 지역은 봉오동 전투, 청산리 전투, 신흥무관학교, 명동학교 등 무장투쟁 및 민족 교육 활동의 토대가 되었다.

사할린으로의 이주도 이 시기 코리안 디아스포라 전개의 주요 부분 중 하나다. 1930년대 후반, 일본은 사할린 석탄 산업과 개발 산업에 필요한 노동력을 확보하기 위해 조선인을 대규모 강제 동원했다. 약 15만 명의 조선인이 사할린으로 옮겨졌으며, 혹독한 기후와 위험한 탄광 노동, 인권의 부재 속에 착취당했다. 종전 직후 일본은 이들 중 10만 명 정도를 본토로 재이송했다. 그러나 저임금 노동력을 확보하려는 소련 정부의 방해와 일본 정부의 미숙한 대응 탓에 약 4만 3천 명의 조선인이 사할린에 잔류하게 되었다. 이들은 고립된 채 냉전체제 속에서 무국적자로서 사회적 차별과 배제를 겪으며 살아가야 했다. 한편, 만주와 함께 조선인의 주요 이주 지역이었던 연해주에서는 소련에 의해 폭압적인 강제이주가 진행되었다. 1937년 스탈린 정권은 연해주 한인을 잠재적 일본 간첩으로 의심했다. 그 결과 약 17만 명의 조선인이 중앙아시아로 강제이주를 당했다. 이 과정에서 다수가 혹독한 추위와 배고픔 속에 사망했다. 살아남은 이들은 고려인으로 불리며 카자흐스탄, 우즈베키스탄의 황량한 땅에서 농지 개간, 관개, 집단농장 건설 등에 동원되었다. 초기에 이들의 생활 환경은 매우 열악했다. 그러나 이들은 농업 분야에서 높은 생산성을 보이며 점차 생활 환경을 개선해나갈 수 있었고, 이후에는 고려인공동체를 기반으로 학교, 극장, 신문사 등을 설립하며 독자적인 사회적 인프라를 형

 I. 세계시민적 관점에서 본 통일교육의 재구성과 코리안 디아스포라

성했다.

국가폭력에 의해 구조화된 이주로 특징지어지는 식민지 시기 코리안 디아스포라의 전개는 자발성보다 강제성과 동원성이 압도적으로 강화되었다. 제국주의 일본의 군수산업, 식민지 개발 계획에 따라 조선인은 일본 본토, 만주, 사할린 지역 식민 통치 구조의 하부 장치로 강제 편입되었다. 소련 정부 역시 고려인의 중앙아시아 이주를 강제하여 국가 개발의 노동 자원으로 사용했다. 그러나 이러한 폭압적 조건 속에서도 조선인은 공동체를 조직하고 상호부조 체계를 형성하며, 학교 설립과 사회 인프라 구축 등을 통해 민족 공동체와 정체성을 유지하려는 노력을 지속해갔다. 식민지 시기의 코리안 디아스포라는 강제와 억압 속에서 형성되었으나, 동시에 자율적 공동체와 정체성 유지의 가능성을 모색해나갔다.

(3) 해방과 분단 이후 이주 형태의 분화

1945년 해방 이후 일본에 체류 중이던 약 200만 명의 재일 조선인 중 약 140만 명이 1945~1946년 사이 고국으로 귀환했고, 나머지 조선인은 일본에 잔류하여 생활을 이어갔다. 귀환자는 분단과 정치 혼란 속에서 정착에 어려움을 겪었고, 일본에 잔류한 이들 역시 일본 사회로부터 구조적인 배제를 피할 수 없었다. 일본 정부는 잔류자들에게 조선적(朝鮮籍)이라는 불완전한 법적 지위를 부여해 한국과 일본 어디에도 속하지 않는 이중적 소외를 유발했다. 더불어 한반도의 분단은 재일 한인사회에 새로운 혼란과 분열을 야기하면서 재일 한인의 어려움은 가중했다. 그럼에도 해방 이후 재일 한인은 한국학교와 조선학교를 설립하고, 재일본대한민국민단과 재일본조선인총연합회 등 민족 단체를 조직하여 민족 공동체와 정체성을 유지하기 위한 노력을 한층 활발하게 전개할 수 있었다.

해방 직후 발발한 한국전쟁도 코리안 디아스포라 전개에 있어 중요한 전환점이었다. 한국전쟁은 약 370만 명의 난민을 발생시켰다. 고향을 떠나 다시 돌아가지 못하는 실향민부터 부모 형제를 잃은 이산가족까지 난민은 다시 다양한 형태로 나뉘었다. 특히, 자기생존이 불가능한 약 10만 명의 전쟁고아의 경우 국제 입양이 적극 고려되었다. 당시 미국은 휴머니즘과 동맹국의 책임을 강조하면서 한국 전쟁고아의 미국 국제 입양을 허용했다. 그 결과 1955년부터 1970년대 초까지 약 6만 명의 미국 국제 입양이 성사되었다. 전쟁신부(war wife)의 국제 이주도 활발했다. 전쟁신부는 참전 미군과 결혼한 한국 여성들을 의미한다. 6천 명 정도의 전쟁신부가 전후 미국으로 결혼이민을 떠났는데, 이는 당시 미주 이민의 다수를 차지한다. 전쟁고아와 전쟁신부는 종전의 미국 이민자들과 다른 환경에서 생활했다. 기존 한인 이민자들은 가족 단위로 이민하거나 한인사회가 구성된 지역에 터전을 꾸려 한인 공동체와의 지속적인 연결 속에서 생활할 수 있었다. 그러나 입양 부모와 남편의 거주지에 따라 생활 공간이 결정되었던 전쟁고아나 전쟁신부 그리고 그들의 혼혈 자녀는 한인 공동체와 자연스럽게 격리된 공간에서 생활하고 성장하게 되었다. 그들이 보다 심각한 정체성 혼란을 겪을 것은 분명했다. 물론, 한국에 남겨진 미국 혼혈 자녀들 역시 인종적 차이로 차별과 정체성 혼란을 경험하게 될 것이 당연했다.

한편, 해방과 분단의 복합적인 영향이 코리안 디아스포라의 또 다른 전개를 야기했다. 전술했듯, 재일 조선인은 민단과 조총련으로 양분되며 남·북한 국가체제와 밀접하게 결합된 정치적 디아스포라로 재편되었다. 소련·중국·일본 등 주변국 정부는 각기 다른 방식 그리고 차별로 자국

　　I. 세계시민적 관점에서 본 통일교육의 재구성과 코리안 디아스포라

내 한인 집단을 관리했다. 해방 직후 한국 정부가 해외동포에 관한 국적과 권리 문제에 대해 효과적으로 대응할 수 없었던 것도 문제의 심각성을 더한 중요한 요인이었다. 이러한 상황에서 코리안 디아스포라 속에서는 '귀환자-잔류자', '남한계-북한계', '정치적 소속-법적 지위' 등 다층적인 분열이 발생했으며, 이는 다시 코리안 디아스포라가 서로 다른 역사적 경험과 정치적 환경을 가진 복합적이고 이질적인 집단으로 분화되는 데 중요한 계기가 되었다.

(4) 산업화와 현대적 이주의 시작

1960년에 들어서면서 한국 정부는 제도적 이민을 허용하기 시작했다. 한국 정부는 가중하는 인구 압력을 해소하고 추가적인 외화 획득을 기대하며 1962년 「해외이민법」을 제정했다. 비슷한 시기인 1960년대 중반, 미국과 캐나다는 과거 북서구 유럽계와 홍콩과 일본만 우호적이던 기존 이민법을 개정하고 다양한 국가로부터의 국제 이민을 허용하기 시작했다. 특히, 경제적-사회적 기여 가능성을 중심으로 개정된 이민법은 고학력 한인의 북미 이주에 유리한 환경을 제공했고, 이에 따라 의사, 간호사, 엔지니어 등 전문직 종사자 중심의 가족 단위 이민이 급격히 증가했다. 특히 LA, 뉴욕 등 대도시를 중심으로 한인 공동체가 형성되었으며, 이들은 현지 경제에 빠르게 적응해갔다. 더불어, 이들은 한국으로의 송금 및 교육 연계를 통해 본국과의 유대를 지속하고 민족 정체성을 유지하려 노력했다. 이 시기 전문직 중심의 이주는 미주 한인 집단이 과거 단순 노동력 공급 집단에서 벗어나 다양한 경제사회적 분야에서 활동할 수 있는 사회 집단으로 변모하게 되는 중요한 토대를 제공했으며, 미주 코리안 디아스포라의 위상 변화를 촉진하는 계기가 되었다.

1970~1980년대 한국의 급속한 산업화 과정에서 진행된 해외 이주는 코리안 디아스포라의 지리적 확장을 가져왔다. 1970년대 사우디아라비아, 쿠웨이트, 리비아, 아랍에미리트 등은 오일머니를 기반으로 대규모 인프라 건설을 추진했다. 중동 건설 붐이 일면서 한국 정부는 건설노동자와 기술자를 적극적으로 조직하여 파견했다. 1975년부터 1985년 사이 약 20만 명 이상의 노동자가 중동에 진출했으며, 이들은 극한의 기후와 열악한 근로조건 속에서도 매년 수억 달러의 외화를 송금해 한국의 외환보유고 증가에 크게 기여했다. 1980년대 초반까지 이들이 송금한 자금은 한국 GDP의 2~3%를 차지했다. 더불어 귀국 후 이들은 주택 마련, 자녀교육 투자, 자영업 창업 등 다양한 경제 활동에 참여하면서 한국 경제의 활성화에 기여했다. 그리고 이는 다시 한국 사회의 계층 분화와 중산층 형성을 야기했다.

1960년대 후반부터는 중남미 지역으로의 국제 이주도 나타났다. 중남미 이주는 브라질, 아르헨티나, 파라과이 등지로 이뤄졌으며, 한인은 주로 봉제업, 의류 유통, 소매업에 종사했다. 이민 초기 한인은 극심한 언어장벽, 제도적 차별, 정착 기반 부족 등으로 어려움을 겪었다. 그러나 중남미 한인사회는 한인교회, 한글학교, 자체 상호부조 조직 등을 중심으로 공동체 내부의 연대를 강화하고, 경제적 협력을 통해 비교적 짧은 시간 안에 자립 경제를 구축하여 현지 사회로부터 인정받는 상공업 집단으로 성장했다. 특히 아르헨티나의 부에노스아이레스 한인타운과 브라질 상파울루의 봉제공장은 한인 이민자의 자력생존을 대표하는 공간이었다. 이러한 중남미 한인 이주 사례는 코리안 디아스포라의 민족적 연대를 기반으로 한 높은 적응 능력을 보여주는 대표 사례로 평가받는다.

1980년대에는 미주 지역을 중심으로 코리안 디아스포라의 다층성이 빠르게 심화했다. 이민법 개정 이후 북미 이주는 연간 3만~3만 5천 명 수준으로 빠르게 확대되었고, 그 결과 1980년대 후반 미국 이주 한인 규모는 약 80만 명에 달했다. 이 시기 한인 이주는 처음에는 대졸 이상 전문직 비율이 높았으나 점차 노동자, 서비스직 종사자의 비중이 증가하면서 사회경제적 구성이 다층화되었다. 1970년 전문직 비중이 81%였던 데 비해 1975년에는 65%로 감소했으며, 이후에는 뷰티산업, 식당업, 세탁업 등 소규모 자영업 중심의 생계형 이민자가 증가했다. 이민 동기가 엘리트 중심에서 생존형, 교육형 등으로 확대되면서, 한인사회의 사회경제적 구성도 다양화되기 시작했다. 더불어 이들의 정착이 도시를 중심으로 진행되면서, 자연스럽게 도시 한인 상권이 형성되었고 이는 북미 한인사회가 독립적인 경제 단위를 구상하는 데 핵심적인 영향을 미쳤다.

(5) 세계화 시대 코리안 디아스포라의 확산과 다층화

1990년대 이후 본격화된 세계화는 코리안 디아스포라의 이동 양상을 변화시켰다. 이 시기 이주는 전문직 이민, 유학, 국제결혼, 그리고 해외 한인 동포의 역이동 등 다양한 형태로 나타났다. 특히 미국, 캐나다, 독일 등으로의 전문직 이민은 한국의 경제성장과 고등교육 보급률 상승의 직접적 결과였다. 고학력 엔지니어와 과학자들은 북미와 유럽 지역의 핵심 기술 인력으로 활동하며, 현지 사회의 상류 계층에 진입했다. 이들은 현지 경제에 기여함은 물론, 고국과의 경제·문화 네트워크를 유지하며 한국 스타트업의 글로벌 진출을 돕는 다리 역할을 수행했다.

한인 이주가 가장 활발했던 미주 지역에서는 코리안 디아스포라의 정치적 참여도 빠르게 확대되는 모습이 나타났다. 1992년 선출된 제이 킴(Jay Kim)은 연방하원에 입성한 최초의 한국계 미국인 정치인으로, 한인 커뮤니티가 더 이상 주변부 소수집단이 아니라 선거 정치의 주체로 등장했음을 상징적으로 보여주었다. 그 외에도 지방자치단체, 교육위원회, 주의회 등 중간 정치 수준에서도 한인 후보와 유권자 조직이 점차 확대되었다. 이는 코리안 디아스포라가 거주국 사회 안에서도 이해관계를 표출하고 관철할 수 있는 행위자로 자리매김하기 시작했음을 보여준다.

한편, 코리안 디아스포라의 경로가 '역방향'으로 진행되는 사례도 나타나기 시작했다. 1992년 한중 수교 이후, 중국 조선족의 한국 이주가 대표적이다. 노동시장 개방과 교육 기회의 확대, 가족 재결합 등의 이유로 수만 명의 조선족이 한국으로 이주했으며, 이들은 언어와 문화의 유사성 덕분에 상대적으로 빠르게 적응했다. 예컨대, 경기도 안산과 서울 대림동은 대표적인 조선족 밀집 지역으로 성장했으며, 조선족 학교와 미디어도 생겨났다. 그러나 이들은 동시에 내국인과 외국인의 경계에 놓이며 사회적 차별과 제도적 배제를 경험하고 있다. 이러한 조선족 사례는 코리안 디아스포라가 단일한 민족 정체성으로 수렴되지 않음을 보여준다.

비슷한 맥락에서, 이 시기 코리안 디아스포라 전개 과정에서는 디아스포라 정체성의 혼종적 특징이 뚜렷하게 나타난다. 2세, 3세 한인은 더 이상 스스로를 한국인이나 거주국 국민으로만 규정하지 않는다. 대신 두 문화 사이를 오가며 상황에 따라 다르게 자신을 위치시키는 이중적이고 다중적인 태도를 보인다. 예컨대, 이들은 가정과 공동체 안에서는 한국어, 유교적 규범, 공동체 중심 등의 가치를 중시하지만, 학교와 직장, 공적 공간에서는 거주국의 언어와 시민 규범을 동일하게 수용한다. 희미한 정체성의 경계 속에서 한인 2세, 3세는 언어, 문화, 시민권이 뒤섞인, 새로운 형태의 정체성을 구성하게 된 것이다. 이러한 후속 세대의 정체성 구성은 한민족 정체성에 대한 강한 유대감을 중심으로 코리안 디아스포라를 규정지어온 종전의 고정적 시각의 변화를 요구한다.

4) 코리안 디아스포라의 오늘과 과제

현대 코리안 디아스포라는 한인 공동체를 넘어 거주국의 주요 사회 집단으로 성장했으며, 나아가 한국과 거주국을 포괄하는 초국적 네트워크에서 주요한 정치, 경제, 사회, 문화 행위자로 기능하고 있다. 그러나 동시에 이들은 정체성 약화, 언어와 민족 교육의 단절, 사회적 배제, 정책적 지원 부족 등 복합적인 과제에 직면하고 있기도 하다.

우선, 코리안 디아스포라의 경제적 기능이 눈에 띈다. 버그스텐과 최인범(Bergsten & Choi, 2003)의 연구에 따르면, 미국 내 한인 이민자는 한미 양국 간 무역을 약 15~20% 증가시키는 효과를 가져온 것으로 분석되었다. 또한 한국 무역 전반에서도 재외동포가 많이 거주하는 지역과 더 활발한 교역이 진행되고 있는 것으로 나타났다. 이를 반영하듯 정부와 민간은 한상(韓商) 네트워크를 구축하여 2002년부터 매년 세계한상대회를 개최하고, 세계한인무역협회 등을 통해 해외 한인 기업인과 국내 중소기업 간의 협력을 촉진해왔다. 이러한 코리안 디아스포라의 경제활동은 한국에 대한 투자와 일자리 창출, 해외시장 개척 등으로 이어져 한국 경제영토를 확장하는 효과를 낳고 있다. 실상, 비즈니스를 제외하고 단순 송금 규모만 보아도 코리아 디아스포라의 한국 경제에 대한 기여는 상당한 수준이다. 월드뱅크(World Bank)의 통계에 따르면, 한국이 이미 세계 주요 경제 국가로 성장한 2022년에도 미주 한인의 한국 송금액은 37억 2,300만 달러에 달한다. 이는 같은 기간 한국이 해외에서 받은 송금 총액 77억 달러의 절반에 가까운 규모이다. 송금은 결혼, 장례비 지원, 생활비, 의료비 등 다양한 목적에서 진행되었는데, 약 16%의 한인 이민자가 최소 1회 이상 한국에 송금하는 것으로 보고되었다.

코리안 디아스포라가 생산하는 경제적 효과는 비단 한국과 현지 한인 공동체에 국한되지 않는다. 세계 주요 도시들에 형성된 코리아타운과 한인사회는 현지사회의 경제발전에도 기여하고 있다. 코리안 디아스포라에 의한 지역 경제 성장의 대표적인 사례로는 최금좌(2011)가 주목한 브라질 봉헤찌로(Bom Retiro) 사례가 있다. 과거 봉헤찌로는 단순한 공업 지역에 불과했다. 그러나 이 지역 한인 공동체를 중심으로 의류산업이 차츰 발전하기 시작했고, 1990년대 후반 IMF 위기로 브라질 한인의 LA와 한국으로의 재·역이주가 진행되면서 봉헤찌로-LA-서울의 초국적 한인 의류산업 네트워크가 형성되었다. 이러한 한인 의류산업 네트워크를 바탕으로 봉헤찌로 지역의 의류산업은 급격히 발전하기 시작했으며, 오늘날에는 브라질뿐만 아니라 파라과이, 볼리비아 등 주변 국가, 그리고 멀리서는 중앙아메리카, 북미, 아프리카의 의류 도매상인들까지 왕래하는 라틴아메리카 주요 의류산업 단지 중 하나로 성장했다.

코리안 디아스포라의 정치적 역할도 강조된다. 한인의 정치 참여는 다양하게 전개되어왔다. 한인사회의 역사가 오래된 미국에서 한인은 직간접적인 정치 참여를 통해 미국 내 한인 커뮤니티의 권익 상승과 한미 국제관계에 긍정적인 기여를 하고 있다. 캘리포니아와 뉴욕 등 주요 지역에서 한인 커뮤니티는 조직적인 선거 활동을 통해 미국 정계에 정치적 영향력을 행사하고 있다. 한인의 직접적인 정치 참여도 눈에 띈다. 한인은 시의회, 주의회, 그리고 연방의회 선거에 입후보하여 당선되고 있다. 특히 2024년 선거에서는 한인 2세 앤드류 킴(Andrew Kim)이 최초로 상원의원에 당선되며 한인의 미국 내 정치적 위상을 보여주었다.

한류의 확산과 관련하여 코리안 디아스포라의 문화적 역할에 대한 기대도 증가하고 있다. 코리안 디아스포라는 거주국에서 한국의 전통문화를 보존하고 전파하는 동시에, 거주국 문화와 융합하여 새로운 문화적 가치를 창출해내고 있다. 특히, 최근 한류의 세계적 인기 속에서 각국의 코리안 디아스포라 커뮤니티는 K-팝과 K-드라마를 현지어로 번역하고, 팬클럽을 조직하며, 초청 행사를 기획하는 등 한국 문화의 전파에 중요한 역할을 수행하고 있다. 예를 들어, 미국 뉴욕 한인을 중심으로 한인사회의 단합을 다지기 위해 개최되기 시작한 코리안 페스티벌은 오늘날 K-팝 팬덤과 협력하여 K-팝 공연, 전통 한복 전시, 한식 체험 프로그램 등 한국의 현대 문화를 소개하는 대규모 장으로 확대 발전했다.

지역사회 그리고 다른 이주민 집단을 위한 코리안 디아스포라의 활동도 활발히 전개되고 있다. 윤인진(2003)은 뉴욕 플러싱 지역 한인사회의 지역 공헌 활동에 주목한다. 이 한인사회는 지역 빈곤계층 주민을 위해 무료급식, 의료 상담, 언어교육 같은 다양한 사회적 프로그램을 운영하고 있다. 동시에 이들은 미국에 이주한 다른 디아스포라 집단의 사회 적응을 돕기 위해 법률 상담 서비스, 지역 훈련 프로그램 등도 제공하고 있다. 이러한 지역사회 활동은 한인사회에 대한 사회적 신뢰를 제고할뿐더러 그외 원주민과 다른 민족 디아스포라를 포함하는 지역 전체의 사회 통합을 촉진하는 효과를 가진다.

비슷한 맥락에서, 코리안 디아스포라는 거주국 내 한인사회뿐만 아니라, 디아스포라 전체의 권익 향상을 함께 증진하는 데도 앞장서고 있다. 예를 들어, 1980년대 재일 한인을 중심으로 전개된 지문 날인 거부 운동이 있다. 전술했듯, 식민지 시대의 강제이주에서 비롯한 재일 한인사회는 오랜 기간 차별과 제도적 배제를 받아왔다. 일본 정부는 외국인 감시와 통제를 목적으로 정기적인 지문 날인을 강제하고 있었으며, 이러한 의무를 재일 한인에게도 적용했다. 재일 한인사회는 지문 날인 거부 운동을 조직하고 전개했으며, 그 결과 1992년 한인의 의무 지문 날인 제도가 철폐되었다. 이는 1999년 모든 외국인에게 확대 적용되면서 일본 내 다른 디아스포라도 혜택을 향유하게 되었다.

오늘날 코리안 디아스포라는 여러 층위에서 중요한 사회적 행위자로 기능하고 있으나, 이들의 역할이 계속되고 또 강화되기 위해서는 해결해야 할 여러 문제가 남아 있다. 우선, 무엇보다 차별 문제의 해결이 필요하다. 많은 경우, 해외 한인은 여전히 내국인과 이방인 사이의 경계인 취급을 받으며 다양한 정책적·사회적 차별에 노출되어 있다. 전술한 재일 한인의 사례는 이러한 현실을 단적으로 보여준다. 일본 사회에서 재일 한인을 향한 차별은 여전히 빈번하게 발생하고 있으며, 그 양상은 극우 단체의 노골적인 혐한 시위 같은 가시적 폭력에서부터 온라인 공간과 출판물에 나타나는 조용하고 일상적인 헤이트스피치에 이르기까지 다양하게 확인된다. 미국에서도 상황은 마찬가지다. 미주 한인사회는 정치, 경제, 사회, 문화 등 거의 모든 측면에서 세계 한인사회 중 가장 괄목할 만한 성장을 보여왔으며, 미국과 지역사회에도 적지 않은 기여를 해왔으나 이들을 향한 차별은 끊이지 않고 있다. 2020년 미주한인위원회(Council of Korean Americans) 보고서는 이를 분명히 보여주는데, 보고서에 따르면 한인 교포의 88%가 매달 적어도 한 차례 이상 일상 속에서 차별적 언행을 경험하고 있다고 한다.

　　　　I. 세계시민적 관점에서 본 통일교육의 재구성과 코리안 디아스포라

　한편, 코리안 디아스포라에 대한 차별이 단순히 민족적·인종적 다름에서만 기인하는 현상이 아니라 집단 간 경쟁과 사회구조적 긴장이 함께 뒤섞이며 발생하는 사실이 문제 해결을 더욱 어렵게 한다. 성장은 한인사회뿐만 아니라 모든 사회가 지향하는 당위적 목표이지만, 동시에 성장은 필연적으로 현지 원주민 사회나 다른 이주민 집단과의 경쟁을 유발한다는 문제를 내포한다. 예컨대, 1992년 LA 흑인 폭동은 기본적으로 흑인과 백인 간 갈등에서 비롯했으나, 실제 피해는 한인 상점가에 집중되었다. 당시 약 2,300개의 한인 상점이 약탈과 방화의 표적이 되었는데, 이는 전체 폭동 피해의 40%를 차지한다. 이는 한인사회가 정착하고 성장하는 과정에서 흑인 및 히스패닉계 이주민과 자연스럽게 경쟁 관계에 놓이게 된 결과로 해석될 수 있다. 더불어, 한인사회가 직접적인 경쟁을 유발하지 않았음에도 사회적 불만과 좌절은 쉽게 소수의 이주민 집단을 향해 표출되기도 한다. 재일 한인에 대한 차별 중 일부도 여기에서 비롯한다. 2021년 재일 한인이 모여 살고 있는 일본 교토부 우토로 마을에 의도적인 방화 사건이 발생했는데, 방화를 저지른 남성은 직장 환경에 대한 부적응과 무직의 열등감을 한인에게 풀었다고 답했다.

　그러나 코리안 디아스포라에 대한 차별 문제는 비단 해외에서만 발생하는 것이 아니다. 한국 사회 내부에서도 국내로 역이동한 한인 집단을 대상으로 구조적인 차별이 발생하고 있다. 최근 해외 한인 집단의 귀환과 재정착은 점차 빈번해지고 있다. 이에 따라 한국 정부는 우수한 인력과 기업 유치를 목표로 다양한 지원 정책을 추진하고 있다. 그러나 이러한 정책은 주로 미국과 유럽 등 선진국 출신 한인에게 집중되는 경향을 보인다. 반면, 주로 국내 3D 업종에 종사하는 조선족과 고려인에 대한 지원은 일부 비자 혜택을 제외하고는 찾아보기 힘들다.

제도적 형평성 문제는 차치하고서라도 이들에 대한 사회적 차별은 심각한 수준이다. 2010년대 초반 조선족 이주민이 연루된 강력범죄 사건이 사회적으로 주목받은 이후 언론과 대중문화를 통해 조선족을 범죄 집단으로 일반화하는 편견이 빠르게 확산했다. 실제 2015년 동북아평화연대가 내국인 300명을 대상으로 실시한 설문조사에서는 약 90%의 응답자가 조선족에 대해 부정적 인식을 가진 것으로 나타났다. 이러한 편견은 한중 관계 악화 및 반중 정서와 결합하면서 더욱 공고화되는 양상을 보이고 있다. 결과적으로 이러한 편견은 국내 조선족의 한국 사회에 대한 불신과 소외감을 심화시키는 요인으로 작용하며, 나아가 중국 내 조선족 사회, 더 나아가서는 중국 사회 전반의 한국에 대한 불만과 반목으로 확장되는 경향을 보이고 있다. 따라서 국내 역이동 디아스포라 집단에 대한 차별 문제는 단순한 사회통합 차원을 넘어 코리안 디아스포라의 지속가능한 발전과 보편적 인권, 그리고 국제관계 차원에서도 관심 있게 다뤄질 필요가 있다.

세대가 거듭될수록 약화되고 있는 문화적 유대와 정체성의 문제 역시 중요한 해결 과제로 제기되고 있다. 자녀 세대 코리안 디아스포라의 문화적 유대와 한민족 정체성을 유지하려는 노력은 세계 곳곳에서 지속되고 있다. 2024년 현재 전 세계에는 1,400여 개의 한글학교가 운영되고 있으며, 약 9만 4천 명의 재외동포 학생들이 한국어와 한국 역사를 배우고 있다. 한국 정부와 재외동포청 또한 차세대 동포의 정체성 함양을 위해 모국 방문 연수, 교재 지원, 교사 연수 등 다양한 지원 사업을 추진하고 있다.

그러나 이민 2세대 이후부터는 가정과 지역사회에서 한국어 사용이 감소하고, 주류사회 언어가 우세해지는 현상이 뚜렷하게 나타난다. 민병

갑(Min, 2000)의 연구에 따르면, 미국 거주 한인 2세의 77%가 어린 시절 부모와의 대화에서 주로 영어를 사용한 것으로 조사되었다. 이에 대해 이진숙과 신사라(Lee & Shin, 2009)는 이중문화 정체성에 대한 긍정적 인식 형성이 중요하다고 지적하며, 디아스포라 청소년들이 거주국 시민으로서의 정체성과 한민족 구성원으로서의 자각을 동시에 형성할 수 있도록 균형 잡힌 교육이 필요하다고 강조한다. 또한 거주국 교육 체계와 한국어 교육을 연계하여 이중언어 능력을 경쟁력 있는 자산으로 발전시킬 수 있는 정책적 지원이 요구된다고 설명한다.

일각에서는 해외 코리안 디아스포라 네트워크 간 연결성 부족 문제를 지적하기도 한다. 현재 코리안 디아스포라 네트워크는 한국을 중심으로 한 일방향적 구조를 띠고 있으며, 이로 인해 해외 한인 공동체 간의 수평적 연계와 교류는 충분히 활성화되지 못하고 있다. 코리안 디아스포라가 초국적 네트워크 자원으로서의 잠재력을 강화하기 위해서는 해외 코리안 디아스포라 간 연결망 역시 보다 체계적으로 구축될 필요가 있다. 이러한 체계적 네트워크는 한국과의 관계에 국한되지 않고, 디아스포라 상호 간 이익 공유와 협력을 촉진함으로써 공동체의 결속력을 강화하는 동시에, 각 거주국 사회에 대한 기여 가능성 또한 확대하는 긍정적 기반으로 작용할 것이다.

5) 코리안 디아스포라 연구를 위한 제언

코리안 디아스포라의 전개와 현재는 150여 년에 걸친 한민족의 이동과 정착, 위기 대응과 적응의 궤적을 응축적으로 보여준다. 19세기 말 조선 후기의 경제적·정치적 불안 속에서 시작된 이주는 식민지배, 해방과 한국전쟁, 산업화와 세계화 등 한반도의 굴곡진 역사와 맞물리며 지역, 계층, 이주 형태 차원에서 복잡한 변화를 거쳐왔다. 생존과 적응, 그리고 재구성을 반복해온 코리안 디아스포라의 역사는 단순한 물리적 이동의 기록이 아니라, 낯선 환경에서 정체성을 재구성하고 사회적 위치를 모색해온 삶의 역사이기도 하다. 오늘날 코리안 디아스포라는 거주국과 한국, 나아가 그 둘을 잇는 초국적 공간에서 정치, 경제, 문화, 사회 전반에 걸쳐 중요한 행위자로 자리매김하고 있으며, 이는 한민족의 역사 경험이 더 이상 단일한 공간에 국한되지 않음을 보여준다. 이러한 코리안 디아스포라에 대한 연구는 해외 한인사회의 이해를 넘어 한국인의 근현대사와 민족 정체성, 그리고 한국의 국제관계를 입체적으로 조망하는 데 중요한 이론적 자원이 된다.

사회과학자로서 코리안 디아스포라를 다루는 작업은 여전히 쉽지 않다. 한국 사회와 코리안 디아스포라의 통합적 발전이라는 방향성은 분명하지만, 무엇을 연구 대상으로 삼고 어떤 연구 방법을 적용할 것인가라는 기초적 질문 앞에서조차 머뭇거려지는 것이 사실이다. 이는 디아스포라가 고정된 집단이 아니라 시간과 공간, 세대와 정치적 조건 속에서 끊임없이 재구성되는 존재이자 현상이기 때문이다. 개체로서 코리안 디아스포라의 경계를 정의 내리려는 순간에도 그것은 현상으로서 변화를 거듭하고 있다. 이러한 특징의 코리안 디아스포라를 연구하는 데 적절한 연구 방법을 정하는 일도 어렵기는 마찬가지다. 코리안 디아스포라의 분화가 일정한 유형으로 구분될 수 있다고 이해하는 이들은 계량적 연구 방법의 필요성을 제기하겠으나, 개별 분화에 담긴 특수한 역사적·환경적 맥락을 중시하는 이들은 해석적 연구가 적절하다고 주장할 수 있다.

   I. 세계시민적 관점에서 본 통일교육의 재구성과 코리안 디아스포라

그러나 코리안 디아스포라의 복잡성과 역동성은 오히려 풍부한 학문적 가능성으로 이해될 필요가 있다. 코리안 디아스포라의 특수성을 반영한 연구 방법을 개발하려는 노력은 당연히 환영받아야 하지만, 그러한 노력이 다양한 시각에서 코리안 디아스포라를 연구하려는 시도를 머뭇거리게 해서는 안 된다. 때로는 거시적이고 때로는 미시적이며, 또 때로는 설명적이고 때로는 해석적인 연구는 코리안 디아스포라의 다양한 모습과 변화 과정을 입체적으로 이해하는 데 기여할 수 있다. 다양한 시각과 접근에서 축적된 연구들은 코리안 디아스포라를 고정된 대상이 아닌 끊임없이 재구성되는 사회적 실재로 이해하도록 하며, 그 변화의 의미를 보다 깊이 있게 성찰할 수 있는 토대를 제공할 것이다.

참고문헌

강진웅. "디아스포라와 현대 연변조선족의 상상된 공동체: 종족의 사회적 구성과 재영토화." 『한국사회학』, 제46집 4호 (2012).

김귀옥. "분단과 전쟁의 디아스포라: 재일 조선인 문제를 중심으로." 『역사비평』, 통권 91호 (2010).

국가기록포털. "미국의 재미한인." 국가기록원 홈페이지; 〈https://theme.archives.go.kr/next/immigration/ImmigrationLaw.do〉.

박찬용·유표근. "재외한인의 민족정체성 비교연구." 전남대학교 글로벌디아스포라연구소 국제학술회의 (2008).

신지원. "국제이주와 발전의 연계 담론에서 '디아스포라'의 역할에 대한 비판적 검토." 『디아스포라연구』, 제9권 2호 (2015).

윤인진. "코리안 디아스포라: 재외한인의 이주, 적용, 정체성." 『한국사회학』, 제38집 5호 (2004).

임채완·김경학. "중국 연변조선족의 민족정체성 조사 연구." 『대한정치학회보』, 제10권 1호 (2002).

재외동포청. "재외동포 현황 총계." 재외동포청 홈페이지; 〈https://www.oka.go.kr/web/content.do?menu_cd=000101〉

정성호. "코리안 디아스포라: 공동체에서 네트워크로." 『한국인구학』, 제31권 3호 (2008).

최금좌. "브라질 상파울루市의 코리아타운 '봉혜찌로(Bom Retiro)'." 『재외한인연구』, 제24호 (2011).

한동훈. "19세기 말 조선인의 연해주 월경과 한인마을의 형성." 『한국독립운동사연구』, 제78집 (2022).

"한인들 한국 송금 연 30억 달러 이상." 「미주중앙일보」(온라인), 2024년 5월 1일; 〈https://www.koreadaily.com/article/20240501205755583〉.

"2023 세계한인비즈니스대회 폐회… 1,900만불 현장계약." 「월드코리안」(온라인), 2023년 10월 17일; 〈https://www.kbswa.com/2023/10/17/2023-%EC%84%B8%EA%B3%84%ED%95%9C%EC%9D%B8%EB%B9%84%EC%A6%88%EB%8B%88%EC%8A%A4%EB%8C%80%ED%9A%8C-%ED%8F%90%ED%9A-%8C-1900%EB%A7%8C%EB%B6%88-%ED%98%84%EC%9E%A5%EA%B3%84%EC%95%BD/〉.

Bergsten, C. Fred. and Choi, Inbum, eds. *The Korean Diaspora in the World Economy*. Washington, DC: Institute for International Economics, 2003.

Brubaker, Rogers. "The 'Diaspora' Diaspora." *Ethnic and Racial Studies*, vol. 28, no. 1

(2005).

Choy, Bong Youn. *Koreans in America*. Chicago: Nelson-Hall, Inc., 1979.

Chung, Soojin. "History of Korean Immigration to America, from 1903 to Present." 〈https://sites.bu.edu/koreandiaspora/issues/history-of-korean-immigration-to-america-from-1903-to-present/〉.

Clifford, James. "Diasporas." *Cultural Anthropology*, vol. 9 (1994).

Cohen, Robin. "Rethinking 'Babylon': Iconoclastic Conceptions of the Diasporic Experience." *New Community*, vol. 21, no. 1 (1995).

______. *Global Diasporas: An Introduction*. London: University College London Press, 1996.

Council of Korean Americans. 2020 CKA National Report, 2020; 〈https://councilka.org/2020-cka-national-report/〉.

Esman, Milton J. "Diasporas and International Relations." in Gabriel Sheffer, ed. *Modern Diasporas in International Politics*. London: Croom Helm, 1986.

Hall, Stuart. "Cultural Identity and Diaspora." in Jonathan Rutherford, ed. *Identity: Community, Culture, Difference*. London: Lawrence and Wishart, 1990.

Han, Suk-Jung. "Imitating the Colonizers: The Legacy of the Disciplining State from Manchukuo to South Korea." *The Asia-Pacific Journal Japan Focus*, vol. 3, issue. 7 (2005); 〈https://apjjf.org/suk-jung-han/1885/article〉.

Lee, Jinsook. and Shin, Sarah J. "Korean Heritage Language Education in the United States: The Current State, Opportunities, and Possibilities." *Heritage Language Journal*, vol. 7, no. 2 (2009).

Lee, Woosung. "The Koreans' Migration to the Russian Far East and Their Deportation to Central Asia: From the 1860s to 1937" (MA. thesis, University of Oregon, 2012).

Min, Pyong Gap. "Korean American's Language Use." in Sandra. L. McKay and Sau-ling. C. Wong, eds. *New Immigrants in the United States*. Cambridge: Cambridge University Press, 2000.

Safran, William. "Diasporas in Modern Societies: Myths of Homeland and Return." *Diaspora,* vol. 1, no. 1 (1991).

Song, Changzoo. "Engaging the Diaspora in an Era of Transnationalism." *IZA World of Labor*, no. 64 (2014).

3
사회정치적 현실과
코리안 디아스포라 확산

조선철*

1) 사회정치적 현실과 이주의 선택

디아스포라(diaspora)는 약 2,300년의 역사를 가진 개념으로, 본래 세계 각지에 흩어져 살지만 유대교의 생활 관습과 규범을 유지하는 유대인을 지칭하는 용어로 사용되었다. 또한, 디아스포라는 헬라어로 번역된 구약성서에 "이방인 사이에서 거주하는 흩어진 유대인"을 지칭하는 표현으로 빈번하게 등장했으며, 이후에는 유대인뿐만 아니라 전 세계적으로 흩어져 사는 민족 단위를 지칭하는 보편적 개념으로 확대되었다. 다시 말해, 디아스포라는 본토(本土), 본향(本鄕)을 떠나 타 지역으로 이주하여 생활하면서도 고유의 생활 관습과 규범을 유지하는 초국가적 민족 공동체를 포괄적으로 지칭하는 개념으로 발전했다. 이와 더불어, 디아스포라는

---

* 한신대학교 유라시아연구소 연구교수

   I. 세계시민적 관점에서 본 통일교육의 재구성과 코리안 디아스포라

단순히 이민이나 국제적인 인구 이동 같은 현상을 넘어 강제적인 이주와 비극적인 이산이라는 역사적 경험을 내포한다. 이러한 디아스포라 개념의 확대와 발전으로 인해 디아스포라 관련 연구 역시 단순히 특정 민족의 지리적 이동 동인에 대한 분석을 넘어, 특정 민족적·문화적 정체성과 집단기억, 그리고 시대적 유대감을 고찰하는 독립적이며 포괄적인 연구 어젠다로 발전했다.

앞에서 언급한 것과 같이 디아스포라 개념이 처음 제시된 문헌 자료는 구약성서이다. 이에 따라 디아스포라는 본래 유대인의 이주라는 시대적 현상을 바탕으로 개념화되었다. 즉, 유대인의 이주를 유발한 시대적·사회적 원인을 포착하는 것이 디아스포라 연구의 시작점이라고 할 수 있다. 어떠한 동인이 유대인을 그들의 고향 땅에서 벗어나 전 세계적으로 흩어지게 한 것인가? 유대인이 디아스포라로서 확산한 원인은 무엇인가? 더 나아가, 그들은 왜 익숙하지 않은 새로운 사회 환경에서 주변인 혹은 어느 곳에도 속하지 못하는 경계인으로서의 삶을 시작한 것인가? 이러한 질문들이 디아스포라 연구의 핵심 질문이다.

디아스포라의 발생은 본토로부터 타지로의 이주(migration)라는 행위에서 출발한다. 특정 개인이 고향을 떠나 타지·타국으로 이주하는 것은 다양한 복합적 동인에 의해 발생한다. 영국의 대표적인 디아스포라 연구자인 코헨(Robin Cohen)은 모국을 떠나게 된 동인에 따라 디아스포라를 희생형, 제국형, 노동형, 무역형, 문화형의 다섯 가지 유형으로 분류했다.[1] 이러한 유형들이 특정 민족 단위의 이동을 기준으로 디아스포라를 유형화한 것과는 별개로, 개인이 새로운 기회를 찾아 자발적으로 본 거주지

---

1   Robin Cohen, *Global Diasporas: An Introduction* (London: UCL Press, 1997), p. x.

를 떠나는 경우도 존재한다. 하지만 디아스포라는 개인이 아닌 민족이라는 집단이주를 통해 형성되며, 이에 따라 민족집단 전체의 이주를 유발하는 사회정치적 현실의 영향이 강하게 나타난다. 예를 들어, 19세기 아일랜드인의 영국, 미주 대륙, 오스트레일리아, 뉴질랜드로의 대규모 이주는 당시 아일랜드에 만연한 대기근과 더불어 영국 정부의 종교적 탄압, 산업 기반의 약화 등 당시 사회·정치적 상황이 복합적으로 작용한 결과이다. 아프리카 흑인의 미주 대륙 이주는 16세기 들어서면서 본격화된 대서양 노예무역과 이를 유발한 서구열강의 식민주의(colonialsim)라는 강압적이고 복합적인 시대적 배경이 자리하고 있다. 따라서 디아스포라 연구는 단순히 민족집단의 지리적 이동을 설명하는 것을 넘어 이들의 이주를 둘러싸고 있는 역사적·사회적·정치적 맥락의 복합적인 영향을 분석하고, 더 나아가 이를 바탕으로 형성된 디아스포라와 본토 민족 사이의 문화적 유대감과 정체성을 포괄적으로 고찰해야 한다.

한반도에 거주하던 코리안(Korean)의 이주는 역사적 맥락 속에서 서로 다른 동인을 바탕으로 지속적으로 발생했다. 예를 들어, 삼국시대 초기 모용선비에 의해 요서 지방으로 강제이주된 부여인은 비록 연(燕)나라의 신민(臣民)이 되었지만, 부여족 고유의 매장 풍속이나 복식 등을 그대로 유지했다.[2] 또한, 조선 후기 대기근으로 인한 생계의 위협과 1840년 아편전쟁 이후 청나라 정부의 만주 봉금(封禁)정책의 해제는 당시 조선 백성의 만주 도강(渡江)이 빈번하게 발생한 구조적 원인이 되었다. 조선 후기 이전에도 조선 백성의 만주로의 도강은 채삼과 사냥을 목적으로 발생했으나, 조선 후기 대규모로 발생한 만주로의 도강은 경작(耕作)을 목적

---

2   이동훈, "위진남북조시기 중국의 코리안 디아스포라: 고조선·고구려·부여계 이주민 집단 연구," 『한국사학보』, 제72호 (2018), p. 46.

으로 한 사실상의 이주라는 점에서 그 성격에 차이를 보인다.[3] 시대적 상황 가운데 발생하는 코리안의 이주는 당시 사회·정치적 현실의 요인에서 기인했다고 볼 수 있다. 하지만 이들의 이주 지역이 그들의 주요 활동 무대였던 한반도 북부, 중국 동북 지역을 기반으로 한정적 지역에서 발생했다는 점에서 디아스포라의 범주에서 이를 해석하기에는 한계가 있다. 따라서 전 세계적으로 코리안 디아스포라(Korean Diaspora)의 발생은 19세기 중반 이후 한반도 주변 강대국들인 러시아, 중국, 일본 간의 빈번한 대립과 전쟁의 소용돌이, 이후 일본의 식민통치가 시작되면서 본격적으로 발생했다고 할 수 있다.[4] 한반도를 둘러싼 강대국의 대립과 일본의 식민통치라는 사회·정치적 현실의 동기를 통해 발생한 코리안 디아스포라는 가깝게는 중국 동북 지역(만주)과 일본, 멀게는 러시아, 중앙아시아, 미주 지역에 이르기까지 전 세계에 걸쳐 광범위하게 확산했다. 이들은 각 이주 지역에서 코리안으로서 고유의 생활방식을 유지하고, 강제적 이주와 비극적 이산으로 형성된 고향에 대한 그리움과 귀향(歸鄕)이라는 신화를 스스로 내면화했다.

19세기 말까지 코리안 디아스포라의 주요 이주 지역은 만주를 비롯한 기타 중국 지역으로 한정되었다. 이들의 이주 범위가 전 세계로 확장되는 계기는 일본의 식민통치라는 한반도의 사회·정치적 격변에서 비롯되었다. 조선 강제병합 이후, 조국이 사라지고 일본의 식민통치가 한반도를 지배하기 시작한 순간부터 어쩌면 코리안은 이미 디아스포라화

3　이홍권, "19세기~20세기초 조선의 滿洲 이주민정책에 대한 연구" (강원대학교 일반대학원 사회학과 박사학위논문, 2017), p. 30.

4　선봉규·전형권, "러시아 연해주 고려인의 디아스포라적 삶에 관한 연구: 구술사 연구방법의 관점에서,"『한국동북아논총』, 통권 65호 (2012), p. 272.

되고 있었을지도 모른다. 일본 식민통치하의 수탈과 그로 인한 굶주림은 당시 한반도에 거주하던 코리안의 약 10%가 해외 이주를 선택하도록 하는 주요 원인이 되었다.[5] 이와 같은 일본 식민통치로 인한 코리안 디아스포라의 확산에 대한 논의는 일본의 식민통치가 한반도를 근대화로 이끌었다는 '식민지 근대화론'에 대한 비판적 관점에서 출발한다. 특히, 1920~1930년대 일본의 공업화 정책에도 불구하고 한반도 인구 10% 이상이 일본, 중국, 소련 등 해외로 이주했다는 사실은 일본 식민통치를 통해 한반도의 생활수준이 도약했다는 '식민지 근대화론' 주장에 반박하는 근거로 제시되어왔다. 이와 더불어, 일본의 식민통치라는 현실은 코리안 디아스포라 확산을 촉발한 구조적 요인으로 작용했다. 이러한 구조적 요인은 저항과 기회라는 양가적인 이주의 동인을 동시에 유발했다. 다시 말해, 일본의 식민통치에 저항하여 민족독립운동 전개를 위한 해외 이주와 더불어, 억압적인 한반도를 떠나 새로운 성공의 기회를 찾아 타지로 이주하는 이중적 이주 동인이 코리안 디아스포라의 확산으로 이어졌다. 따라서 일본 식민통치의 현실과 이로 인한 구조적 요인의 영향을 분석하고, 이로 인한 양가적 동인의 발생 경로를 파악하는 것은 현재 코리안 디아스포라 확산과 그 과정을 이해하기 위한 중요한 연구 영역이다.

---

5   정태헌, 『평화를 향한 근대주의 해체 3 · 1운동 100주년 식민지 '경제 성장'을 다시 묻다』 (서울: 동북아역사재단, 2019), p. 9.

2) 코리안 디아스포라의 발생과 확산

　앞서 살펴본 바와 같이, 디아스포라의 발생·확산에는 사회정치적 현실의 민족 공동체에 대한 구조적 압력이 작용했다. 본토·본국의 사회정치적 현실이 민족 공동체의 생존을 위협하고, 사회적 계층 상승 및 발전의 기회를 박탈할 때, 이에 대한 저항을 위해, 혹은 새로운 기회를 찾아 타 지역으로 이주하는 동인이 발생하는 것이다. 국권 피탈과 그로 인한 일본 식민통치의 시작은 코리안 디아스포라의 발생과 확산을 야기한 사회정치적 현실의 구조적 압력을 극단적으로 상승시킨 사건이었다. 일본 식민통치에 들어서면서, 생계를 확보하기 위해 비교적 가까운 만주 지역으로 떠나던 이주 행태가 본격적으로 국제적으로 확산하기 시작했다. 다시 말해, 기존 이주의 지리적 분포가 중국 동북 지역(만주)을 넘어 연해주(러시아), 일본, 미주 지역으로까지 확대되었다. 이는 본격적인 코리안 디아스포라의 발생과 확산의 계기가 되었다. 또한, 각 지역으로의 이주 동인 역시 일본 식민통치에 대한 저항과 억압적인 당시 한반도 상황에서 벗어나 새로운 기회를 찾고자 하는 기회주의적 모습이 복합적으로 나타나기 시작했다. 이 장에서는 일본 식민통치 이후 본격적으로 발생 및 확산하기 시작한 코리안 디아스포라의 주요 이주 지역을 만주, 연해주, 일본, 미주 지역으로 구분하고 각 지역으로 이주한 복합적인 동인을 논한다.

(1) 만주

　현재의 중화인민공화국 동북 지역을 지칭하는 만주(滿洲)는 예부터 다양한 민족이 함께 거주해온 터전으로 자리매김해왔다. 한국의 근현대사에서 만주 지역은 복합적이고 다층적인 의미를 지니고 있다. 우선, 만주는 극도의 빈곤과 가난의 생존 위기를 타개하기 위해 이주한 일종의 '생존 이주 공간'이었다. 동시에 일본의 식민통치 이후 국내에서 전개되기 시작한 항일독립운동이 어려워진 가운데, 지속적인 저항을 위해 떠나는 '저항 이주 공간'이기도 했다. 또한, 한반도의 민족적·계층적 차별을 피하고 사회적 계급 상승을 도모하기 위한 '기회 이주 공간'이기도 했다. 만주가 지니는 복합적·다중적 성격은 일본의 식민통치라는 사회정치적 현실로 인한 구조적 압력이 강해짐에 따라 보다 심화되었다. 즉, 일본 식민통치의 강압적 정치지배, 경제적 수탈, 사회적 계급 상승 기회의 박탈은 코리안에게 생존과 저항, 그리고 새로운 기회의 추구라는 이주 발생의 주요 동인을 부여했다. 결과적으로, 만주는 코리안 디아스포라 발생과 확산의 동인이 상호 교차하는 가장 중요한 중심지로 자리매김했다.

1677년 청(淸)나라는 만주를 청조의 발상지로 삼고 다른 민족의 이입과 거주를 엄금하는 '봉금령(封禁令)'을 시행했다. 그 때문에 이 시기 소수의 코리안이 생계 유지를 위해 비밀리에 만주로 이동하는 경우가 있었지만, 정착을 위한 목적이라기보다 일종의 잠입·정거 성격이 강했으며, 그들이 자리 잡은 곳 역시 대지나 구릉, 저산 산골짜기 같은 청나라의 공권력이 미치지 못하는 외진 곳이었다.[6] 코리안의 만주 이주가 본격적으로 시작된 것은 만주에 대한 청나라의 봉금령이 해제된 조선 말기부터이다. 1880년대 약 1만 명으로 시작된 만주 거주 코리안 인구는 일본 식민통치 초기인 1910년 약 20만 명으로 급증했고, 이후 1944년에 이르러서

---

6   임채완 외, 『코리안 디아스포라: 이주루트와 기억』 (성남: 북코리아, 2013), pp. 48-49.

는 약 170만 명에 이르렀다.[7] 1860~1870년대 걸쳐 발생한 경신대기근(庚辛大飢饉)으로 인해 발생한 대규모 이재민이 비교적 비옥했던 간도(間島) 지방으로 이주한 것이 코리안의 본격적인 만주 이주의 시작이었다. 봉금령 해제 이후 청나라 정부 역시 당시 만주의 황무지를 개간하고 군량 문제를 해결하기 위해 외부 농민들의 이주를 적극적으로 장려했다. 예를 들어, 1883년 길림조선상민무역지방장정(吉林朝鮮商民隨時貿易章程) 체결로 만주와 조선 사이의 교역을 장려하기 시작했다. 또한, 1885년 두만강 이북의 길이 700리, 너비 50리 구역을 조선 개간민 구역으로 정하고 훈춘(琿春)에 초간총국(招墾總局)을 설치하여 이주해온 조선인의 호적등기 업무를 담당하도록 함으로써 공시적인 거주를 승인했다.[8] 이와 별개로, 당시 러시아의 동청철도 부설을 위해 모집되었던 조선인 노동자들이 철도 부설이 완료된 이후 그 일부가 목단강과 목릉하 유역의 지역에 자리 잡기도 했다.[9] 이를 종합해보면, 조선 말기 코리안의 만주 이주는 주로 한반도에서 발생한 자연재해와 이로 인한 기근으로 발생한 생계 위기 타개가 주요 동인이었다. 이와 함께, 봉금령 해제 이후 청나라의 적극적인 이주 장려 정책이 맞물리면서 만주의 코리안 디아스포라는 본격적으로 형성되기 시작했다.

1910년 조선 강제병합과 이로 인한 일본 식민통치의 시작은 기존의 생계를 위한 이주 동인뿐만 아니라 '저항'과 '기회'라는 만주 이주의 새로운 동인을 형성케 했다. 우선, 식민통치 이후 일본의 토지 강점으로 인

---

7 김기훈, "만주의 코리안 디아스포라," 한석정 · 노기식 편, 『만주, 동아시아 융합의 공간』 (서울: 소명출판, 2008), pp. 197-198.

8 전병칠, 『20세기 중국조선족 10대 사건』 (서울: 환경공업출판사, 1999), p. 16.

9 임채완 외, 『코리안 디아스포라: 이주루트와 기억』, p. 51.

한 생계의 위협은 만주 이주의 새로운 동인을 형성했다. 특히, 1910년부터 1918년까지 근대적 토지 소유 개념을 확립하고 조세의 원천을 확보한다는 명분 아래 실시한 토지조사사업, 조선 농민의 관습적 경작권 박탈과 식민지 지주제의 확립으로 인해 한반도 내 대규모 소작농이 발생했다.[10] 일본의 강압적인 토지정책에 불만을 품고 있거나, 근대적 토지 규범에 익숙지 않은 코리안 소유의 땅이 당시 일본 총독부에 의해 국유화되고, 이후 다시 일본인에게 싼 가격으로 재판매되면서 많은 코리안이 생계의 어려움에 직면하게 되었다. 이는 생계를 위해 만주로의 이주를 선택하는 동인을 유발했다. 이후 1919년 3.1운동 이후 동양척식주식회사가 본격적으로 토지 수탈을 시작하고, 총독부가 지주가 물어야 할 지세도 소작인이 부담하도록 하자 더 많은 코리안이 생계를 위해 만주로의 이주를 선택했다. 1920년을 전후로 간도에서 토지 구입이 허용되자 생계 보장을 위한 만주 이주는 더욱 급증하게 되었다.[11]

일본 식민통치라는 사회정치적 현실은 기존의 '생존'을 위한 만주 이주와 더불어 '저항'이라는 새로운 동인을 형성하게 했다. 일본의 강압으로 인해 한반도 내에서 독립운동이 어려워지자, 수많은 독립운동가들이 항일운동을 위해 대거 만주로 이주하게 되었다. 이들은 만주에 독립운동기지의 근간을 세우기 위해 노력했다. 이와 같은 노력의 결실 중 하나가 만주 삼원보(三源浦)에 설립된 신흥무관학교였다.

일본의 식민통치가 장기화됨에 따라 코리안의 만주 이주는 이전의 '생존', '저항'과는 다른 양상을 보이게 된다. 이러한 전환은 일본의 괴뢰

---

10   "토지조사사업(土地調査事業)," 「한국민족문화대백과사전」(온라인); ⟨https://encykorea.
      aks.ac.kr/Article/E0059218⟩.

11   임채완 외, 『코리안 디아스포라: 이주루트와 기억』, p. 57.

정부인 만주국(滿洲國) 건립으로 본격화되었다. 1931년 9월 18일 만주사변과 뒤이은 1932년 3월 1일 만주국 설립은 코리안의 만주 이주의 또 다른 동인을 발생시켰다. 만주국이 건국 이념으로 내세운 '오족협화(五族協和)'는 일본의 식민통치로 인해 사회적 차별을 받고 있던 한반도의 코리안에게 만주 이주의 새로운 동인을 제공했다. 이러한 만주국에서의 사회적 성공, 계층적 차별의 극복이라는 기회 이주의 동인은 일본 제국의 신민과 조선 민족이라는 정체성 사이의 '경계인'으로서의 정체성을 구성하는 주요 원인이기도 했다. 이와는 별개로, 일본의 만주 지역에 자원 약탈과 군사통치를 목적으로 철도를 부설하기 시작하면서 코리안에 대한 집단이주 정책이 추진되어 자신의 의지와는 상관없는 강제이주 양상도 나타나기 시작했다. 1936년 8월, 만주국의 「재만조선인지도요강(在滿朝鮮人指導要綱)」이 제정되고 코리안의 집단이주를 목적으로 하는 만선척식주식회사(滿鮮拓殖株式會社)가 설립되면서 만주 각지에 대한 코리안의 집단이주가 본격화되었다. 이러한 집단이주는 일본의 정책적 차원에서 계획적으로 이루어졌다는 점에서 기존의 비교적 자발적인 동인에 따른 이주와 구분된다.

이를 종합해보면, 코리안의 만주 이주는 최초 자연재해에 따른 기근과 청나라의 만주에 대한 봉금정책의 변화를 통해 시작되었으며, 이후 일제강점기 가운데 새로운 기회와 일본에 대한 저항이 이주의 주요 동인으로서 추가되었다. 특히, 이러한 이주 동인의 형성은 단순히 한반도 내부의 상황뿐만 아니라, 당시 동북아시아 정세와 일본의 제국주의 정책의 심화에 따라 진행되었다는 점에서 사회·정치적 현실과 이에 따른 구조적 압력이 코리안 이주와 디아스포라 형성에 미치는 영향을 보여준다.

(2) 연해주

코리안의 연해주 이주의 시작에 대해서는 여러 이견이 존재하지만, 대체로 조선 말기인 19세기 중엽, 보다 구체적으로는 1863년을 기원으로 보고 있다. 해당 시기, 한반도 북부에 거주하던 농민 13가구, 총 65명이 조선 정부의 허가 없이 연해주로 이주하여 마을을 형성한 것이 최초의 사례라는 것이 보편적 시각이다.[12] 이후, 1858년 아이훈조약과 1860년 북경조약을 통해 연해주 지역이 러시아의 영토로 완전히 귀속되어 조선과의 국경을 접하게 되면서 코리안의 연해주 이주가 본격화되었다.

초기 코리안의 연해주 이주의 주요 동인은 당시 한반도에 발생한 대기근으로 인한 '생존 이주'의 성격과 더불어 러시아의 적극적인 이주 정책으로 인한 '기회 이주'의 성격이 두드러진다. 연해주를 귀속한 이후 러시아 정부는 연해주 지역 개척을 위해 해외이민자 유도 정책을 적극적으로 시행했다. 최초 러시아 정부는 1861년 3월 알렉산더 2세에 의해 단행되었던 농노해방으로 인해 발생한 자유농민을 연해주 지역 개척에 활용하려 했으나, 큰 반응을 불러일으키지 못했다. 이러한 상황에서 오히려 생존을 위해 이주하는 코리안은 연해주 지역을 개척하려는 러시아 당국에 환영받는 존재였다. 무엇보다 러시아 정부는 고급 농업기술을 보유하고 있는 코리안의 이주를 통해 연해주에 주둔하고 있는 러시아 군대의 식량 공급을 가능케 할 것으로 믿었다. 따라서 연해주로 이주하는 코리안에 대해 러시아는 적극적으로 받아들이는 자세를 보였다.[13]

---

12 임채완 외, 『코리안 디아스포라: 이주루트와 기억』, p. 71.

13 배항섭, "19세기 후반 함경도 주민들의 연해주 이주와 仁政 願望," 『역사와 담론』, 제53호 (2009), p. 414.

이러한 생존을 위한 이주 동인 외에도 소위 어진 정치를 펼치는 '백제(白帝)'가 다스리는 연해주가 일종의 '낙토(樂土)'라는 소문도 코리안의 연해주 이주를 독려한 또 다른 요인이었다. 이러한 내용은 러시아의 기록에서 찾아볼 수 있는데, 당시 러시아의 관리와 군인이 백성을 사랑하는 훌륭한 정치를 펴는 것이 소위 '구원자'인 강력한 백제 덕분이라는 소문으로 인해 코리안의 연해주 유입의 강력한 유인으로 작용했다고 기록하고 있다.[14]

일본 식민통치의 시작으로 코리안의 연해주 이주는 더욱 확산했다. 특히, 일본 식민통치에 대한 '저항'의 동인에 기반하여 한반도에 거주하던 코리안 지식인과 독립운동가들이 항일독립운동을 위해 연해주로 대거 이주했다. 이로 인해 연해주에는 '신한촌(新韓村)'이라 불리는 100여 개의 코리안 디아스포라 집단 거주지가 발생했다. 이는 자연스럽게 해외 항일독립운동의 전초기지 역할을 수행하게 되며, 항일독립운동의 중심지로서 역사적·정치적 의미가 부각되었다.

이후, 소련 스탈린 정권이 강제이주정책을 시행함에 따라 연해주의 코리안 디아스포라는 다시 한번 강제적 이주의 대상이 되었다. 이로 인해, 코리안 디아스포라는 연해주를 넘어 중앙아시아까지 확산했다. 이러한 강제이주의 배경에는 1930년대 본격화되기 시작한 일본 제국주의의 팽창이 존재한다. 만주사변, 만주국 성립, 중일전쟁 등으로 대표되는 일본 제국주의의 공격적 확장은 연해주에 거주하는 코리안 디아스포라에 대한 소련 당국의 의심을 증폭시키는 계기가 되었다. 결국, 1937년 8월 21일 소련 인민위원회의와 전소련공산당최고회의는 「극동지방 국경지

---

14   최성운, "조선 말 조선인들의 연해주 이주를 유인하는 소문과 월경에서 드러나는 조선인들의 사회적 연대 연구: 1964~1877년까지를 중심으로," 『藏書閣』, 제45호 (2021), p. 403.

역으로부터의 한인 이주에 대한 결의안」 제1428-326호를 채택하고, 연해주 지역의 코리안 디아스포라에 대해 총 두 차례에 걸쳐 강제이주를 진행했다. 그 규모는 총 3만 6,244가구 17만 1,781명에 달했다.[15] 이 강제이주는 연해주 코리안 디아스포라가 중앙아시아 지역으로 확산하여 현재의 고려인 사회가 형성되는 결정적 계기가 되었다.

(3) 일본

도쿄대학교 총합문화연구과 도노무라 마사루(外村大) 교수는 일본 식민통치 시기 일본으로 이주한 코리안을 총 네 가지 동인으로 분류했다. 첫째, 생계 해결을 목적으로 일본으로 이주하여 장기적으로 거주한 코리안이다. 이들은 주로 경제적 어려움으로 인해 새로운 삶의 터전을 찾아 일본으로의 이주를 결정했다. 둘째, 유학 등 적극적이며 개인적인 동인을 가지고 일본으로 이주한 코리안이다. 이들은 자기계발 및 사회계층적 상승을 목표로 일본으로 이동하여 거주했다, 셋째, 1939년 9월부터 1945년 8월까지 국가총동원법에 따라 시행되었던 일본의 전시동원정책으로 군인 혹은 전시 노동자로 강제 징집된 코리안이다. 이들은 일본의 식민정책에 의한 강제적인 이동과 노동을 경험했다. 마지막으로, 이미 이주한 코리안 사이에서 태어난 이주 2세대 코리안이다. 이들은 일본에서 태어나거나 성장했으며, 조선과 일본이라는 두 세계 사이에서 경계인적 정체성을 형성했다.[16] 이렇듯, 일본 코리안 디아스포라의 형성은 '생존', '기회',

---

15 선봉규 · 전형권, "러시아 연해주 고려인의 디아스포라적 삶에 관한 연구: 구술사 연구방법의 관점에서," pp. 283-284.

16 도노무라 마사루, 신유원 · 김인덕 역, 『재일조선인 사회의 역사학적 연구』 (서울: 논형,

　　　I. 세계시민적 관점에서 본 통일교육의 재구성과 코리안 디아스포라

'강제'라는 복합적인 이주의 동인 아래 진행되었다.

19세기 말부터 20세기 초에 이르기까지 일본으로 이주한 대부분의 코리안은 유학생이었다. 최초의 코리안 학생의 일본 유학은 1881년 당시 조선 개화파의 건의를 받아들인 고종 황제가 파견한 조사시찰단(朝士視察團)의 일원으로서 유길준, 윤치호, 김양한, 유정수 등이 국비 유학생으로 도일(渡日)한 것이다. 이후, 1881년부터 1886년까지 총 67명의 조선 학생이 일본에서 유학한 것으로 파악된다.[17] 일본 유학생 출신이 중심이 되어 일어난 갑신정변 이후, 일본으로의 유학이 중단되었다가 1904년 11월 재개되었다. 그리고 1905년 을사늑약 이후 조선인 일본 유학생 수는 급격히 늘어나 1910년에는 500명을 넘어섰다.[18] 이들은 대부분 2년이라는 제한적 기간 동안 일본에서 체류하고 한반도로 귀향했다는 점에서 일본의 코리안 디아스포라의 형성이라고 볼 수는 없지만, 일본 이주의 시발점이라는 점에서 의의가 있다.

실질적인 거주를 위한 목적으로서 일본 이주는 일본 식민통치가 시작되면서 발생했다. 일본 식민통치 초기 일본으로 이주한 코리안은 주로 한반도에서 생계의 기반인 토지를 상실한 농민들이었다. 생존의 위기에 몰린 농민들은 결국 고향을 떠나 새롭게 생존할 땅을 모색할 수밖에 없었다. 1920년대 코리안의 일본 이주 동인을 조사한 자료에 따르면, "노동을 위해"라는 이유가 전체의 61.8%, "생활곤란 때문에"가 24%, "돈벌이

2010), p. 15; 신승모, "재일디아스포라의 탄생: 국적을 둘러싼 법적 해석과 제도의 적용 과정을 중심으로,"『일본학보』, 제115호 (2018), p. 325에서 재인용.

17 "한국 최초의 일본 유학생은 누구일까?"『에듀진』(온라인), 2020년 10월 26일; 〈https://www.edujin.co.kr/news/articleView.html?idxno=34274〉.

18 임채완 외,『코리안 디아스포라: 이주루트와 기억』, p. 95.

를 위해"가 3.1%를 차지했다. 이는 당시 일본으로 이주한 코리안 대다수가 생계 문제를 해결하고 생존을 담보하기 위해 이주했음을 보여준다.[19] 일본은 본래 1899년 「조약 또는 관행에 의해 거주의 자유를 가지지 아니한 외국인의 거주 및 영업 등에 관한 건(条約若ハ慣行ニ依リ居住ノ自由ヲ有セザル外国人ノ居住及営業等ニ関スル件)」을 제정하여 중국인과 조선인을 비롯한 외국인 노동자의 입국을 금지했지만, 이후 국권피탈을 통해 해당 법을 피식민지인인 코리안에게는 적용할 수 없게 되었다. 이에 따라, 일본인 자본가들은 낮은 임금으로 노동력을 확보할 수 있다는 이유로 조선인 노동자를 적극적으로 모집했다. 이에 더해, 제1차 세계대전의 발발은 전쟁 특수에 따른 노동자 수요의 급증을 일으켰고, 일본 정부의 적극적인 이주 장려 정책하에 코리안의 일본 이주는 본격적으로 급증하기 시작했다.

1930년대 들어서면서 일본 제국주의 전쟁이 동아시아 전체로 확대됨에 따라 기존의 생계 위기를 극복하기 위한 코리안의 일본 이주는 이전과 완전히 다른 성격으로 전개되기 시작한다. 1938년 4월 「국가총동원법(國家總動員法)」 제정과 1939년 7월 후생성, 내무성, 조선총독부 3자 합의로 「조선인 내무자 내지 이주에 관한 건(朝鮮人労務者内地移住に関する件)」을 발표함으로써 코리안의 일본 이주는 강제적·집단적 성격을 띠게 된다. 1939년 이후 코리안에 대한 강제이주는 전쟁 상황에 따라 '모집', '알선', '강제징용'으로 점차 단계적으로 실시되었다. 이는 겉으로 보기에 동원 방법은 달라 보이지만, 강제이주의 대상인 코리안의 의사가 무시된 강제적인 성격을 띠었다는 것에는 큰 차이가 없다.[20] 이에 따라, 일본으로

19　임채완 외, 『코리안 디아스포라: 이주루트와 기억』, p. 97.

20　김남일 외, 『분단의 경계를 허무는 두 자이니치의 망향가: 재일한인 100년의 사진기록』 (서울: 현실문화연구, 2007), p. 42.

이주하는 조선인 수는 대폭 증가하게 된다.

(4) 미주 지역

코리안의 미주 지역 이주는 1903년 1월 하와이 사탕수수 농장에 계약 노동자로 102명이 이주한 사례로 시작된다. 본래 1902년 12월 총 121명의 코리안이 인천 제물포항을 출발했지만, 중간 신체검사에서 탈락한 인원이 발생함에 따라 최종적으로 102명의 인원이 하와이에 도착하게 되었다.[21] 하와이 사탕수수 농장의 초기 노동력은 중국인과 일본인 이민자로 구성되었다. 그러나 이후 일본인 노동자가 하와이 전체 노동자의 80%를 차지하고, 이들이 점차 더욱 높은 임금을 요구하며 파업을 일으키는 사태가 발생하게 되면서 사탕수수 농장주는 파업을 무력화하기 위한 일종의 파업 파괴자(strike breaker) 역할로 조선인과 필리핀인 같은 새로운 이민 노동자를 대규모로 고용하기 시작했다. 이에 따라, 1903년에서 1905년까지 7,400명의 코리안 노동자가 하와이로 이주했다. 이후, 미주 지역의 코리안은 멕시코, 쿠바 등 카리브해 지역까지 확대되었다.

일본 식민통치가 시작되면서 기존의 생계를 위한 선택으로 이루어졌던 미주 지역 이주는 기존 이주자의 필요와 한반도 내부의 억압적인 상황으로 인해 '기회'와 '저항'의 새로운 성격의 이주 동인이 형성되었다. 첫째, 기존의 고용 노동자로서 이주한 코리안의 현실적 필요에 의해 발생하는 이주가 나타났다. 소위 '사진신부'라 불리는 한반도 내 결혼적령기 여

---

21   "[신문은 선생님] [뉴스 속의 한국사] 1902년 하와이로 간 한국인 100여명… 첫 미주 지역 이민이었죠," 「조선일보」(온라인), 2024년 12월 26일; 〈https://www.chosun.com/national/nie/2024/12/26/62SNCVROXNCC7FUDXXVNYBWXFY/〉.

성들이 결혼을 위해 이주하는 현상이 나타났다. 이들은 미주 지역으로 이주한 한국인 남성과의 결혼을 전제로 사진만을 통해 중매된 상태에서 미주 지역으로 이주했다. 결혼적령기의 여성이 홀로 미주 지역이라는 머나먼 타지로 이주하는 데는 일본 식민통치에 따른 사회정치적 현실과 생계 보장이라는 요인과 더불어 "자신의 삶을 개선하려는 이주자 본인의 강한 의지"가 반영되었다. 현재까지 입수한 25명의 코리안 사진신부의 사료에 나타난 이주 동기는 각각 학업(60%), 일제의 압제에서 벗어나기 위함(12%), 경제적 향상(8%), 결혼 목적(8%) 등 주로 자신의 개인적인 목적에 기반한 이주였음이 나타난다.[22] 둘째, 정치적 망명자로서 일제의 탄압을 피해 해외 독립운동을 전개하기 위해 미주로 이주한 경우이다. 이들을 중심으로 1909년 미주 지역에는 이미 항일운동을 위한 애국단체들이 설립되었다. 1909년 2월 1일, 박용만, 이승만, 안창호 등이 주도하여 최초의 미주 한인 단체인 대한인국민회가 샌프란시스코에서 설립되었다. 대한인국민회는 사실상 미주 지역 코리안 디아스포라의 정부 역할을 하는 한편, 대한민국임시정부에 독립자금을 모금하여 보내는 등 항일독립운동에 결정적인 역할을 담당했다.

이후 코리안의 미주 이주는 1920년대까지 지속적으로 발생했으나, 미국 의회가 아시아인의 이민을 금지하는 「1924년 이민법(Immigration Act of 1924)」이 의회를 통과한 1924년을 기점으로 급감했다.

---

22 김지원, "일제강점기 한인과 일본인 사진신부의 이주에 관한 비교 연구, 1910-1924," 『세계 역사와 문화연구』, 제66호 (2019), pp. 134-135.

3) 코리안 디아스포라, 이주의 동인

코리안 디아스포라 형성은 19세기 중엽 한반도에서 발생한 대기근으로 인한 생계 위협에 대응하는 '생존'에 대한 동인으로 시작되었고, 이후 일본의 식민통치라는 사회정치적 현실의 구조적 압력을 통해 지리적으로 확산하여 새롭게 '저항'의 동인이 형성되었다. 즉, 코리안 디아스포라의 형성은 자연환경이 가져온 생존의 위기를 넘어서 사회정치적 현실의 구조적 압력에 의해 강요되었다. 이러한 점에서 무역을 통한 부의 축적이라는 '생존'과 '기회'의 동인으로 디아스포라를 형성한 중국인, 레바논인의 행태와는 차이를 보이며, 오히려 역사적인 기간은 짧을지라도 '생존', '기회', '저항'의 동인이 복합적으로 존재한 유대인, 그리스인 디아스포라와의 형성 과정과 닮아있다. 물론, 일찍이 역사적으로 중국 본토 혹은 만주 지역으로 이주한 사례는 존재하지만, 이를 디아스포라의 범주에 포함하기보다는 동일한 역사문화권 내에서의 이동으로 보는 것이 더 적절할 수도 있다. 코리안 디아스포라가 보다 복합적인 이주의 동인을 통해 전 지구적으로 확산한 것은 일본의 식민통치라는 사회정치적 현실의 구조적 압력이 그들의 삶 전반에 걸쳐 작용하면서부터이다. 일본의 식민통치로 인해 해외로 이주한 코리안은 최소 500여만 명에 달할 것으로 추정된다.[23] 1911년 만주로 건너간 독립운동가 이상룡(李相龍, 1858~1932)은 당시 만주를 비롯해 중국으로 이주한 코리안에 대해 다음과 같이 기록했다.

23 　장석흥, "일제강점기 한인 해외 이주의 강제성과 귀환문제," 『한국학논총』, 통권 27호 (2005), p. 158.

"대개 한인 교포는 네 부류로 구분됩니다. 첫 번째는 일본인들의 가혹한 학대가 괴로워서 피신하여 목숨이나 연명할 생각을 하는 경우이고, 두 번째는 빈곤에 시달리다가 남만주에 황무지가 많다는 소식을 듣고 경작할 생각으로 온 경우입니다. 이 두 부류는 통틀어 모두 5분의 3이 됩니다. 세 번째는 조국의 멸망을 분하게 여겨 원수와 더불어 한 하늘을 이고 살지 않겠다고 맹서한 경우이며, 네 번째는 전날 사대(事大)의 의리를 지켜 중국을 의귀(依歸)할 곳으로 삼는 경우입니다. 이 두 부류는 모두 5분의 2가 됩니다."[24]

이 기록은 비록 만주를 포함한 중국으로 이주한 코리안을 대상으로 한 것이지만, 이상룡이 당시 파악한 코리안 해외 이주의 동인은 일본 식민통치로 인한 코리안 디아스포라 확산의 동인과 대체로 일치한다. 이를 바탕으로 코리안의 해외 이주와 디아스포라 형성의 동인은 크게 '기회'와 '저항'이라는 두 가지 상징적인 모습으로 나누어볼 수 있다. 즉, 일본의 식민통치로 인해 마주한 생존의 위협이라는 공통적 상황 가운데, 한편으로는 일본인과 비교하여 상대적으로 열등한 사회신분과 계층적 구조의 한계를 극복하고 새로운 자기발전을 위한 '기회'의 동인이 존재하며, 또 다른 한편으로는 일본의 식민통치에 적극적인 항일운동이 어려워진 한반도를 벗어나 일제의 식민통치로부터 민족독립을 이룩하기 위해 해외 이주를 선택하는 '저항'의 의지라는 동인도 존재했다.

---

[24] 이상룡, "中華民國國民會提議書(石洲遺稿 卷5)," 안동독립운동기념관 편, 『국역 석주유고 상』 (파주: 경인문화사, 2008), p. 546.

   I. 세계시민적 관점에서 본 통일교육의 재구성과 코리안 디아스포라

(1) 기회

　　일본의 식민통치 기간 이주를 선택한 코리안은 대부분 자신의 생계
유지를 위한 새로운 터전을 찾고자 하는 '생존'과 '기회'의 동인을 가지고
있다. 1910년 일본에 의한 토지조사사업이 진행되면서 당시 한반도 농민
의 80% 이상이 소작농으로 전락했고, 토지에서 제외된 농민은 어쩔 수
없이 생계를 유지하기 위해 해외 이주를 선택할 수밖에 없었다. 1911년
7월 12일자『매일신보(每日申報)』기사에 따르면, 당시 함경남북도 주민은
극심한 생활고로 간도 이주를 선택했는데, 1911년 6월 말까지 이주자 수
가 총 3만 9천 명에 달했다.[25] 당시 만주로 이주한 코리안은 대부분 빈농
이었으며, 이주를 통해 생계를 유지하고자 하는 '생존'의 동인이 강하게
작용했다. 따라서 이들은 황무지를 개간하거나 지주의 땅을 소작하는 형
태로 이주지에 정착하게 되었다. 1920년대 조사에 따르면, 중국 만주 지
역으로 이주한 코리안의 93.6%가 경제적 생계의 이유로 인해 한반도를
떠나 만주로의 이주를 선택했다.[26]

　　1910년대 결혼을 통해 미주로 이주한 소위 '사진신부'의 이주 동인
은 위에서 제시한 '생존'의 이주 동인보다는 사회적 신분계층 상승 및 자
기발전이라는 보다 개인적인 발전의 '기회' 동인을 바탕으로 전개되었다.
미주 지역으로 이주한 코리안 여성들은 대부분 고등교육의 기회를 얻기
위해 사진신부로서 미주 이주를 결정했다. 예를 들어, 1907년 미국의 장
로교 선교사인 스콧 브루언이 설립한 신명여학교를 졸업한 이희경은 하

---

25 김주용, "한인의 서간도, 북간도 이주와 정착: 1910년대를 중심으로,"『재외한인연구』,
제54호 (2021), p. 72.

26 김왕배 · 이수철, "1930년대 만주의 조선족 마을 공동체: 흑룡강성 오상현 조선족 마을 형성
과정을 중심으로,"『동방학지』, 제144호 (2008), pp. 41-42.

와이에서 대학에 입학할 수 있다는 중매인의 말을 듣고 사진신부의 길을 선택했다.[27]

이후 일본의 식민통치가 더욱 공고해지고, 한반도 내에서 민족독립에 대한 희망이 점차 희미해지는 듯한 분위기 속에서 민족독립을 외치던 코리안 사이에 일본이 제시하는 제국주의 논리에 동조하는 경우가 나타나기 시작했다. 그들은 민족의 독립보다는 개인의 출세와 민족의 상대적 우월성 확보를 바탕으로 사회적·정치적 계층 상승 기회를 꿈꾸며 일본이 주도하는 식민체제에 편입되었다. 이러한 과정에서 이들은 한편으로 자신의 민족 정체성을 유지하고자 했으나, 다른 한편으로는 소위 일본제국의 신민으로서 살아가는 길을 선택했다. 즉, 일본 식민체제에 편입된 여러 민족 가운데 타 민족과 비교하여 상대적 우월성을 가지는 '2등 국민'임을 자처하며, 자신들이 지닌 상대적으로 열등한 계층적 위치를 극복할 수 있는 '기회'로 여겼다.

이러한 '기회'라는 이주의 동인은 1930년대 이후 만주로 이주한 코리안 디아스포라, 특히 만주국의 고등 관료로서 활동했던 코리안에게서 두드러지게 나타났다. 1936년 10월 29일, 조선총독부 총독 미나미 지로(南次朗)와 관동군 사령관 우에다 겐키치(植田謙吉)가 회담을 통해 만선일여(滿鮮一如) 정책을 결정한 이후, 치외법권의 철폐와 함께 코리안의 만주국 관료 임용이 본격화되었다. 이들은 각각 일본 정부가 주관하는 고등문관시험 합격, 조선총독부 관료로서 인사이동, 만주국 관료양성기구인 대동학원을 졸업하여 만주국 관료로 등용되었다.[28] 얼마나 많은 코리

27　김지원, "일제강점기 한인과 일본인 사진신부의 이주에 관한 비교 연구, 1910-1924," p. 136.

28　박성진, "만주국 조선인 고등 관료의 형성과 정체성," 『동양정치사상사』, 제8권 1호 (2009), pp. 219-221.

안이 만주국으로 이주하여 정부 관료로서 활동했는지에 대한 구체적인 수치는 자료마다 차이가 있지만, 1939년 『삼천리(三千里)』에 게재되었던 홍양명(洪陽明, 1896~1950)의 글을 통해 보자면 만주국의 조선인 관료 수는 3천 명 정도였을 것으로 추정된다.[29] 이러한 배경 가운데, 만주는 일본 본토와 한반도에서 차별받던 젊은 조선 지식인에게 소위 '기회의 땅'으로 인식되었다. 특히, '오족협화(五族協和)'의 통치이념으로 인해 한반도에서 민족적 차별을 감내하던 많은 젊은 코리안 지식인들에게 만주 이주는 큰 매력으로 다가왔다. 이에 따라, 만주로의 이주가 당시 코리안 청년과 지식인들 사이에서 유행처럼 번지기도 했다. 봉천성의 주사로 근무했던 조원환은 만주국을 선택하는 조선인 청년들이 주로 군인 혹은 재판소 직원 같은 관료가 되기를 희망하는 현상에 대해 "일단 장교가 되면 차별대우를 받는 일이 없고, 판검사는 물론 재판소 서기만 되더라도 재판소 구성법에 의해 직권을 침해당하지 않기 때문"이라고 지적하며, 조선인으로서의 차별에서 벗어나고자 하는 심리가 있음을 지적했다.[30]

'기회'의 동인을 통해 만주로 이주한 코리안 디아스포라의 모습은 평양에서 교원으로 재직했던 김규민의 사례를 통해 보다 구체적으로 파악할 수 있다. 19세였던 1937년, 김규민은 평양사범학교를 졸업하고 1종 훈도로 임명되어 백마보통학교에 부임했다. 안정적인 교원 생활을 이어갈 수 있었던 그가 사직을 결심한 계기는 일본인과의 사회계층적 차별을 마주하면서였다. 첫 월급날 자신보다 직급이 낮은 3종 훈도인 일본인 교사가 자신보다 높은 월급을 받는 것을 목격한 김규민은 1939년 봄, 니혼

---

29   "大陸進出의 朝鮮民衆, 滿洲國에서 活躍하는 그 現象," 『삼천리』(온라인), 1939년 1월 11일; 〈https://db.history.go.kr/modern/level.do?levelId=ma_016_0700_0100〉.

30   박성진, "만주국 조선인 고등 관료의 형성과 정체성," p. 224.

대학(日本大學)에 편입하여 학업을 이어갔고, 1940년 일본 고등문관 예비시험에 합격한 뒤, 만주국 고등고시에 응시하여 같은 해 만주국 관료로 부임했다. 그가 일본 고등문관 예비시험에 합격하고도 만주국 고등고시에 응시한 이유 역시 당시 일본인과 조선인 사이에 존재하던 계층적 차별을 의식한 것이라고 볼 수 있다. 즉, 그는 '오족협화의 만주국'이라는 새로운 기회의 땅을 선택했다.[31]

이를 종합했을 때, '기회'의 동인은 초기 생계를 유지하기 위한 생존형 기회주의에서 점차 사회적 신분계층을 극복하고 자아발전을 실현하기 위한 사회적 기회주의의 모습으로 발전했다. 또한, 이러한 이주 동인의 발생에는 이주자 본인의 자발적 선택과 더불어 사회정치적 현실의 구조적 압력에 의해 강요된 선택의 성격도 내포하고 있다. 즉, 새로운 기회를 얻기 위한 이주의 선택은 개인적 · 구조적 요인의 복합적인 영향 가운데 여러 형태의 이주 모습으로 다양하게 나타났다.

(2) 저항

'기회'의 동인이 조선 시대 말기 생계 지속에 대한 위협에서 시작되었다면, '저항'의 동인으로 인한 이주는 일본이라는 적대적 타자의 출현으로 인해 본격화되었다. 1910년대 만주로 이주한 유학자들은 대부분 일본에 맞서 투쟁하고자 하는 저항의 동인을 가진 이들이었다. 한반도 내에서의 대일본 무장투쟁이 어려워지자, 이들은 만주를 비롯한 중국 지역과 연해주 지역으로 정치적 망명을 선택했다. 이들 중 대표적인 인물로는 안

---

31 김규민, "차라리 만주국 관리가 낫다," 문제안 외, 『8 · 15의 기억: 해방공간의 풍경, 40인의 역사체험』(서울 한길사: 2005), p. 223.

창호(安昌浩, 1878~1938), 박은식(朴殷植, 1859~1925), 이동녕(李東寧, 1869~1940), 신채호(申采浩, 1880~1936), 이갑(李甲, 1877~1917) 등 신민회(新民會) 설립에 관여했던 이들과 이회영(李會榮, 1867~1932), 이시영(李始榮, 1869~1953) 등 경주 이씨 가족, 그리고 앞서 언급되었던 이상룡 등 안동 지역의 개화유림들이다.[32] 이들은 신흥무관학교, 북간도의 북로군정서 사관연성소, 동림무관학교 등 인재양성 교육기관과 더불어 서로군정서, 대한통의부, 간도국민회, 대한독립군 등 무장독립운동 단체를 설립하고 운영하며, 일본 식민통치에 강력히 저항했다. 1921년 2월 27일자 『동아일보(東亞日報)』 기사에는 만주 북간도 지역의 대표적인 민족학교였던 명동학교에 대한 내용을 보도하고 있는데, 해당 학교가 "배일사상의 책원지로 독립운동자의 양성소로 간도 독립당 간에 큰 권위로 인정"받았다는 내용과 이로 인해 "일본 군사의 손에 참혹하게 불타고 말았다"는 소문이 있다고 기록하고 있다.[33] 또한, 영신학교와 창동학교 등도 소위 "배일소굴(排日巢窟)"이라고 불렸다.[34] 이를 통해 보았을 때, 만주 지역의 상당수 학교가 항일정신에 입각한 민족교육에 주력하고 있었음을 알 수 있다. 이러한 '저항'의 동인을 통한 만주 이주는 결과적으로 독립운동의 중요한 축을 이루며, 일본의 압박에 맞서는 구심점 역할을 했다.

1930년대 들어서면서 일본의 만주 침략과 뒤이은 만주국 설립으로

---

[32] 주효뢰, 『식민지 조선 지식인, 혼돈의 중국으로 가다: 1920년대 조선 지식인의 중국 인식에 대한 사상적 고찰』 (서울: 소명출판, 2020), p. 73.

[33] "昨春 兵火에 燒失된 間島明東校의 復興, 이전 독립운동자의 양성소, 최근에 다시 부활되얏다고," 「동아일보」, 1921년 2월 27일; 황민호, "1910년대 만주지역 한인사회의 동향과 한인의 만주이주," 『숭실사학』, 통권 25호 (2005), pp. 128-129에서 재인용.

[34] 박주신, "間島 韓國人의 民族敎育에 關한 硏究" (인하대학교 대학원 교육학과 박사학위논문, 1998), p. 160.

만주 이주의 동인이 다양화된 것에 반해, '저항'의 이주 동인이 더욱 견고하게 나타난 지역은 연해주였다. 연해주로 이주한 코리안 중에는 일본의 탄압을 피하여 이주해온 항일독립운동가들이 다수 포함되어 있었다. 이들의 활동으로 인해 연해주는 자연스럽게 항일독립운동의 전초기지로서 역할을 하게 되었다. 특히, 연해주 블라디보스토크 일대에 형성된 '신한촌'을 통해 항일무장투쟁이 보다 조직적이고 체계적으로 활성화되었다. 당시에 대한 증언을 살펴보면, 연해주 이주의 동인에는 일제 식민통치와 제국주의적 팽창에 대한 강력한 '저항'의 동인이 명확하게 나타난다.

> "우리 아버지, 어머님 어… 한국에서 태어나서 1919년에 일본놈들의 착취를 견디지 못해서 두만강을 건너서 중국으로 넘어갔어. 처음에 중국 밀산에서 살다가 1919년에 원동으로 건너왔지. 그때 이 러시아 원동에 아주 큰 전쟁이 있었는데, 일본놈들이 이 원동을 착취한다고 했지. 빨치산 부대에 우리 아버지도 참가하였다가 1922년도에 일본놈들을 몰아내고 1922년도에 모구스와까에서 우수리스크로 왔지. … 그때는 벌써 일본놈들도 다 몰아내고 사회주의를 건설하겠다고 표어를 내붙이고 그랬어. 어떤 무슨, 아무 재산도 없이 이부자리만 가지고 여기로 왔어."[35]

또한, 기존에 만주로 이주한 코리안 가운데 항일운동을 위해 연해주로의 재이주를 고민했다.

---

[35]　임채완 외, 『코리안 디아스포라: 이주루트와 기억』, p. 152.

　Ⅰ. 세계시민적 관점에서 본 통일교육의 재구성과 코리안 디아스포라

"아버지는 마을 사람들과 며칠 동안 상의를 했는데, 날마다 집에 돌아오면 어머니에게 그 내용을 알려주었다. 나중에야 안 일이지만, 그때 주로 상의한 것은 소련으로 가자는 주장이었단다. 그 이유라면, 첫째는 변경까지 거리가 겨우 50킬로미터 길이어서 넘어가기가 쉽다는 것이고, 둘째는 소련의 원동지대에는 땅이 많고 비옥하다는 것, 셋째는 시월혁명으로 지주를 타도해서 노동자와 농민이 마음대로 행사한다는 것, 넷째는 거기에 독립운동 지도자와 조선 군대가 있어 앞으로 조선에 쳐들어갈 수 있으리라는 것 따위였다."[36]

코리안의 만주, 연해주 이주에 '저항'의 동인이 깊게 새겨져 있는 것에 비해, 미주 이주는 주로 생계와 개인 신분 상승이라는 '기회'의 동인이 더 크게 나타난다. 물론, 미주 지역 코리안 디아스포라는 이후 독립운동을 적극적으로 지원했다. 하지만 이러한 지원은 애시당초 일본 식민통치에 대한 '저항'의 동인으로 만주와 연해주 이주를 선택한 이들과는 상당한 차이를 지닌다. 예를 들어, 안창호는 1918년 11월 7일자 『신한민보(新韓民報)』에 실린 글에서 "현재 독립을 위해 우리의 할 일은 일본과 전쟁을 하거나 윌슨에게 독립을 청원하는 두 가지 일이나 전쟁은 능력이 없고, 청원은 현실적으로 불가하니 지금 우리가 할 일은 대동단결하고, 경제력을 쌓고, 열심히 공부하는 일"임을 주장했다.[37] 즉, 미주 지역으로의 이주라는 기회를 통해 실력을 쌓고, 이를 통해 일본에 저항한다는 것이다. 따라서 미주 지역으로의 이주 동인은 '기회'로 시작하여 '저항'의 정신을 실

---

36 이민, 『내 어린 시절: 만주의 조선족 항일 여전사 회상기』 (서울: 지식산업사, 2019), p. 27.

37 박명수, "3 · 1운동과 대한민국 임시정부 수립에 미친 미주 독립운동의 영향," 『한국정치외교사논총』, 제45권 1호 (2023), pp. 52-53.

천시킨다는 점에서 '저항' 자체를 위해 만주와 연해주로 이주한 코리안 디아스포라와는 차이가 있다고 할 수 있다.

4) 코리안 디아스포라, 경계인으로서의 삶

주지하듯, 일본의 식민통치라는 사회정치적 현실의 구조적 압력은 코리안 해외 이주의 양가적인 동인을 발생시켰다. 또한, 이로 인해 코리안 디아스포라의 지리적 확산도 본격적으로 전개되었다. 각 지역으로 이주한 코리안 디아스포라는 자신의 민족 정체성을 유지하면서도 이주 지역의 새로운 사회에 적응하고, 사회적·정치적 위치를 확보하기 위해 국경이라는 특정 경계를 넘어 여러 곳에 걸친 삶을 살아가는 경계인으로서 정체성을 재구성했다. 이주지에서 경계인으로서 살아가는 코리안 디아스포라는 한반도라는 본토 고향에 대한 그리움과 귀향에 대한 유토피아적 신화를 내면화했다. 다른 한편, 이주지 현지사회에서 소수자 혹은 하위주체(subaltan)라는 현실에도 대응해야 했다. 따라서 그들은 코리안으로서 민족 정체성을 지키고 현지사회에 적응해가는 과정에서 또 다른 정체성을 구성했다.

코리안 디아스포라 이주 동인의 양가적 특성은 특히 만주로 이주한, 혹은 만주를 기반으로 새로운 정체성을 구축한 코리안 디아스포라에게서 명확하게 나타난다. 일본 식민통치의 사회정치적 현실 가운데 만주라는 공간은 코리안에게 여러 정체성의 착종(錯綜)이 발생하는 경계적 공간이었다. 1932년 만주국 건국 이후, 만주로 이주한 코리안을 '내선일체(內鮮一體)'의 연장선상에서 '일본 제국의 신민'으로 볼 것인가, '오족협화(五

族協和)'라는 만주국의 건국이념 아래 '만주국의 국민'으로 볼 것인가라는 중첩적인 정체성 문제가 발생한다. 여기에 더해, 만주국 내에서 일본 정부가 주장한 '동화(同化)'의 논리로서 내선일체론과 피식민자 코리안의 입장에서 식민-피식민의 차별로부터 탈출하기 위한 내선일체론의 논리가 공존하면서, 만주에서 코리안 디아스포라의 정체성은 더욱 혼란스러워졌다.[38] 만주국에서 코리안은 이미 일본의 식민체제 구조 가운데 민족과 국가가 일치하지 않는 피식민자로서의 비참함을 경험했고, 식민체제 내에서도 중심적 주체가 아닌 주변부 혹은 하위계층으로서 소외와 억압을 겪어왔다. 이에 따라 만주국 건립 이후 만주의 코리안 디아스포라는 일본 제국 신민과 코리안 사이에 위치한 경계인으로서 일본인보다 못하다는 하위계층으로서의 차별, 그리고 일본인과 똑같은 침략자로서 다른 피식민 민족의 멸시를 동시에 받았다.

(1) 일본인과 코리안의 경계

만주국 건국 이후 이주한 일부 코리안 디아스포라는 스스로 일본인으로서 인정받고자 하는 모습을 보인다. 만주에서 코리안은 만주에 거주하는 중국인과 일본인 모두에게 자신들의 민족주의 형성을 위한 하위주체적 타자로서 인식되었다. 이에 따라 만주의 코리안 디아스포라에게 있어서 다른 민족과의 차별적 대우는 이미 익숙한 모습이었다. 일본의 식민통치 기간 조선일보 기자로 재직한 홍종인(洪鍾仁, 1903~1998)은 1937년 3월 16일자 『조선일보(朝鮮日報)』에 당시 만주 조선인의 모습을 "빈농 중

에서도 빈농으로서 단순히 인간으로서의 생활욕에 매인 가련한 군상"으로 묘사했다.[39] 이로 미루어보았을 때, 만주의 코리안 디아스포라가 만주에서 받았던 대우가 얼마나 처참했으며, 사회적 하위계층으로서 현실이 얼마나 비참했는지를 알 수 있다. 이러한 만주의 코리안 디아스포라가 사회적 차별의 현실 문제를 해결하기 위해 선택한 방법이 바로 스스로 일본인 되기, 혹은 일본인 흉내 내기였다.[40] 이러한 만주 코리안 디아스포라의 모습은 당시 만주국 문학계에 발표되었던 작품들을 통해 구체적으로 묘사되어 있다.

만주국 시기, 일본어 문학계에서 활동했던 이마무라 에이지(今村栄治, 한국 이름 장환기)의 대표작 『동행자(同行者)』에는 일본인이 되기 위해 부단히 노력하는 만주 코리안 디아스포라의 모습이 묘사되어 있다. 『동행자』의 주인공 신중흠은 조선인으로서 태어났으나, 아버지로부터 일본인이 되기를 훈육받았으며, 끊임없이 소위 "훌륭한 일본인"이 되기 위해 애쓴다. 고향을 떠나 10년 동안 신중흠은 조선어를 전혀 사용하지 않았으며, 단 한 명의 조선인 친구도 없이 "일본인과 일하고, 일본인과 놀고, 일본인과 생활"했다.[41] 그러나 "훌륭한 일본인이 되기" 위한 그의 끊임없는 노력에도 불구하고 그는 결국 일본인으로서 인정받지 못하고, 시간이 지날수록 일본인과 조선인 사이의 "민족적인 틈"에 위치하게 되었다.

『동행자』에서 묘사된 신중흠의 모습은 스스로 일본인으로서 살아가

---

39 "在滿, 北中 朝鮮人問題－問題되는 그印象은,"「조선일보」, 1937년 6월 16일; ⟨https://newslibrary.chosun.com/view/article_view.html?id=577819370616m1016&set_date=19370616&page_no=1⟩.

40 노상래, "한 경계인의 민족적 고아의식: 今村英治의 「同行者」를 중심으로," p. 635.

41 위의 글, p. 645.

길 원하지만, 정작 일본인의 시선에는 자신들보다 열등한 하위주체로 여겨지는 당시 만주 코리안 디아스포라의 현실을 보여준다. 그들의 "일본인 되기"라는 선택은 결국 조선인에게는 배신자요, 일본인에게는 열등 하위주체라는, 어디에도 소속되지 못한 경계인으로서 살아가게 되는 것이었다.[42] 『동행자』는 일본 식민체제라는 사회정치적 현실 속에서 일본인이 되고자 했지만 결국 하위계층에 머물고 만 경계인으로서 작가 자신의 일생에 대한 자전적 성격이 반영된 것으로 볼 수 있을 것이다. 실제로 식민통치 말기 일본이 황민화 정책의 일환으로 시행한 창씨개명 제도가 아직 시행되기도 전인 1938년의 한반도에서, 이후 창씨개명에서 자유로웠던 만주국에서 작가는 코리안으로서 '장환기'가 아닌 일본인 '이마무라 에이지'로서 작품을 발표했다.

(2) 식민자와 피식민자의 경계

만주에 거주한 코리안 디아스포라의 경계인적 삶은 비단 문학 작품으로만 표현되는 것은 아니다. '만주'라는 이상향적 공간을 중심으로 설정된 최남선(崔南善, 1890~1957)의 민족사상 역시 일본 제국 신민과 조선인 사이의 경계에 위치하는 모호하고 양가적인 정체성을 보여준다.

1936년 미나미 지로가 조선 총독으로 부임한 이후 추진된 적극적인 내선일체와 황민화(皇民化) 정책에 대해 최남선은 이를 역사적 사실로 수긍하며, 조선 민족과 일본 민족이 그가 주장하던 북계문화권 내에서 상호 영향을 주고받는 동일한 문화권의 민족 단위이며, 장차 제국의 신민으로

42　노상래, "한 경계인의 민족적 고아의식: 今村英治의 「同行者」를 중심으로," pp. 649-650.

융합해가야 한다고 주장했다.[43] 이러한 최남선의 민족사상은 엄밀한 의미에서 내선일체보다 만주국의 건국 이념인 오족협화 이념에 더 영향을 받은 것으로 볼 수 있다. 이는 만주에 거주하던 코리안 디아스포라가 겪었던 이중적 차별과 멸시에 대한 또 다른 대응 방법과 맞닿아 있다. 최남선은 일본이 주도하는 식민체제 일부로서 코리안을 내면화하여 그 안에 소속되어 있는 다른 민족에 대한 상대적 우월성을 강조했다. 다시 말해, 최남선이 주장한 코리안의 위치는 식민자와 피식민자의 경계선상에 놓인 일종의 '중개인' 혹은 '식민통치의 대리인'이었다.[44] 즉, 최남선의 민족사상은 일본의 우월성에 대한 인정과 다른 피식민 민족에 대한 코리안의 상대적 우월성을 명확히 함으로써 오히려 만주 코리안 디아스포라의 경계인적 정체성을 구체화했다.

최남선이 코리안으로서 민족 정체성을 유지하기 위해 시도한 것은 일본 식민체제를 전복하려는 것이 아니라, 오히려 식민체제를 내재화하여 민족 정체성을 새롭게 재구성하는 것이었다. 즉, 그가 구축하고자 한 코리안의 정체성은 일본 식민체제에 소속된 하나의 민족으로서 코리안을 규정하는 것이었다. 이러한 민족 정체성의 재구성을 위해 최남선이 주목한 것이 문화적 범주로서 바로 '만주' 공간이었다. 최남선은 만주를 매개로 일본이 제시한 유토피아적 공간과 코리안이 과거로부터 추구해온 민족적 유토피아를 연결했다. 다시 말해, 일본이 제시한 소위 '대동아(大東亞)' 유토피아와 그가 주장한 북계문화권은 공통적으로 서구라는 동일한 적대 세력에 대응한다는 연결점이 있다고 보았다. 이에 따라 최남선은 중

---

43   윤영실, 『육당 최남선과 식민지의 민족사상』 (서울: 아연출판부, 2018), p. 443.

44   박성진, "만주국 조선인 고등 관료의 형성과 정체성," p. 216.

일전쟁을 단순히 중국과 일본 간의 세력전쟁으로 보지 않고, 중국 인민을 '백화(白化, 서구화)'하거나 '적화(赤化, 공산화)'하려는 시도에 대한 대응으로서 해석했다.

"중일전쟁은 중국 인민을 적대시하는 것이 아닌, 소위 '백화', '적화'로부터 동방을 보위하기 위한 전쟁이다."[45]

최남선은 일본 제국이 제시한 유토피아와의 연결을 통해 그 가운데 일본인의 인정을 바탕으로 다른 하위계층보다 우월한 차상위계층으로서 코리안의 위치를 확보하고자 했다. 그가 구상한 북계문화권에 소속된 민족은 조선인(코리안), 일본인, 만주인, 몽고인이었으며, 이들 중 일본인은 북계문화권의 주도적 위치를 점유한다. 최남선은 문화권의 리더로서 일본인의 지위를 인정하는 한편, 코리안의 차상위적 우월성과 지위를 확보하기 위해 만주인이 지니는 열등성을 강조했다. 예를 들어, 최남선이 만주를 유랑하며 기록한 『송막연운록(松漠燕雲錄)』에서는 만주족을 자신들의 언어, 문자, 순수성을 잃어버리고 점차 소멸해가는 민족으로 묘사하고 있다.

"일찍이 중원에 들어가 국어·국문과 온갖 전통을 잃은 만주족이 이제 마지막으로 각국의 종성(種姓)까지 내버리면서 뻔뻔하게도 부

---

45 고려대학교아시아문제연구소육당전집편찬위원회 편, 『육당최남선전집』 10 (서울: 현암사, 2003), p. 286.

만주에 거주한 코리안 디아스포라의 경계인적 삶은 일본 제국이라는 당시 동아시아의 사회정치적 현실에 적응하는 한편, 코리안으로서의 민족 정체성을 유지하려고 하는 양가적인 동인에서 비롯되었다. 이러한 양가적 성격의 정체성이 가능한 공간으로서의 만주는 지역적·문화적 공간으로 경계인적 삶을 가능케 했다. 만주에서 코리안 디아스포라는 한편으로는 일본 제국의 신민으로서 피식민자, 하위계층으로서 가졌던 계층적 구조를 조금이나마 극복하려 했고, 다른 한편으로는 코리안이라는 민족 정체성을 유지하고, 그로 인해 받게 되는 멸시에서 벗어나고자 끊임없이 일본인을 제외한 만주의 다른 민족을 열등하게 타자화한 것이다.

5) 떠난 뒤에 남은 것들

코리안 디아스포라의 형성은 단순히 한 가지 동인으로 귀결되지 않는다. 기근과 가난을 피하려는 살아남기 위한 선택, 더 나은 삶을 찾는 기회의 선택, 식민 권력에 맞서려는 저항의 선택이 상호 뒤엉켜 있다. 누군가는 밥을 위해 떠났고, 누군가는 배움을 위해 떠났고, 또 누군가는 뜻을 지키기 위해 국경을 넘었다. 이 모든 선택이 개인의 우연이 아니라 그때의 사회정치적 현실이 만든 큰 흐름이다.

---

[46]　최남선, 윤영실 역, "만주족,"『최남선한국학총서 5. 송막연운록』(파주: 경인문화사, 2013), p. 57.

코리안 디아스포라의 형성이 오늘날 남겨주는 메시지는 명확하다. 이주는 단순히 숫자가 아닌 사회정치적 현실이 만들어내는 현상이며, 코리안 디아스포라가 구축한 정체성은 하나의 견고한 기계적 실체라기보다 그들의 상황과 기억에 따라 변화하는 유기체이다. 결국 코리안 디아스포라의 형성과 그들이 살아온 역사는 본토·본향을 떠나온 사람들이 새로운 위치를 만들고, 그 가운데 타자들과 접촉하며, 자신들의 삶의 방식을 개척해나간 기록이기도 하다.

참고문헌

고려대학교아시아문제연구소육당전집편찬위원회 편. 『육당최남선전집』 10. 서울: 현암사, 2003.

김규민. 『8·15의 기억: 해방공간의 풍경, 40인의 역사체험』. 서울: 한길사, 2005.

김기훈. "만주의 코리안 디아스포라." 한석정·노기식 편. 『만주, 동아시아 융합의 공간』. 서울: 소명출판, 2008.

김남일 외. 『분단의 경계를 허무는 두 자이니치의 망향가: 재일한인 100년의 사진기록』. 서울: 현실문화연구, 2007.

김왕배·이수철. "1930년대 만주의 조선족 마을 공동체: 흑룡강성 오상현 조선족 마을 형성과정을 중심으로." 『동방학지』, 제144호 (2008).

김주용. "한인의 서간도, 북간도 이주와 정착: 1910년대를 중심으로." 『재외한인연구』, 제54호 (2021).

김지원. "일제강점기 한인과 일본인 사진신부의 이주에 관한 비교 연구, 1910-1924." 『세계역사와 문화연구』, 제66호 (2019).

노상래. "한 경계인의 민족적 고아의식: 今村英治의 「同行者」를 중심으로." 『한민족어문학』, 제65호 (2013).

"大陸進出의 朝鮮民衆, 滿洲國에서 活躍하는 그 現象." 「삼천리」(온라인), 1939년 1월 11일; ⟨https://db.history.go.kr/modern/level.do?levelId=ma_016_0700_0100⟩.

도노무라 마사루. 신유원·김인덕 역. 『재일조선인 사회의 역사학적 연구』. 서울: 논형, 2010.

박명수. "3·1운동과 대한민국 임시정부 수립에 미친 미주 독립운동의 영향." 『한국정치외교사논총』, 제45권 1호 (2023).

박성진. "만주국 조선인 고등 관료의 형성과 정체성." 『동양정치사상사』, 제8권 1호 (2009).

박주신. "間島 韓國人의 民族敎育에 關한 硏究." 인하대학교 대학원 교육학과 박사학위논문, 1998.

배항섭. "19세기 후반 함경도 주민들의 연해주 이주와 仁政 願望." 『역사와 담론』, 제53호 (2009).

선봉규·전형권. "러시아 연해주 고려인의 디아스포라적 삶에 관한 연구: 구술사 연구방법의 관점에서." 『한국동북아논총』, 통권 65호 (2012).

"[신문은 선생님] [뉴스 속의 한국사] 1902년 하와이로 간 한국인 100여명… 첫 미주 지역 이민이었죠." 「조선일보」(온라인). 2024년 12월 26일; ⟨https://www.chosun.com/national/nie/2024/12/26/62SNCVROXNCC7FUDXXVNYBWXFY/⟩.

신승모. "재일디아스포라의 탄생: 국적을 둘러싼 법적 해석과 제도의 적용 과정을 중심으로." 『일본학보』, 제115호 (2018).

윤영실.『육당 최남선과 식민지의 민족사상』. 서울: 아연출판부, 2018.

이동훈. "위진남북조시기 중국의 코리안 디아스포라: 고조선·고구려·부여계 이주민 집단 연구."
  『한국사학보』, 제72호 (2018).

이민.『내 어린 시절: 만주의 조선족 항일 여전사 회상기』. 서울: 지식산업사, 2019.

이상룡. "中華民國國民會提議書(石洲遺稿 卷5)." 안동독립운동기념관 편.『국역 석주유고 상』.
  파주: 경인문화사, 2008.

이흥권. "19세기~20세기초 조선의 滿洲 이주민정책에 대한 연구." 강원대학교 박사학위논문,
  2017.

임채완·선봉규·박경환·전형권·이장섭·허성태.『코리안 디아스포라: 이주루트와 기억』. 서울:
  북코리아, 2013.

장석흥. "일제강점기 한인 해외 이주의 강제성과 귀환문제."『한국학논총』, 통권 27호 (2005).

"在滿, 北中 朝鮮人問題-問題되는그印象은". 「조선일보」(온라인). 1937년 6월 16일; 〈https://
  newslibrary.chosun.com/view/article_view.html?id=577819370616m1016&set
  _date=19370616&page_no=1〉.

전병칠.『20세기 중국조선족 10대 사건』. 서울: 환경공업출판사, 1999.

정태헌.『평화를 향한 근대주의 해체 3·1운동 100주년 식민지 '경제 성장'을 다시 묻다』. 서울:
  동북아역사재단, 2019.

주효뢰.『식민지 조선 지식인, 혼돈의 중국으로 가다: 1920년대 조선 지식인의 중국 인식에 대한
  사상적 고찰』. 서울: 소명출판, 2020.

최남선. "만주족." 윤영실 역.『최남선한국학총서 5. 송막연운록』. 파주: 경인문화사, 2013.

최성운. "조선 말 조선인들의 연해주 이주를 유인하는 소문과 월경에서 드러나는 조선인들의
  사회적 연대 연구: 1964~1877년까지를 중심으로."『藏書閣』, 제45호 (2021).

"토지조사사업(土地調査事業)".『한국민족문화대백과사전』(온라인); 〈https://
  encykorea.aks.ac.kr/Article/E0059218〉.

"한국 최초의 일본 유학생은 누구일까?"『에듀진』(온라인). 2020년 10월 26일; 〈https://
  www.edujin.co.kr/news/articleView.html?idxno=34274〉.

황민호. "1910년대 만주지역 한인사회의 동향과 한인의 만주이주."『숭실사학』, 통권 25호
  (2005).

Cohen, Robin. *Global Diasporas: An Introduction*. London: UCL Press, 1997.

II

세계시민적 가치와
통일교육의 확장

4

평화·통일을 지향하는 세계시민교육

이인정*

1) 세계화와 세계시민

오늘날 같은 세계화 추세 속에 살아가면서 우리는 세계시민으로서 개인적 정체성뿐 아니라 다양한 공동체 속에서 복합적인 정체성을 지니고 살아가고 있다. 세계시민은 국가공동체에 대한 배타적 소속감을 넘어, 세계적 차원 등 다양한 수준의 공동체에 동시적 소속감을 느끼는 복합적 시민성을 지닌다. 세계시민사회 속에서 살아가는 세계시민은 오늘날 점증하고 있는 세계적 차원의 문제를 해결하고 협력하기 위한 세계시민성 함양을 요청받고 있다. 세계시민성은 '지구시민성', '범세계시민성' 등으로도 불리는 개념으로, 지리적 경계로서 국가를 뛰어넘어 인류와 보편적 가치에 대한 충성심이자, 국가시민성을 넘어 세계시민으로서 우리가 갖

---

* 국립평화통일민주교육원 객원교수

추어야 할 바람직한 소양과 자질, 역량이다. 즉 세계시민성은 지구상의 모든 사람은 서로 연결되어 있으며, 모든 인류는 같은 인간으로서 동등한 가치를 지닌다는 것을 인식하는 것이다. 이런 의미에서 세계시민성은 국경을 넘어선 세계적 수준의 정의와 민주주의를 전 인류의 연대적 가치로 삼는다.

우리는 다문화·세계화 시대에 살아가고 있는 세계시민이자, 동시에 분단 한반도에서 살아가고 있는 존재이다. 세계시민으로서, 그리고 분단 국가의 구성원으로서 우리는 어떤 교육적 지향을 지녀야 하는가? 우리는 인류 공동의 문제 해결을 위해 지구공동체 의식 내지 세계시민으로서의 소속감을 가지고 전 지구적인 차원에서 생각하고 실천하는 세계시민으로서의 자질과 역량을 함양해나갈 수 있어야 한다. 따라서 근대적인 국가 시민성과 오늘날의 세계시민성을 포괄하는 교육적 관점이 필요하다. 즉 자신이 속한 지역이나 국가적 특수성을 인정하면서도 인류의 보편적 가치를 지향하는 교육을 추구해야 하며, 개별 국가의 가치와 존재를 인정하는 동시에 지구적 의식과 책임감을 갖출 수 있도록 교육적 노력을 기울여야 한다. 지역적 특수성만을 강조할 경우 지역이기주의에 빠질 위험이 있는 반면, 인류 보편성만을 강조할 경우에는 역사나 맥락에서 벗어난 획일화 우려가 있다. 따라서 편협한 국가이기주의나 과도한 자국중심주의가 아닌 인류의 보편적 이념을 인정하는 관점이 필요하다.

동시에 우리는 분단 국가의 구성원으로서 분단이 초래하는 문제를 해결해나가기 위한 교육적 노력을 기울여야 한다. 다문화 추세 속에서 점차 민족국가의 이념이 약화되고 탈민족주의가 대두하고 있는 현실 속에서, 우리는 한민족 정체성에 대한 인식을 현재적 의미로 발전시켜나가야 한다. 나아가 이러한 분단 한반도에서 남북의 오랜 역사와 문화적 공통

　　　　　　　Ⅱ. 세계시민적 가치와 통일교육의 확장

성, 민족정체성과 조화를 이루는 세계시민성을 함양함으로써 한반도 분단 극복을 위한 기반을 형성해나가야 한다. 우리가 추구하는 민족정체성은 남북 간 민족 동질성을 바탕으로 하여 통일의 원동력으로 기능할 수 있어야 하며, 동시에 배타적인 종족적 민족주의를 극복하고 '다양성 속의 통일'로 다문화·세계화를 포섭할 수 있는 열린 세계시민성에 바탕을 두어야 할 것이다.

오늘날 세계시민성은 과거의 폐쇄적 국가주의에 갇혀있는 시민성에 대한 비판적 반성을 필요로 한다. 그러나 우리는 국가시민성을 넘어서는 세계시민성을 필요로 하지만, 그러면서도 국가시민성을 완전히 포기할 수 없다는 점에서 딜레마에 처해 있다. 여기서 필자의 기본적인 전제는 국가시민성과 세계시민성의 조화가 필요하며, 이러한 조화가 가능하다고 본다. 따라서 이러한 조화의 관점에서 다문화·세계화 시대의 시민성에 부합하는 평화시민, 통일시민의 과제를 교육적 차원에서 모색하는 것이 필요하다고 여긴다. 이런 점에서 우리가 지향해야 할 국가시민성과 애국심은 어떤 것인지, 그리고 국가시민성이나 애국심 같은 전통적 개념이 오늘날 세계시민성과 인류애에 어떻게 연결될 수 있는지를 살펴보고자 한다. 무엇보다 분단 한반도에서 살아가고 있는 우리에게 한반도 분단과 평화 정착, 그리고 통일은 세계적 차원의 평화와 어떤 관련이 있는지, 그리고 세계시민이자 국가시민으로서 분단 극복과 남북 사회통합은 어떤 방향과 과제를 지니고 있는지를 탐구하고자 한다.

이러한 문제 인식을 바탕으로 하여 먼저 세계화와 세계시민주의에 대한 탐색을 바탕으로 현재적 의미에서 세계시민성의 개념과 방향을 탐색하고자 한다. 나아가 세계시민성을 함양하기 위한 세계시민교육의 의미와 현황, 사례를 살펴보고, 한반도 분단 극복을 위한 교육적 시사점을

찾고자 한다. 이를 종합하여 분단 한반도에서의 평화·통일교육과 세계
시민교육의 연결점을 모색하고, 이를 바탕으로 한반도 평화 정착과 분단
극복에 기여하는 세계시민교육의 방향과 과제를 탐색하고자 한다.

먼저 세계화란 현대사회의 변동 과정과 그 특징을 압축적으로 표현
하는 개념이다. 세계화는 고도의 과학기술 발전을 배경으로 모든 나라와
사람들이 긴밀한 상호의존 관계를 맺고, 네트워크를 형성하여 경쟁이나
협동을 통해 삶의 터전을 전 세계로 확대해가는 현상이다. 오늘날 정보·
통신기술의 급속한 발달과 국제 이주민의 증가 현상 등은 이른바 '세계
화'의 흐름을 촉진하고 있으며, 정치, 경제, 사회, 문화로 점차 영역을 확
장하고 있다. 세계화 현상이 가속화하면서, 세계는 근대적 의미의 국민국
가 중심의 질서와는 구분되는 새로운 질서를 형성하고 있다. 오늘날 우리
가 살아가는 세계 속에서는 전 지구적 협력을 통해서만 해결할 수 있는
다양한 문제들, 예를 들면 환경, 빈곤, 평화 등의 전 지구적 문제들이 증가
하고 있다. 이는 국민국가의 경계를 넘어서 인류가 공동으로 대응해야 할
위기가 생겨나고 공동으로 해결해야 할 과제가 증가하고 있다는 것을 의
미한다. 세계화 추세 속에서 개별 국가를 초월한 자본의 이동이 증가하고
있으며, 상품이나 용역 역시 국가 간 자유롭게 이동하고 있다. 이러한 과
정에서 국가 간의 상호의존과 협력이 심화하고 있으며, 개별 국가 차원을
넘어선 초국가적 네트워크가 결성되고 있다.

이처럼 세계화 속에서 전 지구적 수준의 보편성과 상호의존성은 점
차 심화하고 있으나, 동시에 세계화 추세 속에서도 개별 지역의 특수성
역시 중요해지고 있다는 양면성이 존재하고 있다. 특히 세계화가 가속화
되면서 세계화가 초래하는 다양한 문제에 대한 우려와 비판도 생겨나고
있다. 세계화에 대한 비판은 국가 간 부의 불평등, 민족·종교 간 분쟁, 자

　　　　　　　　　Ⅱ. 세계시민적 가치와 통일교육의 확장

연파괴로 인한 환경오염 및 기후변화 등 다양한 측면에서 이루어지고 있다. 예를 들면 정치적 측면에서 세계화는 국가 간 비민주화나 예속을 초래하기도 하고, 국가 간 양극화를 초래하여 궁극적으로는 세계 평화를 위협한다는 점이다. 또한 경제적 측면에서 세계화는 신자유주의적 시장으로 세계를 재편하면서 약소국에 대한 강대국의 경제적 착취가 생겨나 제3세계 시민의 삶을 위태롭게 한다는 점이다. 그 외에도 세계화는 사회·문화적 측면에서 전 세계 구성원의 일상생활 양식과 문화적 동질화를 가져오며, 이로 인해 각국의 다양한 문화와 전통을 약화하게 된다는 경향도 지적되고 있다.

세계화를 바라보는 다양한 입장은 선행연구들 속에서 크게 세 가지로 구분할 수 있다.[1] 첫째, 반세계화론(anti-globalization)은 세계화를 전면적으로 거부하는 입장이다. 반세계화론은 세계화를 배경으로 선진국 위주의 다국적기업들이 자유무역을 강조하면서 결과적으로 후진국 국민의 삶을 하락시킨다는 점에 주목한다. 이런 점에서 세계화는 제국주의와 마찬가지라고 비판한다. 둘째, 역세계화론(rollingback globalization)은 세계화의 역효과를 인식하면서도 이를 전적으로 거부하지는 않는 입장이다. 따라서 역세계화론은 세계화에 대응하기 위한 국가 또는 지역사회의 역량을 강화할 것을 주장하는 데로 이어진다. 예를 들면 지역 주민의 경제적·사회적 권리와 능력을 증진하고, 이를 위한 지역사회와 국가, 국제적 수준의 거버넌스를 구축해나가야 한다는 입장이다. 셋째, 대안세계화론(alternative globalization)은 국가와 지역사회의 역량을 강화해야 한다는 점에서 역세계화론 입장과 유사하다. 반면 이러한 세계화는 강대국이나 다

---

1   김남준·박찬구, "세계화 시대의 세계시민주의와 세계시민성: 어떤 세계시민주의? 어떤 세계시민성?"『윤리연구』, 제1권 105호 (2015), p. 27.

국적기업이 주도하는 '위로부터의 세계화'가 아니라 '아래로부터의 세계화'여야 한다는 입장이다.[2] 달리 말하면 대안세계화론은 '풀뿌리 세계시민주의'에 기반을 둔 세계시민사회 또는 지구시민사회를 지향한다고 볼 수 있다.[3]

세계화주의와 세계시민주의는 유사한 의미를 담고 있지만, 일정한 개념적 차이가 존재한다. 세계화주의는 시장 질서와 자본의 자유로운 이동을 강조하는 신자유주의적 사고방식을 지니고 있다. 따라서 세계화주의는 세계적 차원의 윤리나 규범에 대해서는 비교적 무관심하거나 중립적인 입장이다. 반면 세계시민주의는 세계적 차원의 보편적 정의와 공동선을 중시하며, 모든 인간과 공동체에 대한 존중이 중요하다고 본다. 이런 점에서 세계시민주의는 세계적 차원의 윤리와 규범이 존재하며, 세계시민으로서의 덕성을 갖추는 것이 중요하다고 본다. 그렇다면 세계시민이 살아가는 세계시민사회는 어떤 모습이어야 할 것인가? 세계시민사회는 세계화 추세 속에서 기존의 시민사회가 지니는 한계에 대한 비판적 성찰 가운데 등장했다. 기존의 근대국가 중심의 사고는 현대사회에서 권력, 경제, 사회적 측면에서 다양한 한계를 보이고 있다. 예를 들면 근대적 의미의 국가중심주의는 국가 간 불균등한 발전을 초래하면서 세계적 수준의 불평등을 발생하게 하기도 한다. 또한 이 같은 불평등으로 인해 국가 간, 그리고 국가 내에서 인종주의를 비롯한 다양한 극단적 대치 상황이 생겨날 수도 있다.[4] 따라서 이 같은 극단적인 상황을 방지하고 세계적

---

2 오인영, "옮긴이의 글," 마사 너스봄 외, 오인영 역,『나라를 사랑한다는 것: 애국주의와 세계시민주의의 한계 논쟁』(서울: 삼인, 2003), p. 11.

3 임현진, "'복합위기'의 시대와 지구시민사회,"『철학과 현실』, 통권 제103호 (2014), p. 108.

4 L. Davies, "The Achievements and Challenges of Citizenship Education in England Since

차원에서의 정의를 구현하고자 하는 노력이 중요해지고 있다.[5] 특히 세계화·다문화 추세 속에서 살아가는 우리에게는 기존의 국가와 구별되는 초국가적 공공영역이 작용하기 시작했다.

이러한 변화는 '세계시민사회'에 대한 관심으로 이어졌는데, 일반적 의미에서 세계시민사회란 근대 이후 영토를 바탕으로 하는 국민국가의 국경을 넘어, 오늘날 전 지구적 공공성을 인식하는 다중적인 시민사회라고 할 수 있다.[6] 세계시민사회는 기존의 개별 국가의 패권주의나 극단적 대치에 대응하면서, 풀뿌리 자치와 공공영역에 기반을 두는 시민사회를 세계적 차원으로 확대해나가게 된다. 오늘날 세계시민사회는 세계적 차원의 문제를 해결하고 협력하기 위한 세계시민으로서의 역량을 갖추도록 하는 데로 이어지고 있다.[7] 오늘날 우리는 개별 국가만으로는 해결하기 어려운 인구와 환경문제, 세계적 차원의 정의와 해외 원조, 인권과 평화 문제 같은 인류 공동의 과제에 직면해 있다. 이 같은 과제들은 우리에게 국가의 시민으로 살아가는 것을 넘어 '세계시민(global citizen)'으로 살아갈 것을 요구하고 있다. 이로 인해 세계시민사회 속에서 살아가는 세계시민은 어떤 존재이며, 세계시민으로 살아가기 위한 교육적 노력으로서 세계시민교육에 대한 관심이 높아지고 있다.

그렇다면 세계시민사회 속에서 살아가는 세계시민이란 무엇인가?

2002," 사회발전을 위한 해외시민교육기관 초청 국제행사 (서울: 민주화기념사업회, 2008), pp. 39-62.

5 　강순원, "다문화사회 세계시민교육의 평생교육적 전망,"『평생교육학연구』, 제16권 2호 (2010), p. 71.

6 　김남준·박찬구, "세계화 시대의 세계시민주의와 세계시민성: 어떤 세계시민주의? 어떤 세계시민성?" p. 28; 강순원, 위의 글, p. 71.

7 　강순원, 위의 글, p. 71.

사전적 정의에 따르면 세계시민은 일반적으로 "세계민, 세계를 구성하는 개체로서의 시민"을 뜻한다.[8] 더 나아가 많은 학자들과 시민운동가들은 세계시민을 위한 세계적 차원의 도덕 규범이 존재하며, 세계시민은 전 지구적 의식과 책임감을 지녀야 한다고 주장한다. 따라서 국제정치적·제도적 관점에서 세계정부를 구성하기 전에 세계시민사회를 살아가는 세계시민 속에 전 지구적 연대성과 책임감이 형성될 수 있도록 하는 것이 중요하다고 볼 수 있다.[9] 히터(D. Heater)는 세계시민의 개념을 네 가지로 구분한 바 있다.[10] 첫째로 막연한 수준에서 인류 공동체의 일원으로서 세계시민, 둘째로 세계정부를 수립하기 위해 구체적인 실천을 하는 세계시민, 셋째로 개인은 자신이 속해 있는 국가보다 더욱 높은 수준의 도덕 법칙에 따라야 한다는 생각에 기초한 세계시민, 마지막으로 세계정부의 수립과 상관없이 전 지구적 의식과 책임감을 지닌 존재로서의 세계시민이 그것이다. 요컨대 세계시민은 세계화·다문화 추세 속에서 정치, 경제, 사회, 문화, 교육 등 다양한 영역에서 하나의 지구 의식과 지구촌 사회 속에서 살아가는 존재이다. 보다 구체적으로 보면 세계시민이란 오늘날 같은 세계화·다문화 추세 속에서 근대 이후 영토를 바탕으로 하는 국민국가의 국경을 넘어 전 지구적 공공성을 인식하는 다중적인 시민사회, 즉 '세계시민사회' 속에서 살아가는 존재라고 볼 수 있다.

8　최운실 외, "세계시민 육성을 위한 가정-학교-사회 연계체제 구축전략" (2011년 교육과학기술부 정책연구보고서, 2011).

9　김남준·박찬구, "세계화 시대의 세계시민주의와 세계시민성: 어떤 세계시민주의? 어떤 세계시민성?" p. 13.

10　D. Heater, *World Citizenship and Government* (London: Macmillan Press, 1998), pp. 170-176; 변종헌, "세계시민성 관념과 지구적 시민성의 가능성," 『윤리교육연구』, 제10호 (2006), p. 13에서 재인용; 김남준·박찬구, 위의 글, p. 13.

　II. 세계시민적 가치와 통일교육의 확장

요컨대 세계시민은 지구촌 사회를 하나의 체계로 인식하면서, 세계적 차원의 문제를 해결하기 위한 방안을 모색하고 주체적으로 참여하는 존재이며, 이를 바탕으로 국경을 초월한 인간애를 실현하는 존재이다. 나아가 세계시민은 민족이나 국가를 넘어 모든 인간의 존엄성과 기본권, 환경과 복지를 비롯한 세계적 이슈에 관심을 갖고 관여하는 책임감 있는 윤리적인 시민이라고 할 수 있다. 이런 의미에서 세계시민은 근대 국민국가의 성립과 함께 각자가 속한 단일 국가의 시민적 책임감을 넘어, 지역사회에 뿌리를 두고 있으면서도 전 지구적 틀 속에서 생각하고 활동하는 탈주권적인 행위자라고 할 수 있다.[11]

2) 세계시민주의의 의미와 유형

세계시민주의는 기원전 4세기경 그리스에서 인류 전체를 하나의 세계, 하나의 시민으로 바라보면서 국가주의를 초월한다는 의미로 시작되었다. 헬레니즘 시대 제논(Zenon, B.C. 335~263)이 창시한 스토아학파는 평화로운 삶과 행복을 위해서는 자연의 필연적 질서와 법칙에 순응하는 삶이자, 신의 섭리와 예정에 따르는 삶, 즉 이성(logos)에 따르는 삶을 살 것을 강조했다. 이러한 스토아학파의 사상은 우주를 지배하는 이성의 법칙이자 자연법칙으로서의 '자연법 사상'으로 이어졌다. 스토아학파는 가족, 친구, 동료 시민, 나아가 인류 전체에 대한 사랑과 평등 의식을 의미하는 세계시민주의 사상을 강조하고 있다. 우리는 자아로부터 인류 전체에까

11　김남준 · 박찬구, 위의 글, p. 28.

지 점차 확대되는 일련의 동심원들에 둘러싸여 있으며, 가장 큰 동심원인 인류 전체 속에서 모든 사람을 동료 시민 이상의 존재로 받아들이는 것이 중요하다는 것이다. 이런 점에서 스토아학파의 세계시민주의는 세계시민이 되기 위해 사람들이 풍요로운 삶의 원천이 될 수도 있는 지역적 정체성을 포기할 필요는 없다고 강조한 바 있다.[12]

다음으로 세계시민주의와 관련이 깊은 근대 사상가로서 칸트(I. Kant, 1724~1804)가 있다. 칸트는 이성을 제대로 발휘하지 못함으로써 분쟁과 전쟁이 발생하게 되는 것이라고 보고, 전쟁이란 국가적인 이해관계를 위해 인간을 수단으로 대우하는 것이므로 도덕적으로 정당화될 수 없는 것으로 보았다. 칸트에 따르면 이성을 지닌 인간이라면 누구나 평화를 원하고 있으며, 이성의 명령에 따라 모든 인간의 존엄성을 인식하고 평화를 이루는 것을 도덕적 의무라고 여겼다. 칸트가 말하는 평화란 전쟁이 일시적으로 중단된 상태가 아니라, 보편적인 이성의 법칙이 실현된 상태에서 이루어질 수 있는 영구 평화를 의미한다. 칸트는 『영구 평화론(Zum ewigen Frieden, 1795)』을 통해 전쟁을 예방하고 영구 평화를 달성하기 위한 법적 조건들로 예비 조항(6항), 확정 조항(3항), 추가 조항(2항), 부록(2편)을 제시했다. 확정 조항 세 가지 중 첫째 조항은 모든 국가의 시민적 정치 체제는 공화정(共和政) 체제여야 한다는 것이며, 둘째 조항은 자유로운 국가 간의 연맹 조직을 구성해야 한다는 것이고, 마지막으로 셋째 조항은 보편적 우호 관계에 기반을 둔 세계시민법이 적용되어야 한다는 것이다. 칸트는 국가 간의 자유로운 교류가 전쟁의 가능성을 줄일 수 있다고 보았다. 따라서 칸트는 국가 간의 자유로운 이동과 체류의 권리를 부여하는 것은 국가 간의

---

[12] 위의 글, p. 9.

　　　　Ⅱ. 세계시민적 가치와 통일교육의 확장

평화를 이룩하고 세계시민으로 거듭날 수 있도록 한다고 보았다. 칸트는 영구 평화를 이루기 위해서는 전쟁으로 귀결될 우려가 있는 요소들을 제거하고 국가 간 신뢰를 회복하는 것이 중요하다고 보았다. 그러나 현실적으로 볼 때 단일한 세계공화국(국제국가)을 건설하는 것은 불가능하며, 평화 보장을 이유로 전제정치로 변질되어 개별 국가의 자율성과 실질적인 자유를 파괴할 우려가 크기 때문이라고 보았다.[13] 따라서 칸트는 영구 평화를 위해서는 세계공화국이 아니라 공화제에 기반을 둔 국가 간의 연합, 즉 민주적 법치 국가 간의 '국제적 연맹(Volkerbund)'을 구축해야 하며, 이들 국가의 평화연합(foedus pacificum)에 입각해 세계시민사회로 나아가야 한다고 주장했다.[14]

세계시민주의는 1990년대 중반 미국에서 벌어진 애국주의와 세계시민주의 간의 논쟁을 배경으로 다시금 주목받게 되었다.[15] 너스봄(M. Nussbaum)은 스토아학파와 칸트의 전통을 계승한 학자로서, 미국식 애국주의와 국가주의에 맞서 세계시민주의의 이상을 전개했다.[16] 너스봄에 따르면 도덕적 의무의 근본 원천은 국가가 아니라 인류 공동체로서, 인류애에 의해 수립된 도덕 공동체에 대한 충성이 가장 고귀한 충성이라고 보았다.[17] 그러나 너스봄은 인류 공동체에 대한 충성을 강조하면서도 지

---

13 나종석, "민족주의와 세계시민주의: 자유주의적 민족주의를 중심으로," 『헤겔연구』, 제26호 (2009), p. 187; 김남준 · 박찬구, 위의 글, p. 8.

14 임마누엘 칸트, 이한구 역, 『영구평화론』(파주: 서광사, 2010), pp. 32-38; 김남준 · 박찬구, 위의 글, p. 8.

15 김남준 · 박찬구, 위의 글, p. 3.

16 마사 너스봄 외, 오인영 역, 『나라를 사랑한다는 것: 애국주의와 세계시민주의의 한계 논쟁』, pp. 23-42; 김남준 · 박찬구, 위의 글, p. 8.

17 마사 너스봄 외, 위의 책, p. 29; 김남준 · 박찬구, 위의 글, p. 8.

역적 정체성을 포기할 것을 요구하지는 않았으며, 국가 공동체를 포함하여 지역적 정체성은 우리의 정체성을 구성하는 부분 요소로 기능하며 시민의 삶을 풍요롭게 하는 것이라고 주장했다.[18] 따라서 자신이 속한 지역이나 국가에서 출발해 인류애를 확대해나가는 '분별력 있는 선행'을 강조했다.[19] 너스봄은 자유주의적이고 민주적인 국가들의 자율성을 인정하는 토대, 즉 지역적 연대성과 정체성을 인정하는 토대 위에서 세계시민주의의 이상인 인류애를 실현할 것을 요구하면서, 인류 공동체의 일원이라는 또 다른 충성심을 갖고 인류 공동의 문제 해결에 적극적으로 참여할 것을 요구했다.[20]

다음으로 애피아(K. A. Appiah)에 따르면 우리에게 인류적 지평보다 크기는 작지만 도덕적 관심 영역으로서는 더 적절할 수 있는 수많은 동심원이 있으며 이들은 모두 가치롭다고 봤다. 따라서 우리는 지역적 헌신의 근원인 특수한 가치와 함께, 인류에 대한 충성의 토대가 되는 보편적 가치 중 어느 하나라도 포기해서는 안 된다고 주장한다. 애피아의 세계시민주의는 첫째로 혈족 간 유대나 형식적인 시민적 유대를 넘어서는 타인에 대한 확장된 의무와 함께, 둘째로 보편적인 인간의 삶과 특수한 삶의 가치를 모두 진지하게 고려해야 한다는 의무가 어우러져 있다.[21] 나아가 애피아는 지역적 연대성과 지구적 연대성을 서로 결합하는 것이 중요하다고 보면서, '뿌리내린 세계시민주의', 즉 지역적 헌신과 인류에 대한 충성

---

18   김남준 · 박찬구, 위의 글, p. 8.

19   마사 너스봄 외, 오인영 역, 『나라를 사랑한다는 것: 애국주의와 세계시민주의의 한계 논쟁』, pp. 187-188; 심상용, "지구시민권 개념의 구성가능성," 『동향과 전망』, 제83호 (2011), p. 125; 김남준 · 박찬구, 위의 글, p. 9.

20   마사 너스봄 외, 위의 책; 김남준 · 박찬구, 위의 글, p. 3.

21   김남준 · 박찬구, 위의 글, p. 10.

이 결합된 '지역적 헌신을 요구하는 세계시민주의'를 강조한다.[22]

　이상과 같이 자유주의적 세계시민주의 내지 온건한 세계시민주의는 국가의 자율성과 지역의 특수성을 포함한 세계시민주의를 지향한다. 즉 국가의 경계를 넘어서 인류 공동의 과제에 적극적인 관심과 참여가 필요하다는 세계시민주의의 입장이 정당하다 하더라도 자신이 소속된 토대는 중요하다는 것이다. 따라서 자신이 소속되고 살아가는 삶의 공간, 자기 삶의 의미와 시민적 정체성의 토대를 제공하는 지역사회, 그리고 국가 및 국가시민성은 의미가 있기에 이러한 삶의 공간이 되는 공동체를 경시하거나 폐기하는 것은 도덕적으로 정당화될 수 없다고 주장한다.[23] 그러나 자유주의적 세계시민주의 내지 온건한 세계시민주의가 인정해온 특정 지역이나 특수성에 대한 관심은 자칫 지역주의나 국가주의로 귀착될 우려가 있으며, 인류애와 국가애의 충돌이나 세계시민성과 국가시민성의 충돌 시 가치의 우선순위 결정에 어려움이 생겨나고, 해외 원조 같은 인류 공동의 문제에 대해 소극적으로 대응할 가능성이 있다는 점에서 비판을 받기도 한다.[24]

　반면 급진적 세계시민주의는 개별 국가 차원에서 해결할 수 없는 인류 공동의 과제가 있기 때문에 세계정부 내지 세계국가의 건설이 필요하다고 주장하는 입장이다.[25] 싱어(P. Singer)는 국가를 초월하는 권리와 의무를 지닌 '세계시민'으로 개인을 바라보는 '강한 도덕적 세계시민주의'라

22　김지현 · 손철성, "세계시민주의, 공동체주의, 자유주의,"『시대와 철학』, 제20권 2호 (2009), pp. 108-109; 김남준 · 박찬구, 위의 글, p. 10.

23　김남준 · 박찬구, 위의 글, p. 7.

24　위의 글, p. 10.

25　김석수, "세계시민주의에 대한 현대적 쟁점과 칸트,"『칸트연구』, 제27호 (2011), p. 151; 김남준 · 박찬구, 위의 글, p. 5.

고 볼 수 있다.[26] 싱어는 1648년 베스트팔렌조약 이후 통용되고 있는 '국가 주권은 절대적이다'라는 생각에 대해 비판한다.[27] 싱어에 따르면 국가 주권 자체는 본질적으로 도덕적 가치를 지니는 것이 아니며, 따라서 국경은 임의로 경계선을 그어놓은 것에 불과하기 때문에 지구 윤리가 국경에서 멈춰서는 안 된다는 것이다.[28] 싱어는 더 나아가 국경을 넘어 전 지구적인 통치를 지향해야 한다고 주장하면서, 세계정부가 전 지구적인 독재를 하지 않도록 경계해야 하며, 전 지구적 공동체의 현실에 적합한 '국경을 초월한 정부'가 개발되어야 한다고 주장한다. 이러한 급진적 세계시민주의는 세계시민의 정치적·시민적 권리뿐만 아니라 사회적·경제적 권리 보장에 대해서도 적극적인 자세를 취한다.[29]

그러나 급진적 세계시민주의는 지구 공동체의 가치를 우선시하는 입장이기 때문에 특정한 지역이나 국가 공동체의 가치를 부정할 우려가 있다. 또한 자칫 국가의 자율성, 지역적 연대성 등의 긍정적인 측면을 무시하면서 보편주의의 폭력을 행사하게 될 우려가 있다는 것이다. 대표적인 비판으로 아렌트(H. Arendt)에 따르면, "우리는 국가라는 이름으로 자행되는 폭력을 경계해야 하겠지만, 국가 없는 상태로 인해 초래될 더 큰 불행을 간과해서도 안 된다"는 것이다.[30] 아렌트는 '국가 없는 상태'가 가져오는 가장 큰 불행은 곧 '시민의 권리를 보장해줄 수 있는 법'이 더 이상

---

26   김석수, 위의 논문, p. 154; 김남준·박찬구, 위의 글, p. 6.

27   피터 싱어, 김희정 역, 『세계화의 윤리』 (서울: 아카넷, 2003), p. 28; 김남준·박찬구, 위의 글, p. 5.

28   피터 싱어, 위의 책, p. 193, 254; 김남준·박찬구, 위의 글, pp. 5-6.

29   피터 싱어, 황경식·김성동 역, 『실천윤리학』 (서울: 철학과현실사, 1997), pp. 264-291; 김남준·박찬구, 위의 글, p. 6.

30   김남준·박찬구, 위의 글, p. 6.

존재하지 않는 것이라고 지적한다.[31] 그리고 아렌트는 세계정부가 전 지구적 수준의 동질화라는 부정적 결과를 초래할 수 있다는 비판을 가한다. 즉, 다른 주권에 의해 견제되거나 통제되지 않는 세계정부의 주권이 전제 정치의 악몽을 일깨울 가능성이 크다는 사실에 대해서도 심각한 우려를 표명한다.[32]

이상에서 살펴본 바와 같이 세계시민주의는 다양한 입장이 존재하지만, 그럼에도 세계시민주의는 공통적인 지향점을 지니고 있다. 세계시민주의는 기본적으로 가장 중요한 동심원을 인류 전체로 바라보며, 인류 전체와 보편적인 도덕적 가치에 대한 충성을 강조한다.[33] 또한 세계시민주의는 보편주의 관점에서 인권 같은 보편적인 기본 권리에 대한 존중을 중시하며, 인류애의 관점에서 모든 인간에 대한 사랑을 강조하고 있다.[34] 즉, 세계시민주의 입장은 기본적으로 복잡한 상호의존으로 얽힌 세계와 지구적 규모로 제기되는 공동의 위협에 대한 성찰적 인식을 중시한다. 그리고 이 같은 성찰을 바탕으로 이를 통해 지구적 수준의 공동 책임과 국경을 초월한 협력을 필요로 한다는 것에 동의하면서, 이를 위한 세계주의적 규범과 합의를 이끌어내는 데 주목한다. 세계시민주의는 우리에게 민족이나 국가 같은 특정한 공동체의 울타리를 넘어서 세계시민으로서의

31　H. Arendt, *The Origins of Totalitarianism* (New York: A Harvest Book, 1967), pp. 295-296; 김남준 · 박찬구, 위의 글, p. 6.

32　H. Arendt, "Karl Jaspers: Citizen of the World?" in *Men in Dark Times* (New York: A Harvest Book, 1968), p. 81; 김남준 · 박찬구, 위의 글, p. 6.

33　김지현 · 손철성, "세계시민주의, 공동체주의, 자유주의," p. 93; 김남준 · 박찬구, 위의 글, p. 3.

34　김지현 · 손철성, 위의 논문, p. 93; 김남준 · 박찬구, 위의 글, p. 5.

삶을 살아갈 것을 요구한다.[35] 세계시민주의는 국가와 국민을 넘어선 세계와 인류에 대한 도덕적 책임과 의무가 존재한다는 사실에 주목하면서 인류 공동체의 일원으로서 정체성을 인식할 것을 요구한다. 우리가 추구해야 할 세계시민주의는 국가와 지역과 조화를 이룰 수 있어야 한다. 또한 우리는 국가시민성과 공존할 수 있는 세계시민성을 추구해야 한다. 그리고 인류의 보편적 가치를 중시하는 가운데 특수적 가치를 강조해야 한다. 또한 규범적 정당성과 실천 가능성을 지닌 세계시민주의를 추구해야 할 것이다.[36] 세계시민으로서 우리는 지구적 정의, 해외 원조, 환경위기, 인권과 평화 등 인류 공동의 과제 해결에 적극적으로 참여하려는 세계시민의 자질과 역량으로서 세계시민성 내지 세계시민의식을 지향해야 할 것이다.

3) 시민성과 세계시민성

시민성(citizenship)이란 특정 국가 같은 어떤 정치공동체에 속한 시민의 지위, 권리와 의무의 총체를 의미한다.[37] 또한 시민성에는 지위나 권리, 의무뿐 아니라 국가에 소속되어 있는 느낌, 그리고 민주주의와 인권을 증진하기 위한 실천 의지도 포함된다.[38] 시민이 지녀야 하는 '시민성'을 덕목의 차원에서 설명하면 사회적 정의와 선을 추구하는 덕목이며, 타

---

[35] 김남준 · 박찬구, 위의 글, p. 3.

[36] 위의 글, p. 2.

[37] 위의 글, p. 13.

[38] 강순원, "다문화사회 세계시민교육의 평생교육적 전망," p. 70.

인과 함께 '공동선(common good)'을 위해 행동할 수 있는 덕목이다.[39] 이런 점에서 '시민성'은 자신뿐 아니라 타인들도 동등한 가치를 지니고 있음을 믿고, 타인과 함께 시민사회를 만들어나가고자 하는 태도가 된다. 이를 위해서는 자신의 이익이나 주장의 한계를 인정하면서 타인의 의견에도 귀를 기울이려는 태도가 중요하다.[40] 시민성은 시민이 지녀야 할 정신이 자 시민으로서 사회적 역할을 수행하고 참여하기 위해 필요한 품성과 자질을 의미한다. 시민성이 내포하는 시민으로서의 미덕들로는 자유, 평등, 권리, 책임, 의무, 정의, 봉사, 상생, 헌신, 희생, 배려, 소통, 나눔, 타협, 공존, 존중, 참여 등의 가치를 들 수 있다.[41]

　　이와 같은 시민성 개념은 근대 시기 지역적 경계를 중심으로 하는 국가 단위로 형성되었다. 즉 근대의 시민성은 곧 국가에 대한 소속감을 의미하게 되었고, 국가에 대한 충성과 헌신을 강조하는 국가시민성(state citizenship)과 유사한 의미로 사용되었다.[42] 이 시기 시민성은 공동체의 유지와 발전에 기여할 수 있는 민주시민으로서의 자질과 능력을 의미했으며, 국가 차원에서 민주주의 증진과 경제 발전, 그리고 인권의 신장을 가져왔다.[43] 이후 20세기에 들어서 참정권이 확대되고 보통선거권이 정착되면서 오늘날에 이르렀고, 이러한 과정을 통해 기존의 '시민' 개념이 점

39　이동수 외, 『민관협력과 시민사회발전을 위한 청사진』 (특임장관실 정책연구보고서, 2012), p. 11.

40　위의 책, p. 12.

41　이신애, "통일교육과 민주시민교육의 관계성 연구," 「한반도 평화와 통일교육의 과제」, 북한연구학회 2017년 추계학술회의 (2017), p. 141; 송경재 · 채진원, 앞의 책, p. 66.

42　김남준 · 박찬구, "세계화 시대의 세계시민주의와 세계시민성: 어떤 세계시민주의? 어떤 세계시민성?" p. 13.

43　강순원, "다문화사회 세계시민교육의 평생교육적 전망," p. 70.

차 ‘민주시민’의 의미로 확대되고 있다.[44] 이로 인해 ‘시민성’ 역시 ‘민주적 시민성’의 의미를 담고 발전해왔다.

킴리카(W. Kymlicka)는 민주적 시민성을 민주시민의 기본 덕목들로 본다. 킴리카가 제시한 민주적 시민성은 공공정신(public spiritedness), 정의감(sense of justice), 관용(tolerance)과 배려(civility), 연대감 등이다. 그는 전제주의 체제의 신민과 달리 민주사회의 시민은 스스로 공공생활의 주인이기 때문에 ‘공공정신’은 민주시민의 기본 덕목이 된다고 보았다. 킴리카는 민주사회의 주인공이 다름 아닌 시민이기 때문에 이들이 만일 공적 담론에 참여하지 않을 경우 민주주의가 유지되기 어렵다고 보았다. 따라서 민주사회의 시민은 각자를 자유롭고 평등한 동료로 인정해야 하며, 공적인 공간에서 자신의 정치적 요구를 정당화하는 역량을 갖추어야 한다. 이를 위해 민주사회의 시민은 단순히 민주사회의 일원으로서가 아니라, 자신의 공동체가 처한 문제를 공적인 안목에서 바라보고 판단하며 실천할 수 있어야 한다는 것이다.[45]

다양한 연구들에서 ‘민주적 시민성’은 대부분 법이나 제도의 개혁을 뒷받침할 수 있는 지식이나 기능 및 태도, 능력의 측면에서 바라본다. 민주적 시민성과 관련된 시민의 능력으로는 ① 기본적인 예절, 공공질서, 법질서 등 규범 준수 능력, ② ‘공동선’을 추구하면서 타인과 더불어 살아가는 능력, ③ 인간을 소중히 여기는 능력, ④ 타인과 의사소통 및 대화와 토론 능력, ⑤ 대화와 토론에서 자기의 주장을 펼치고 타인의 의견을 경청하는 능력, ⑥ 갈등 상황에서 타인과 타협할 줄 아는 능력, ⑦ 민주적

---

44 윤광일 외,『통일대비 남북한 주민대상 민주시민교육 커리큘럼』(서울: 통일부 정책연구용역보고서, 2016), p. 9.

45 위의 책, p. 19.

     II. 세계시민적 가치와 통일교육의 확장

절차에 따른 합리적 의사결정 능력 등이 있다.[46] 그러나 근대 국민국가에 기초한 민주적 시민성은 기본적으로 단일 국적 중심의 시민성을 강조함으로써 자칫 타인에 대한 배제를 정당화하는 문제가 생겨났다. 국가 공동체를 중심으로 하는 '시민성'은 때로 민주주의의 기본 정신과 부합하지 않는 경우도 존재한다. 예를 들면 민주주의가 충분히 이루어지지 못하고 있는 사회의 경우, 국가시민성은 때로 국가를 위한 헌신을 강조함으로써 시민의 자유와 평등, 인권이 훼손되기도 한다.[47]

한편 오늘날 같은 세계화 추세 속에서 구성원은 개인적 정체성뿐 아니라 다양한 공동체에 동시에 소속되면서 다양하고 중첩적이며 복합적인 정체성(hybrid identity)을 갖게 된다. 또한 세계시민은 특정 국가공동체에 대한 배타적 소속감을 넘어서서 세계적 차원, 그리고 지역적 차원 같은 다양한 수준의 공동체에 동시적 소속감을 느끼는 복합적 시민성(hybrid citizenship)을 지니게 된다.[48] 이런 점에서 세계시민성은 기존의 국가시민성과 공통된 측면이 존재하지만, 세계시민사회 속에서 살아가기 위한 새로운 측면의 시민성을 요청한다. 세계화 추세 속에서 우리는 다양한 문제에 직면하고 있다는 점도 세계시민성에 대한 성찰을 필요로 한다. 오늘날 세계화·정보화의 진전에 따라 지구적 상호의존성이 증가하고 인권, 평화, 환경, 빈곤과 기아 등과 같이 인류가 공동으로 대응해야 할 과제가 점증하고 있다. 구체적으로는 세계화 이후 지구적 정의, 해외 원조, 환경위기,

---

46　강영혜 외, 『민주 시민교육 활성화 방안 연구』 (서울: 한국교육개발원, 2011); 윤광일 외, 위의 책, p. 18.

47　강순원, "다문화사회 세계시민교육의 평생교육적 전망," p. 70.

48　위의 글, p. 71.

인권과 평화 등 인류 공동의 과제 같은 문제점들에 직면하고 있다.[49] 이 같은 세계적 차원의 문제들 속에서 많은 학자들은 세계 공동체 관점이 필요하다고 보고 기존의 시민성 개념을 세계시민성으로 확대하기 시작했다.[50] 인류 공동의 위기에 대응하기 위해 세계국가를 세우는 것이 현실적으로 불가능한 이상이자 바람직하지 않은 측면이 존재한다는 점에서 세계시민성 내지 세계시민의식을 함양하는 일은 매우 중요하다는 것이다.[51] 이로 인해 국가의 시민이라는 공간적 범주와 근대적 의미의 '시민성'을 넘어서는 세계시민성(global citizenship)이 교육적 차원에서 중요하게 다루어지기 시작했다.[52]

세계시민성은 지구시민성(global citizenship), 범세계시민성(cosmopolitan citizenship)으로도 불린 용어이다.[53] 세계시민성 개념은 오랫동안 우주적 의식, 보편적 인류애, 세계시민주의(cosmopolitanism) 등의 형태로 존재해 왔다.[54] 그리스 스토아학파는 '세계의 도시'인 코스모폴리스와 세계시민에 주목했고, 칸트는 국제사회와 민족국가 간에 존재하는 국제적 권리와 공존하는 '개인과 국가에 관한 범세계적 권리', 즉 보편적인 인류의 시

---

49   손경원, "세계시민성의 진단과 시민윤리 교육적 함의: 국가 정체성과 다문화 수용성, 도덕적 가치의 상대적 영향력을 중심으로."『도덕윤리과교육』, 제44호 (2014), p. 123; 김남준 · 박찬구, "세계화 시대의 세계시민주의와 세계시민성: 어떤 세계시민주의? 어떤 세계시민성?" p. 4.

50   손경원, 위의 글, p. 122.

51   김남준 · 박찬구, "세계화 시대의 세계시민주의와 세계시민성: 어떤 세계시민주의? 어떤 세계시민성?" p. 4.

52   위의 글, p. 13.

53   A. Carter, *The political theory of global citizenship* (Routledge, 2013), pp. 1-19; 박형빈, 위의 글, p. 139.

54   손경원, "세계시민성의 진단과 시민윤리 교육적 함의: 국가 정체성과 다문화 수용성, 도덕적 가치의 상대적 영향력을 중심으로." p. 125.

민성에 주목했다.[55] 오늘날 세계시민성은 지리적 경계로서 국가를 뛰어넘어 인류와 보편적 가치에 대한 충성심을 의미하기도 한다. 나아가 국가시민성의 공간적 범주를 넘어서는 세계시민으로서 우리가 갖추어야 할 바람직한 소양과 자질, 역량을 의미한다.[56] 세계시민성은 기본적으로 지구상의 모든 사람은 서로 연결되어 있으며, 모든 인류는 같은 인간으로서 동등한 가치를 지닌다는 것을 인식하는 것이다. 따라서 세계시민성은 서로 존중하고 동등하게 대우하는 태도, 정의와 연대의 정신, 지구적 의식과 책임감을 가지고 인류 공동의 문제 해결에 참여하는 것이기도 하다.[57] 또한 세계시민성은 국경을 넘어선 세계적 수준의 정의와 민주주의를 전 인류의 연대적 가치로 삼는 것이다.[58] 세계시민성은 제국주의나 냉전으로 인한 부정적 결과에 대응하여 평등·인권·정의를 구현하려는 것이다. 그리고 세계시민성을 함양하기 위한 도덕적이고 윤리적인 시민적 노력을 통해 국가적 경계를 넘어선 세계시민적 결속을 강화하게 한다.[59]

세계시민성의 개념은 좁은 의미와 넓은 의미로 구분할 수 있다. 먼저 세계시민성을 좁은 의미로 바라보는 입장은 지구공동체 문제를 해결하는 의식이자 세계시민으로서의 의식이라고 본다. 반면 세계시민성을 넓은 의미로 바라보는 입장은 국가시민성이나 다문화주의를 포함하는

---

55 A. Carter, *The political theory of global citizenship*, pp. 1-2, 19; 박형빈, 위의 글, p. 140.

56 변종헌, "세계시민교육의 방향과 과제," 『아시아교육연구』, 제2권 2호 (2001), p. 66; 김남준 · 박찬구, "세계화 시대의 세계시민주의와 세계시민성: 어떤 세계시민주의? 어떤 세계시민성?" p. 13.

57 김남준 · 박찬구, 위의 글, p. 18.

58 강순원, "다문화사회 세계시민교육의 평생교육적 전망," p. 71.

59 위의 글, p. 72.

포괄적 접근이자 조화를 중시한다. 이 같은 포괄적 접근에 따르면 세계시민성은 국가 시민의 정체성으로부터 확대된 지구공동체 의식을 갖게 된다. 즉, 세계시민성을 갖춘 세계시민이 되기 위해서는 국가 단위의 공동체 일원으로서의 정체성 및 세계화 시대에서 타민족과 타문화를 편견 없이 대하는 다문화적 수용성을 필요로 한다.[60]

그러나 포괄적 관점의 세계시민성 개념은 자칫 시민의식, 국가정체성 의식, 다국적 의식, 지구공동체 의식으로 폭넓게 정의하게 되는 가운데 의미가 불분명해질 우려가 있다. 즉 포괄적 세계시민성 개념을 바탕으로 한 세계시민성 함양 교육이 시민교육, 다문화교육, 지구공동체 교육을 모두 포괄하게 될 경우 세계시민교육의 진정한 핵심에 대해 놓칠 우려가 있다. 세계시민성 개념에 다문화 정체성을 지나치게 강조할 경우, 보편윤리의 중요성을 간과하게 만들 우려가 있다. 따라서 우리는 세계화·다문화 추세 속에서 다양한 문화, 종교, 언어의 차이를 인정하고 다문화적 정체성을 갖출 필요가 있다. 나아가 다문화 정체성을 넘어 세계시민으로서의 공통성의 토대를 확립하기 위해 노력해야 한다. 예를 들면 인간이라면 동등한 가치를 지니고 있다는 보편적 지구윤리는 세계시민의 중요한 공통분모가 될 수 있을 것이다.[61]

---

[60] 손경원, "세계시민성의 진단과 시민윤리 교육적 함의: 국가 정체성과 다문화 수용성, 도덕적 가치의 상대적 영향력을 중심으로," p. 125.

[61] 위의 글, p. 126.

4) 세계시민교육의 의미와 사례

(1) 세계시민교육의 의미와 요소

시민교육이란 시민이 사회에서 살아가면서 보다 의미 있게 참여할 수 있도록 하는 데 요구되는 지식, 기법, 태도 및 가치 등에 관련된 교육을 의미한다.[62] 조금 더 자세히 보면 시민교육은 "민주주의의 가치를 존중하고 그 기본 원리와 제도를 이해하며 공동체의 문제에 보다 적극적으로 참여할 수 있도록 하는 교육 및 활동"이라고 할 수 있다. 시민교육은 기본적으로 시민으로서의 기본적인 권리와 의무를 인식하도록 하고, 시민 스스로 삶의 행복을 추구하기 위해 필요한 능력과 자질을 갖추며, 그러한 삶을 실질적으로 보장하기 위한 공동체의 가치와 규범 및 법 제도 등을 다룬다. 민주주의 국가에서 시민교육은 시민으로서의 권리와 책임 의식을 가진 시민을 양성하는 교육이라 할 수 있다.[63] 성숙한 시민사회는 법이나 제도로서만이 아니라 자발적인 참여와 공공선(common good)을 추구하는 덕성(virtues)을 지닌 시민이 존재할 때 실질적으로 가능하다고 할 수 있다. 이러한 시민의 덕성은 공동체 구성원이 공동으로 만들어낸 사회적 산물이자 교육적 산물이라고 할 수 있다.[64] 따라서 시민교육은 이같은 시민적 덕성을 함양하고 촉진하기 위해 중요한 의미를 지닌다. 코

---

62   강순원, "다문화사회 세계시민교육의 평생교육적 전망," p. 69.

63   김현 · 송경재, 『시민성 제고를 위한 대안적 패러다임의 모색: 시민교육을 중심으로』 (서울: 국회입법조사처 정책연구용역, 2015), p. 12.

64   이동수 외, 『민관협력과 시민사회발전을 위한 청사진』 (특임장관실 정책연구보고서, 2012), p. 49.

간(Cogan)은 시민교육의 영역을 세분화할 필요성을 강조하면서 국가정체성, 권리 및 자격 의식, 책임과 의무감, 참여 의식, 사회적 가치 수용이라는 다섯 가지 시민의식의 요소를 제시했다.[65]

앞서 살펴본 바와 같이 시민교육은 시민에게 기본적 이념·가치·태도 및 행동양식을 습득하도록 함으로써 책임 있는 국가 구성원이 되도록 한다. 이에 비해 세계시민교육은 시민교육이 중시했던 기본적인 가치관을 공유하면서도 그러한 시민교육의 배경이 되어온 국가의 범위를 넘어 세계로 확장하여 보편적 가치를 중시하는 교육이다. 우리는 오늘날 중요하게 다루어지는 다양한 시민교육의 관점들을 바탕으로 하되, 그 지평을 더욱 넓혀나가면서 세계시민교육의 학문적·현실적 공감대를 확대해나가는 것이 필요하다. 즉, 세계시민교육이란 세계화 환경 속에서 요청되는 '보편적 시민의식'을 함양하기 위한 지식과 능력, 태도와 가치를 기르도록 하는 교육이라고 할 수 있다.[66] 예를 들면 세계시민교육은 인종주의에 반대하는 다문화 교육, 그리고 사회 구조 속에 존재하는 불평등을 반대하는 평화교육, 사회적 약자의 권리를 위한 인권교육, 국제적 수준의 불평등에 저항하는 국제교육 등과 긴밀하게 연결되고 있다.[67]

오늘날 세계시민교육이 요청되는 이유는 우선 세계화 속에서 세계적 문제가 증가하면서, 이러한 세계적 문제의 해결을 위해 구성원이 적극적으로 참여할 수 있도록 하기 위한 교육적 노력이 필요해졌다는 데 있다. 또한 세계화로 인한 문제점들이 가시화되면서, 세계화 속에서도 구성

---

[65] 김현·송경재,『시민성 제고를 위한 대안적 패러다임의 모색: 시민교육을 중심으로』, pp. 11-12.

[66] 강순원, "다문화사회 세계시민교육의 평생교육적 전망," p. 69.

[67] 위의 글, p. 72.

원의 인권과 평등을 보장하기 위한 교육적 노력이 중요해졌다. 나아가 세계화로 인한 불평등이나 인종차별주의, 다양한 사회적 배제와 배타주의에 반대하는 입장에서 전 지구적 차원의 교육적 노력으로서 문화의 다원성과 고유성을 존중하는 것이 중요해지고 있다.[68] 이 같은 배경하에 전 지구적 문제에 대한 해결 방안을 모색하고 주체적으로 참가하며 문화의 다양성을 인정하는 세계시민이 중요해지고 있다. 세계시민교육은 이러한 인간상을 구현하기 위한 교육적 노력이라고 할 수 있다. 특히 다문화 사회가 도래하면서, 특정 민족공동체나 국가공동체 구성원으로서의 권리와 의무에 초점을 둔 국가 시민교육을 넘어 보편적 세계시민을 육성하기 위한 노력이 중요해지고 있다. 이런 점에서 우리는 학교 안의 세계시민교육을 넘어 모든 장소와 모든 시기에 다양한 형식으로 이루어지는 평생교육적 차원의 세계시민교육이 필요해지고 있다.[69]

세계시민교육은 세계시민사회에서 살아갈 수 있는 역량 있는 세계시민을 양성하는 것을 기본적인 목표로 한다.[70] 첫째, 세계시민교육은 학습자에게 자기가 속한 국가와 세계적 맥락과의 관계를 이해하게 하며, 지구적 문제를 해결하고 참여하는 세계시민으로 살아갈 수 있도록 하는 총체적인 접근의 교육적 노력이다.[71] 즉 세계시민교육은 모든 학습자가 세계적 차원의 평화와 번영을 추구하는 것이 권리라는 점, 사회적·정치적 활동에 참여하는 것이 시민의 책임이라는 점을 알고 이를 수행하도록 하

---

68 손경원, "세계시민성의 진단과 시민윤리 교육적 함의: 국가 정체성과 다문화 수용성, 도덕적 가치의 상대적 영향력을 중심으로," p. 124.

69 강순원, "다문화사회 세계시민교육의 평생교육적 전망," p. 69.

70 김진희·임은미, "공정여행 수업활동에 나타난 세계시민교육의 의미 탐색," 『한국교육』, 제41권 3호 (2014), pp. 61-62.

71 강순원, "다문화사회 세계시민교육의 평생교육적 전망," p. 74.

는 교육이다.[72] 둘째, 세계시민교육은 세계시민을 둘러싼 시민성, 시민의 지위, 시민권을 갖추기 위한 교육이다.[73] 나아가 궁극적으로는 세계적 차원에서 모든 인간의 존엄성과 자유와 평등 그리고 인권을 존중하는 교육이다.[74] 셋째, 세계시민교육은 민주적 덕성을 갖춘 시민이 자신과 입장이 다른 가치에 대해 인정하는 것이며, 스스로 사고하고 스스로 판단하는 시민을 교육하는 것이다.[75] 세계시민교육은 비판적 사고, 의사소통, 문제 및 갈등 해결 같은 교육적 접근[76]과 성찰적이고 전환적인 학습(reflective and transformative learning)을 중시한다.[77]

세계화를 바라보는 입장이 다양한 것과 마찬가지로 세계시민주의 논쟁 역시 다양하며, 세계시민성을 함양하고 세계시민을 양성하기 위한 세계시민교육에 대한 입장도 다양하게 나타난다.[78] 세계시민교육은 초기에는 급속하게 변화하는 세계, 점차 증가하는 지구적 상호의존성, 상호협력을 통한 지구촌의 문제해결, 세계시민으로서의 공통성과 보편성 등에 중점을 두는 '보편적 세계시민교육'의 특성을 보여왔다. 보편적 세계시민

---

[72] UNESCO, *2014 GEM Final Statement: The Muscat Agreement* (Paris: UNESCO, 2014), p. 5; 박찬석, "평화 지향적 통일교육의 의의와 방향," 『초등도덕교육』, 제30호 (2009), p. 149.

[73] 허혜경 · 김혜수, 『글로벌 시민교육』 (서울: 창지사, 2017), pp. 23-24; 박찬석, 위의 글, p. 146.

[74] 박찬석, 위의 글, p. 152.

[75] 심성보, 『민주시민을 위한 도덕교육』 (서울: 살림터, 2014), p. 328.

[76] 김영순 · 윤현희, "세계시민교육 연계 지속가능발전교육 활성화를 위한 지원방안 탐색," 『교육문화연구』, 제24권 4호 (2018), pp. 33-34; 박찬석, "통일교육과 세계시민교육의 융합 지향," 『도덕윤리과교육』 제66호 (2020), p. 143.

[77] 김진희 · 임은미, "공정여행 수업활동에 나타난 세계시민교육의 의미 탐색," p. 237; 박찬석, 위의 글, p. 144.

[78] 손경원, "세계시민성의 진단과 시민윤리 교육적 함의: 국가 정체성과 다문화 수용성, 도덕적 가치의 상대적 영향력을 중심으로," p. 122.

     II. 세계시민적 가치와 통일교육의 확장

교육은 배타적 민족주의의 탈피, 인권 및 자유, 평등 같은 보편적 이념 추구, 국경이나 지역성의 한계에 얽매이지 않은 교류와 소통의 가치를 강조하는 특성을 가지고 있다.[79] 그러나 점차로 세계화의 부정적 측면이 가시화되기 시작하면서, 보편성을 강조하는 세계시민교육에 대한 비판이 등장했다.[80] 예를 들면 기존의 세계시민교육은 서구 유럽중심주의를 보편성의 척도로 삼게 되면서 자신의 문화가 지니는 가치를 부정적으로 이해하게 할 우려가 있다는 것이다. 특히 세계화를 통해 단일 문화가 전 세계적으로 확산할 수 있다는 생각을 갖게 되면서 자칫 타문화를 경시하게 될 수 있다는 것이다. 또한 기존의 세계시민교육은 세계적 차원의 각종 환경 문제를 초래하고, 인간소외를 유발하는 근대화와 세계화에 대한 근본적인 비판과 성찰의 필요성을 간과한다는 것이다.[81]

(2) 유네스코 세계시민교육 사례

유네스코(UNESCO, 국제연합교육과학문화기구)의 세계시민교육은 유네스코 평화교육과의 연장선상 가운데 생겨났다. 유네스코는 국제 이해와 협력을 통한 세계 공동체의 평화를 강조해왔으며, 특히 초기부터 '교육'에 주목하면서 '교육이 평화와 평등의 초석'이라는 관점을 지녀왔다. 이에 따라 유네스코는 「세계인권선언」의 '무차별과 평화의 원칙'에 따라 모든 아동을 위한 전인 발달, 공동체에 대한 기여, 상호이해와 관용, '우의'라는 보편적인 가치 의식과 행동 양식을 교육함으로써 지구촌 평화에 기여

79　위의 글, pp. 123-124.

80　위의 글, p. 123.

81　위의 글, p. 124.

하는 것을 목표로 하고 있다.[82] 유네스코의 이러한 입장은 1960년 '교육 차별 금지에 관한 협약'을 선언하는 데로 이어졌다. 이 협약에서는 「세계 인권선언」의 차별받지 않아야 한다는 원칙과 교육받을 권리를 기초로 볼 때 교육에서의 차별은 이러한 원칙과 권리를 부정하는 것으로 규정하고 있다. 또한 교육 기회의 평등뿐 아니라 교육의 질과 내용에서도 평화와 인권에 기반을 두고 차별 없이 제공되어야 한다는 '인권으로서의 교육권' 을 전제하고 있다.[83] 그러나 냉전 시대를 거치면서 교육은 각국의 체제 경쟁의 도구이자 국가 차원의 인적자원 개발 도구, 개인의 이익 증진 중심으로 의미가 변질되기 시작했다. 이로 인해 교육이 "평화 공헌과 국가·민족·종교 간 이해와 우의의 증진에 기여하여야 한다"는 원칙은 점차 약화되어갔으며, 교육 불평등 또한 확대되어갔다.

유네스코는 이와 같이 글로벌 정의가 실종된 국제사회 질서를 비판하면서, "회원국의 정의, 자유, 인권 및 평화 진흥을 위한 모든 사람의 교육을 보장하려는 어떠한 활동도 격려, 지지하는 것이 유네스코의 책임"이라는 것을 재확인했다. 이러한 입장에서 1974년 제18차 유네스코 총회에서는 '국제이해교육을 위한 권고문(국제 이해, 협력 및 평화를 위한 교육과 인권 및 기본 자유에 관계된 교육에 관한 권고, Recommendation on education for international understanding, cooperation and peace and education relating human rights and fundamental freedoms)'이 채택되었다. '1974년 국제이해교육 권고'로도 불리는 이 문서는 국제이해교육의 개념적 토대를 포괄적으로 명시하고 교육활동의 방향을 구체적으로 규정하고 있는 것으로, 특히 인권, 평화, 자유가 강조되

---

[82] 앨런 스미스 외, 『한국 평화교육의 비판적 검토: 유네스코 평화교육의 관점에서』 (유네스코 아시아태평양 국제이해교육원, 2020), p. 79.

[83] 위의 책.

     II. 세계시민적 가치와 통일교육의 확장

고 있다.[84] 특히 이 권고 14항에서는 '비판적 국제이해교육'의 방향을 제시하고 있다. "교육은 국가 간 모순과 긴장의 기저를 이루는 경제적·정치적 성격을 띤 역사적·현실적 요인에 대한 비판적 분석과 함께 오늘날 진정한 국제 협력과 이해 그리고 세계 평화 발전에 실제로 장애가 되는 이러한 모순을 극복하는 방법도 연구해야 한다."('국제이해, 협력 및 평화를 위한 교육과 인권 및 기본자유에 관계된 교육에 관한 권고' 제14항) 구체적으로는 '국제이해교육의 방향'으로, 타국과 타민족에 대해 존중하는 태도, 타인과의 의사소통 능력, 타인의 권리에 대한 자각, 국제협력의 필요성에 대한 이해, 지속가능한 발전에 대한 지식-이해-태도, 문제해결에 참여하고자 하는 적극적 태도, 국가 간 상호의존성의 자각 등 학생들이 습득해야 할 태도를 설정하고 있다.[85]

이후 유네스코는 1970년대에 다양한 글로벌 정의 기반의 평화 구축 활동을 시도했으나, 1980년대 신자유주의적 세계화의 급속한 진행 가운데 일정한 변화를 보였다. 유네스코는 1995년 기존의 '1974년 국제이해교육 권고'를 보편적 개념으로 정리하여 「평화, 인권, 민주주의 교육 선언」을 공표하고 「평화, 인권, 민주주의 교육에 관한 통합실천요강」을 제시했다. 그러나 이 선언은 평화, 인권, 민주주의라는 탈정치적인 보편 가치를 중심으로 하고 있으며, 이로 인해 글로벌 정의나 사회 정의 그리고 세계시민교육 차원에서 일정한 한계를 보이고 있다. 이후 유엔이 2005년 '지속가능발전교육 10년'을 선포하면서, 이에 담겨 있는 국제이해교육 또는 세계시민교육 분야가 또다시 주목받기 시작했다. 유엔은 세계시민

---

84   정두용 외, 『세계시민교육을 위한 국제이해교육』(서울: 정민사, 2003).

85   최운실 외, "세계시민 육성을 위한 가정-학교-사회 연계체제 구축전략" (2011년 교육과학기술부 정책연구보고서, 2011).

교육의 핵심요소로 지식과 이해에 따른 사회 정의와 평등, 인권 및 빈곤과 차별 그리고 세계화에 대한 상호의존성을 들고 있다. 이후 2012년 유엔 사무총장의 '글로벌 교육 우선 구상'에서 3대 핵심 영역 중 하나로 세계시민교육이 제시되면서 다시금 부각됐다.[86] 이를 바탕으로 유네스코는 2014년 『세계시민교육: 21세기에 대비하는 학습자 양성』을 발간했다. 이에 따르면 세계시민교육은 "(모든 연령의) 학습자들에게 인권 존중, 사회 정의, 다양성, 비차별, 환경의 지속가능성 등의 보편적 가치, 지식, 능력을 함양하고 이를 강화하여 학습자가 책임감 있는 세계시민이 되게 하는 것"을 목표로 한다.

이상과 같이 세계시민교육은 유네스코의 구상을 기반으로 하는 문화 간 교육, 국제이해교육과 함께 평화교육, 인권교육까지 모두 포괄하는 교육으로 볼 수 있다. 이러한 목표 가운데 세계시민교육 프로그램은 학습자에게 세계시민으로서 필요한 핵심 역량을 갖추게 하는 것을 목표로 한다. 세계시민으로서의 핵심 역량은 첫째로 세계의 문제들과 정의, 평등, 인간 존엄성, 인간 존중 같은 보편적 가치에 대한 깊은 이해, 둘째로 문제의 서로 다른 차원, 양상, 측면을 인지하는 다양한 관점의 접근법을 취하는 것을 포함해 비판적·체계적·창조적으로 사고하는 인지적 능력, 셋째로 공감, 갈등 해결 같은 사회적 능력과 서로 다른 배경, 출신, 문화, 관점을 가진 사람들과 네트워크를 형성하고 교류하기 위한 의사소통 능력과 소질을 포함한 비인지적 능력, 넷째로 협력적이고 책임감 있게 행동하며 공동의 선을 위해 노력하는 행동 능력 등이 있다.[87] 이후 유네스코 세계시

---

86   앨런 스미스 외, 『한국 평화교육의 비판적 검토: 유네스코 평화교육의 관점에서』, p. 43.

87   위의 책, p. 44.

민교육은 2017년 보고서에서 세 가지 학습 영역을 기반으로 제시하고 있다. 첫째로 인지 영역은 세계와 그 복합성을 더 잘 이해하는 데 필요한 지식과 사고력, 둘째로 사회·정서 영역은 학습자가 정서적·심리사회적·신체적으로 균형 있게 발달하고, 타인을 존중하고 서로 평화롭게 살아가기 위한 가치, 태도, 사회적 능력, 셋째로 행동 영역은 행동, 수행, 실천적 적용 및 참여가 그것이다.[88] 이어 2020년에는 유네스코에서 세계시민교육의 네 가지 특별 주제를 제시했는데, 이는 첫째로 교육을 통한 폭력적 극단주의 방지, 둘째로 홀로코스트 및 기타 대량학살에 대한 교육, 셋째로 교육에서의 언어, 마지막으로 세계시민교육을 통한 법치 증진을 들고 있다.[89]

유네스코는 이상과 같은 변천 과정을 통해 세계시민의식에 기반을 둔 세계시민교육의 목표를 "학습자가 범지구적 이슈들을 풀어가는 데 능동적으로 참여할 수 있는 역량을 강화하며, 이들이 보다 공정하고, 평화롭고, 수용적이고, 안전하고, 지속가능한 세상에 기여할 수 있도록 가르치는 것"으로 들고 있다.[90] 구체적으로는 세계시민교육을 통해 전 지구적 도전 과제에 지역적 또는 세계적으로 대응하고 해결하는 적극적 역할을 감당해내도록 학습자의 역량을 강화하는 것을 목표로 한다는 것이다. 이런 점에서 세계시민교육의 궁극적 목표는 학습자가 더 정의롭고 평화로우며, 관용적이고 포용적이며, 안전하고 지속가능한 세상을 만드는 데 주

---

88   위의 책.

89   위의 책, p. 45.

90   UNESCO, *Global Citizenship Education: Preparing learners for the challenges of the twenty-first century* (Paris: UNESCO, 2014), p. 5; 김남준 · 박찬구, "세계화 시대의 세계시민주의와 세계시민성: 어떤 세계시민주의? 어떤 세계시민성?" p. 29.

도적으로 기여할 역량을 갖추게 된다. 그리고 세계시민교육은 '변혁적 교육'으로서 학습자에게 더 나은 세상과 미래를 만드는 데 그들의 권리와 의무를 실현할 기회와 역량을 제공하는 교육이라고 할 수 있다.[91]

유네스코의 세계시민교육 프로그램은 포용적 모형(inclusive model)에 바탕을 두고 있다. 유네스코의 포용적 세계시민교육은 다양한 정체성에 대한 탐구를 중시하는 입장으로, 학습자에게 자신이 현재 속해 있는 상황, 환경과 국가적·세계적 상황 사이의 연관성을 찾도록 하기 위한 비판적 학습이라고 할 수 있다. 또한 포용적 세계시민교육은 인종의 다양성을 포함한 다원적 교육환경 속에서 다양성에 대해 포괄적으로 학습하는 것이며, 인종과 관계없이 모든 사람이 세계시민으로서 참여하고 차별 없이 동등하게 교육받을 것을 촉구하는 입장이다. 이런 점에서 포용적 세계시민교육은 포용적 시민성, 다원주의적 시민성, 성찰적 시민성, 능동적 시민성을 위한 교육과 관련된다고 할 수 있다.[92] 동시에 유네스코는 세계시민교육을 통한 지식, 기술, 태도, 가치의 변화를 확인하기 위한 지표를 개발해야 하며, 이 과정에서 세계적 합의를 이루는 개념들을 각 지역적 특수성에 맞도록 변형하는 작업이 중요하다고 지적하고 있다.[93] 2015년 인천에서 개최된 세계교육포럼(World Education Forum)은 세계시민교육을 2015년 이후 국제사회의 주요 교육 의제로 선언한 바 있다. 이와 같은 과정을 거쳐 세계 각국에서는 국제이해교육과 세계시민교육과 관련된 다

---

91 김석향·이현욱,『한반도통일미래센터 맞춤형 특화 프로그램 개발 연구』(한반도통일미래센터 용역 과제 결과보고서, 2018), pp. 16-18.

92 강순원, "다문화사회 세계시민교육의 평생교육적 전망," p. 74.

93 UNESCO, *2014 GEM Final Statement: The Muscat Agreement* (Paris: UNESCO, 2014), p. 3; 김남준·박찬구, "세계화 시대의 세계시민주의와 세계시민성: 어떤 세계시민주의? 어떤 세계시민성?" p. 29.

각적인 노력을 기울이고 있다. 서구에서는 기존의 자유주의적 관점에서의 국가통합형 시민교육의 한계를 넘어 세계시민교육을 활성화하기 위해 노력하고 있다. 서구의 세계시민교육은 대체로 보편적이고 세계적인 차원의 요소가 융합된 다원주의적 혹은 비판적 세계시민교육으로 수렴되는 경향을 보이고 있다.[94]

5) 한반도 평화와 통일을 지향하는 세계시민교육

오늘날 분단이 길어지면서, 많은 사람이 분단에 둔감해지고 통일에 무관심해지는 경우가 늘어나고 있다. 그러나 분단된 한반도에 평화를 정착하는 일, 분단을 극복하고 평화적인 통일을 이루는 일, 그리고 한반도 통일을 통해 동북아시아와 세계의 평화를 도모하는 일은 우리가 포기할 수 없는 역사적 과업이다. 우리나라는 한민족의 우수성과 민족정신, 민족문화를 바탕으로 분단을 극복하고 한민족의 역사와 문화를 이어가야 한다는 기본적인 입장을 취해왔다. 세계화와 다문화 추세 속에서 분단된 한반도를 살아가고 있는 우리에게 민족정체성과 국가정체성, 그리고 세계시민성의 관계는 곧 특수성과 보편성의 균형점을 모색하는 길과도 맞닿아 있다. 분단 한반도에 평화를 정착하고 평화적인 통일을 이루며, 세계평화를 지향하는 가운데 우리는 새로운 마음가짐과 의식을 지닐 필요가 있다. 남북의 오랜 분단으로 점차 이질화되고 있는 남북 주민 간의 마음의 거리를 좁히고, 남북 및 세계적 차원의 문화적 다양성을 인정하는 가

---

[94]　강순원, "다문화사회 세계시민교육의 평생교육적 전망," p. 73.

운데 평화롭고 풍요롭게 살아가기 위한 교육이 필요하다. 또한 세계화와 다문화 추세 가운데 살아가는 세계시민이자, 분단된 한반도에 살아가고 있는 분단국가의 시민으로서 우리는 다문화 시대의 한반도 세계시민교육을 지향할 수 있어야 한다.

　오늘날 같은 세계화·다문화 추세는 우리에게 다문화적 소양과 세계시민으로서의 책임감을 요청한다. 세계시민사회 속에 살아가는 우리는 자신이 소속된 지역과 국가를 넘어, 세계적 차원의 문제들을 해결하기 위해 적극적인 관심과 참여를 실천할 수 있는 세계시민으로 성숙해나가야 할 것이다. 오늘날 세계 각국은 사회 내부적으로는 다양한 문화적 배경을 지닌 구성원들과 집단 간의 평화로운 공존과 건강한 사회적 결속을 도모하고 있으며, 동시에 국가적 발전과 전 지구적 문제를 비롯한 다양한 '공공선'에 대한 시민의 애착과 참여를 필요로 하고 있다. 이러한 상황은 분단된 한반도를 살아가는 우리나라 역시 마찬가지이다. 우리는 분단 한반도의 '신 이산가족'으로서 3만 4천여 명의 북한이탈주민과 함께 살아가고 있으며, 그 외에도 우리 사회에는 다양한 형태의 이주민이 존재하고 있다. 많은 이주민은 자신이 정착한 그 사회의 공식적 시민이 되기를 희망하면서도 동시에 자신들이 본래 지니고 있던 자기 문화에 대한 정체성도 유지하고자 하는 경향이 있다. 다양한 연구에서 이주민은 이중적 혹은 다중적 정체성을 보유하고 있으며, 이러한 정체성은 때로 이들의 정착에 효과적인 측면과 동시에 장애로 작용하는 이중적 기능을 하고 있다.

　분단 한반도 내에서 살아가는 우리는 국가시민이자 세계시민으로서 어떤 자질과 역량을 가져야 하며, 통일을 지향하는 세계시민교육은 어떤 방향을 추구해야 하는가? 첫째, 세계시민교육을 통해 타인에 대한 인정과 존중의 태도를 함양하는 것이 중요하다. 세계시민교육은 국가나 지역을 넘어 지구촌 모든 구성원의 존엄성을 인정하며, 모든 사람의 기본적이고 보편적인 인권을 존중한다. 우리는 자신이 속한 지역이나 국가를 중심으로 하는 기존의 사고와 인식을 보다 넓혀 지구라는 세계에 살아가는 모든 구성원을 인정하고 존중해야 한다. 현대사회가 복잡화되고, 특히 세계화 추세가 확대되면서 우리는 하나의 정체성만이 아니라 다양하고 중첩적인 정체성을 보유하면서 살아가고 있다. 이런 점에서 우리는 세계시민교육을 통해 분단 한반도와 세계 모든 구성원의 복합적인 정체성을 인정하고 이를 존중하는 가치관과 태도를 길러야 할 것이다. 우리의 정체성이 한민족을 넘어 중층적이고 복합적으로 확산해나갈 때, 아시아적 세계시민으로서 자신과 타인에 대한 인식 및 이에 바탕을 둔 세계시민으로서의 책임과 역할을 다할 수 있을 것이다.[95]

둘째, 세계시민교육을 통해 세계시민과의 소통과 연대감을 증진해야 한다. 우리가 살아가는 지구는 모든 세계 구성원이 협력해야 해결할 수 있는 다양한 전 지구적 문제들을 가지고 있다. 전 지구적 문제를 해결하기 위해서는 세계 각지에 살아가는 사회구성원에 대한 이해를 심화하고, 상호 존중과 소통을 증진해나가야 한다. 단일한 세계정부를 형성하여 전 지구적 문제를 해결하는 것이 현실적으로 쉽지 않음을 감안할 때, 우리는 국제연합을 비롯한 국제 조직과 시민단체, 그리고 개별 국가 간 상호협력을 도모해야 한다. 이런 점에서 세계시민교육은 세계시민과의 공감과 연대를 증진하기 위한 다양한 접근을 시도해야 할 것이며, 기존의 정치·경제·국제정치 중심의 접근에서 벗어나 사회학이나 심리학, 문화인류학 등 다양한 학문적 접근을 시도하는 것이 필요하다.

---

95   위의 글, p. 84.

셋째, 세계시민교육을 통해 문화다양성에 대한 포용적 태도를 함양하는 것이 필요하다. 우리나라는 오랫동안 한반도에 살아오며 한민족의 고유한 언어와 역사, 문화적 전통을 발전시켜왔다. 다문화 시대를 살아가면서 우리는 다양한 인종과 언어, 문화와 만나게 되며, 이러한 다양한 만남과 교류는 우리에게 편견과 차별을 벗어나 타인과 타문화에 대한 이해와 포용적 태도를 갖도록 하는 환경이 된다. 우리는 세계시민교육을 통해 다양한 문화를 접촉할 수 있는 교육환경을 조성하는 것이 필요하며, 이를 통해 상호문화이해, 문화다양성, 다문화 감수성 등을 증진해나가는 것이 필요하다.

넷째, 세계시민교육을 통해 다양성과 공통성을 조화시켜나가야 한다. 우리는 지구촌에서 살아가는 모든 구성원이 나와 동등한 세계시민이라는 인식을 가져야 하며, 이를 바탕으로 내가 소속된 공동체 내의 소수자와 다수자 모두를 포용할 수 있어야 한다. 이를 위해서는 다수자 중심의 자문화 이해교육이나 다수자 중심의 공동체에 소수자를 통합하고자하는 동화주의적 발상에서 벗어나야 한다. 우리가 지향하는 세계시민교육은 세계화·다문화 사회에서 나와 더불어 살아가기 위한 모든 구성원을 위한 것이어야 한다. 따라서 우리는 우리 주변의 북한이탈주민, 다문화가정 구성원 등 다양한 소수자가 지니고 있는 문화적 다양성을 동등하게 인정하고 존중해야 한다. 그러면서도 이러한 다양성이 이질성이나 배타성을 재생산하거나 고착화하지 않도록 노력해야 하며, 인류 보편적 가치규범을 중심으로 건강한 사회·문화적 결속을 지향해나갈 필요가 있다.

다섯째, 세계시민을 지향하는 통일교육은 지구적 보편성과 국가적 정체성, 그리고 지역적 특수성을 조화시켜야 한다. 오늘날 같은 다문화사회에서의 세계시민교육은 전통적 방식의 국가정체성이나 민족정체성을

　　　　　　　Ⅱ. 세계시민적 가치와 통일교육의 확장

넘어서야 하며, 근대 이후 강화되어온 국가시민성 중심의 시민교육 또한 넘어서야 한다. 우리는 지구촌을 살아가는 세계 모든 인류의 정체성과 다양성을 인정하고, 자신을 포함한 모든 인류를 위해 보편적 인권과 평등을 중시해야 한다.[96] 우리는 세계시민교육을 통해 세계시민으로서의 의식을 갖추고, 동시에 자신이 소속된 국가의 전통적인 문화를 존중하며, 자신이 살아가는 지역사회 구성원과도 화합하고 협력해나가야 한다. 그러면서도 환경, 기근, 인구문제, 전염병 등 다양화되어가고 있는 전 지구적 문제를 효과적으로 해결하기 위해서는 국가공동체의 역할이 중요함을 인식하고, 자신이 속한 국가와 지역에 대한 소속감과 애착심을 바탕으로 새로운 세계시민으로서의 역할을 확립해나가는 것이 중요하다.

여섯째, 세계시민교육은 상호연결성과 상호의존성에 대한 인식을 강화함으로써 한반도 분단 극복을 위한 남북의 상호의존성을 인식하도록 하는 데 기여할 수 있다.[97] 남북은 오랜 역사와 전통을 공유하고 있으나, 70년이 넘는 분단으로 인해 하나였던 기억이 약화되고 상호 연결성과 의존성 역시 약해졌다. 그러나 남북은 같은 말과 글을 쓰는 하나의 민족이며, 한반도에서 함께 살아가고 있는 우리의 동포이다. 남북관계의 역사를 보면, 남북 간에는 갈등과 대립의 역사도 존재했으나 교류와 협력의 역사도 존재했다. 전 지구적 문제를 해결하기 위해서는 세계 각국이 자신의 국가와 지역사회뿐 아니라 전 지구적 협력을 모색해야 하듯이, 한반도의 문제를 해결하는 데서도 남북 간 대화와 협력을 통해 평화적으로 이루어나가야 할 것이다.

96　위의 글, p. 71.

97　박찬석, "통일교육과 세계시민교육의 융합 지향," p. 150.

또한 우리는 '먼저 온 통일'로서 우리 주변의 북한이탈주민에 대한 관심과 접촉, 교류, 소통을 증진하고, 이를 바탕으로 상호 공감대를 확대해나가는 것이 중요하다. 2020년 5월에 개소한 통일부 남북통합문화센터는 우리 사회에 살아가고 있는 다양한 북한이탈주민과 평범한 우리 사회 주민 간의 소통과 교류를 증진하고, 이를 바탕으로 새로운 남북통합문화를 창출해가고자 하는 취지에서 만들어졌다. 남북통합문화센터와 전국 7개 권역별 통일센터에서는 지역주민이 주도적으로 참여하는 다양한 프로그램을 통해 남북이 하나 되는 사회·문화적 통합을 추구한다. 이러한 지역사회가 중심이 되고 지역주민이 중심이 되는 '풀뿌리 평화·통일교육'은 지역사회의 평화와 통일에 대한 관심을 증진할 수 있을 것이며, 이러한 노력은 한반도의 평화를 정착하고 분단을 극복함으로써 동북아시아와 세계의 평화를 지향하는 '풀뿌리 세계시민교육'으로도 이어질 수 있을 것이다.

     II. 세계시민적 가치와 통일교육의 확장

참고문헌

강순원. "다문화사회 세계시민교육의 평생교육적 전망". 『평생교육학연구』, 제16권 제2호 (2010).

강영혜·양승실·유성상·박현정. 『민주 시민교육 활성화 방안 연구』. 서울: 한국교육개발원, 2011.

김남준·박찬구. "세계화 시대의 세계시민주의와 세계시민성: 어떤 세계시민주의? 어떤 세계시민성?" 『윤리연구』, 제1권 제105호 (2015).

김석수. "세계시민주의에 대한 현대적 쟁점과 칸트". 『칸트연구』, 제27호 (2011).

김석향·이현욱. 『한반도통일미래센터 맞춤형 특화 프로그램 개발 연구』. 한반도통일미래센터 용역 과제 결과보고서, 2018.

김영순·윤현희. "세계시민교육 연계 지속가능발전교육 활성화를 위한 지원방안 탐색". 『교육문화연구』, 24권 4호 (2018).

김지현·손철성. "세계시민주의. 공동체주의. 자유주의". 『시대와 철학』, 제20권 2호 (2009).

김진희·임은미. "공정여행 수업활동에 나타난 세계시민교육의 의미 탐색". 『한국교육』, 제41권 제3호 (2014).

김현·송경재. 『시민성 제고를 위한 대안적 패러다임의 모색: 시민교육을 중심으로』. 국회입법조사처 정책연구용역, 2015.

나종석. "민족주의와 세계시민주의: 자유주의적 민족주의를 중심으로". 『헤겔연구』, 26호 (2009).

마사 너스봄 외. 오인영 역. 『나라를 사랑한다는 것: 애국주의와 세계시민주의의 한계 논쟁』. 서울: 삼인, 2003.

박찬석. "통일교육과 세계시민교육의 융합 지향". 『도덕윤리과교육』, 제66호 (2020).

______. "평화 지향적 통일교육의 의의와 방향". 『초등도덕교육』, 제30호 (2009).

변종헌. "세계시민교육의 방향과 과제". 『아시아교육연구』, 제2권 제2호 (2001).

______. "세계시민성 관념과 지구적 시민성의 가능성". 『윤리교육연구』, 제10호 (2006).

손경원. "세계시민성의 진단과 시민윤리 교육적 함의: 국가 정체성과 다문화 수용성. 도덕적 가치의 상대적 영향력을 중심으로". 『도덕윤리과교육』, 제44호 (2014).

심상용. "지구시민권 개념의 구성가능성". 『동향과 전망』, 제83호 (2011).

심성보. 『민주시민을 위한 도덕교육』. 서울: 살림터, 2014.

앨런 스미스·강순원·오덕열. 『한국 평화교육의 비판적 검토: 유네스코 평화교육의 관점에서』. 유네스코 아시아태평양 국제이해교육원, 2020.

윤광일·오수웅·박가나. 『통일대비 남북한 주민대상 민주시민교육 커리큘럼』. 통일부 정책연구용역, 2016.

이동수·송경재·신두철·이성훈·주성수·채진원.『민관협력과 시민사회발전을 위한 청사진』. 특임장관실 정책연구보고서, 2012.

이신애. "통일교육과 민주시민교육의 관계성 연구."「한반도 평화와 통일교육의 과제」, 북한연구학회 2017년 추계학술회의 (2017).

임마누엘 칸트. 이한구 역.『영구평화론』. 파주: 서광사, 2010.

임현진. "'복합위기'의 시대와 지구시민사회".『철학과 현실』, 통권 제103호 (2014).

정두용·신은숙·정득진.『세계시민교육을 위한 국제이해교육』. 서울: 정민사, 2003.

최운실·정석구·양병찬·정수현·최돈민·허준·이세정·김세화. "세계시민 육성을 위한 가정-학교-사회 연계체제 구축전략." 2011년 교육과학기술부 정책연구보고서, 2011.

피터 싱어. 김희정 역.『세계화의 윤리』. 서울: 아카넷, 2003.

______. 황경식·김성동 역.『실천윤리학』. 서울: 철학과현실사, 1997.

허혜경·김혜수.『글로벌 시민교육』. 서울: 창지사, 2017.

Arendt. H. *The Origins of Totalitarianism*. New York: A Harvest Book. 1967.

______. "Karl Jaspers: Citizen of the World?" in: *Men in Dark Times*. New York: A Harvest Book. 1968.

Carter. A. *The political theory of global citizenship*. Routledge. 2013.

Davies. L. "The Achievements and Challenges of Citizenship Education in England Since 2002". 사회발전을 위한 해외시민교육기관 초청 국제행사 자료집. 서울: 민주화기념사업회, 2008.

Heater. D. *World Citizenship and Government*. London: Macmillan Press. 1998.

UNESCO. *2014 GEM Final Statement: The Muscat Agreement*. Paris: UNESCO. 2014.

______. *Global Citizenship Education: Preparing learners for the challenges of the twenty-first century*. Paris: UNESCO. 2014.

II. 세계시민적 가치와 통일교육의 확장

5

냉전기 디아스포라 문학과 세계시민으로서의 글쓰기: 재미작가 김은국의 경우[*]

정주아**

1) 코리안 디아스포라 문학과 세계시민 김은국

'리처드 E. 김(Richard E. Kim)'이라는 이름으로도 알려져 있는 작가 김은국(金恩國, 1932~2009)은 주지하듯 1960년대 첫 장편소설인 『순교자(The Martyred)』(1964)로 노벨문학상 후보에 지명되어 국내외를 떠들썩하게 했던 한국계 미국 작가이다. 1955년 유학 차 도미(渡美)하며 역사학도가 되겠다는 꿈을 꾸던 청년은 고국을 떠난 지 10여 년이 지난 1964년, 대한민국 국적을 버리고 미국 시민권을 소지한 '한국계 미국 작가'가 되어 방한(訪

*   이 장의 내용은 저자의 "월남민 김은국의 경계 넘기와 '유랑민/세계시민'으로서의 글쓰기: 냉전기 디아스포라 문학의 정치성"(『한국현대문학연구』, 제59호, 2019)의 내용을 바탕으로 재작성했음을 밝힌다.

**   강원대학교 국어국문학과 교수

韓)한다. 이때 '한국계 미국 작가'라는 호칭은 어쩔 수 없이 어색한 느낌을 주는데, 무엇보다 이러한 명명이 이민자 출신 재미동포의 후손이라든가 입양아·혼혈인으로 자라난 상태에서 혈통의 뿌리를 환기한다는 통상적인 맥락을 벗어나, 20대 초반에 미국으로 건너간 한국 청년이 10년 만에 국적을 바꾸어 나타난 상황에서 사용되고 있기에 그러하다.

그럼에도 김은국에게는 '한국계 미국 작가'라는, 바뀐 국적을 강조한 명명이 잘 어울린다. 그의 글쓰기 방식과 그 결과물들에서 확인되는 일정한 '탈(한국)국적의 지향', 다시 말하자면 '한국에서 벗어나 한국에 대해 말하기'라는 경향을 염두에 둔다면 말이다. 그는 첫 소설 『순교자』를 비롯하여 이후 발표된 두 편의 장편소설 『심판자(The Innocent)』(1968)와 『빼앗긴 이름(Lost Names)』(1970) 모두 영어로 써냈다. 열거한 세 편의 장편소설은 각각 한국전쟁, 5.16 군사정변, 일제강점기 창씨개명 등 한국 역사의 주요 국면을 다룬다. 김은국은 일제강점기에 교육을 받았으나 평소 가족 간에 조선어를 사용했기에 모국어 구사에 어려움을 느끼지 않았다고 한다. 그럼에도 소설 창작 수업을 시작한 미국에서는 영어권 독자를 향해 영어로 작품을 발표했다. 실제로 그는 "나는 스스로 미국 작가라고 생각"했다고 언급한 적이 있고, 이에 근거해서 학계에서는 그의 문학적 지향이 "'한국 작가'보다는 오히려 '미국 작가', '미국 작가'보다는 '세계 작가', 아니 그냥 '작가'로 인정받고 싶었던 것"이라고 평가하기도 한다.[1] 아울러 한국사의 특수성에 근거한 사건을 다루되, 김은국은 작중 주제를 다분히 카뮈나 도스토옙스키 등의 문제의식을 연상시키는 무신론적 실존주의나 선악의 윤리 문제 등과 결부시켜 다루곤 한다. 요컨대 김은국의 소설은 소재를

---

1   김욱동, 『김은국, 그의 삶과 문학』(서울: 서울대학교 출판부, 2007), p. 131.

    II. 세계시민적 가치와 통일교육의 확장

제외한다면, 창작 언어, 예상 독자층, 주제화의 방식 등에서 국적과 무관한 혹은 국적에서 자유로운 글쓰기를 지향한다고 볼 수 있다.

이 글은 '한국을 벗어나 한국에 대해 이야기하기'라는 김은국 글쓰기의 특징을 해명하는 데 관심을 둔다. 구체적으로, 20대의 대한민국 청년이 미국 시민이 됨으로써, 혹은 세계시민의 일원이 됨으로써 비로소 말할 수 있었던 어떤 사실들에 관한 것이다. 물론 이는 김은국이 직접적으로 정치적인 탄압을 받았다거나 사상 통제를 받았다는 의미는 아니다. 그의 소설들은 '한국'이라는 장소 및 '한국인'이라는 정체성을 떠나 스스로 이방인의 위치에 두었기에 가능한 서사를 품고 있다는 의미이다. 이 맥락을 이해해야만 한국 근현대사와 긴밀하게 연결된 제재들을 '미국인 작가'가 되어 영어로 써낸 한 '한국계' 작가의 내면을 이해할 수 있다.

한국이 아닌 미국에 정착해서야 자신을 돌아볼 수 있었고, 모국어가 아닌 영어를 통해서야 자신의 이야기를 풀어낼 수 있었던 작가 김은국은 코리안 디아스포라가 내포한 정체성 및 감정의 문제가 매우 복잡하다는 사실을 보여주는 사례가 된다. 실상 식민 지배 이후의 이념 대립, 동족 간 내전을 겪으며 생겨나는 갈등이 층층이 쌓여 발현되는 만큼 그 표현의 양상이란 복잡할 수밖에 없다. 모국을 떠난 한국인으로 살면서 고향을 잃은 그리움을 품는 것이 코리안 디아스포라를 대변하는 정체성이나 감정의 전부가 아니라는 의미이다.

코리안 디아스포라 문학에 담긴 역사의 폭에 비례하여 그 갈등의 양상 또한 복잡할 수밖에 없다는 사실을 설명하기 위해 이 글은 김은국이 한국전쟁 시기 월남한 '월남민'이라는 사실에서 출발한다. 다시 말해, '한국계 미국 작가가 한국에 관한 소설을 썼다'는 방식의 접근이 아니라, '어느 월남민이 미국으로 건너가 소설을 썼다'는 수준에서 접근한다고 할 수 있을 것이다. 한국전쟁의 체험과 월남민이라는 조건에는 우리가 손쉽게 일반화하는 '한국'이라는 단일한 집단성의 신화 때문에 소외의 대상이 되었던 내부 이방인의 원망과 외로움이 배어 있을 수밖에 없다는 사실을 미리 말해둔다. 즉, 김은국의 소설은 코리안 디아스포라가 품은 역사적 갈등의 깊이를 가늠할 수 있는 텍스트가 된다.

김은국은 함경남도 함흥에서 출생하여 유년 시절을 만주의 용정 및 황해도 황주에서, 청소년기를 평안남도 평양에서 보냈다. 당대의 지주 집안들이 그러했듯이, 그의 가족도 재산을 몰수당한 뒤 1947년 생명을 걸고 밀항하여 서울을 거쳐 목포에 정착했다. 경제적인 불안정함에 더하여 김은국이나 그의 부친은 간첩 혐의를 받는 일을 감내해야 했다. 월남한 청년들 다수가 그러했듯이 그는 백색테러를 일삼던 극우단체인 서북청년회의 원조와 보호를 받았고, 한국전쟁이 발발하자 군대에 자원입대함으로써 '반공'에 대한 신념을 행동으로 옮겼다. 물론 장차 한국전쟁이 발발하여 남한이 공산화할 경우 가족들이 입게 될 재난을 막고, 군에 적(籍)을 둠으로써 남한 내에서 월남민으로서 감당해야 하는 신원(身元)의 불안정함을 극복하기 위한 것이었다. 휴전 이후 미국 유학을 떠나 소설 쓰기에 입문하여 첫 소설을 써내기까지, 스물세 살 청년의 삶을 구성하는 체험은 모두 이와 같은 한국의 특수한 정치적 상황을 배경으로 한다.

첫 장편인 『순교자』와 그 속편인 『심판자』는 이북 대 이남, 평양 대 서울 간에 존재하는 한반도 내부의 대립구도나 한국전쟁 전후 월남민의 불안과 상실감을 고려하지 않고서는 온전히 이해하기 어렵다. 자신의 삶을 "유랑민", "일종의 집시"[2]라 지칭하는 맥락은 비단 고국을 떠나 미국에

---

2   위의 책, p. 49.

                    Ⅱ. 세계시민적 가치와 통일교육의 확장

정착한 데서만 오는 회한만은 아니며, 고향 상실에 대한 근원적인 결핍감과 연결되어 있다. 태연하게 자신을 '미국 작가'라 칭하거나 국적의 상실 혹은 변동에 연연하지 않는 태도란 어디에서도 소속을 구하지 못하는 자의 근원적 상실감을 전제하고서야 이해할 수 있다. 그러나 이러한 유랑민 의식을 확인하거나 삶에 대한 회한을 털어놓을 수 있는 거리두기가 한반도를 떠난 입장에서야 비로소 가능했다는 것도 부인할 수 없는 사실이다. 고향을 잃은 유랑민임을 자임하면서도 김은국 소설의 관심사가 고향인 북한과 한반도의 분단 문제를 향하고 있는 것과 유사하게 한국을 향한 발화는 다시금 냉전기 미국이라는 공간에 속해 있음을 전제로 한다. 요컨대, 이 글은 '한국계 미국 작가'라는 주어의 자리에 '월남민'을 대체하여 그 월남민이 직면해야 했던 현실적 문제들로부터 시작하여 '한국계 미국 작가'라는 위상의 정치성을 재론해보려는 것이다.

이 글은 1960년대에 쓰인 김은국의 장편소설 『순교자』(1964)와 『심판자』(1968)를 대상으로 해당 작품에 반영된 월남민의 문학적 상상력이 한반도의 정치적 상황과 어떻게 결합되는가를 해석해본 것이다. 본문에서는 이북에 고향을 둔 월남민으로서 그가 경험해야만 했던 이남으로의 경계 넘기와 이동의 기억이 한반도의 대표적 두 도시에 투영되는 양상을 살핀다. 이어서 월남민의 감수성이 냉전기 미국이라는 공간에서 두 겹의 발화 행위로 구현되는 양상을 논의해보기로 한다.

2) 한국전쟁과 내부 난민의 정동

　　김은국의 첫 장편소설『순교자』(1964)는 구한말 이래 한반도의 기독교 성지로 불렸던 평양을 배경으로 삼는다. 유엔군이 진주한 평양, 작중 화자인 이 대위('나')는 전쟁 발발 직전 목사들의 집단 처형이 자행된 내막을 알아내라는 지시를 받는다. 목사 집단 처형 사건의 전말은 소설의 초·중반 줄거리의 뼈대를 이룬다. 총 14명 중 12명이 사살되고 2명만이 생존한 사태는 이 두 사람이 어떻게 살아남게 되었느냐는 질문을 낳는다. 사건의 충격으로 한 사람은 미쳐버렸기에 사건의 유일한 목격자이자 생존자로 남은 이는 신(申) 목사뿐이다. 그는 생존을 위해 믿음을 배반하고 동료들을 밀고한 것이 아니냐는 의혹에 휩싸이지만 침묵으로 일관한다. 사태의 진상은 북한군 포로가 체포되면서 드러난다. 체포된 목사 중 생존을 위해 동료를 배반한 자들이 존재했으며 처형 당시 목사들 대부분이 생명을 구걸하며 죽어갔다는 것, 반면 신 목사는 그들 중 유일하게 북한군에게 저항하는 모습을 보였기 때문에 살아남았다는 것이다.

　　사망한 목사들을 순교자로 상징화하여 시민을 대상으로 반공 의식을 고취하려는 군 측의 사상전이 수행되는 가운데 정반대의 내용을 담은 진실이 밝혀지면서 작중 인물들의 입장은 저마다 갈라진다. 국군 측 정치정보국장 장 대령은 공산주의의 만행을 고발하기 위해서는 진실이 은폐되어야 한다고 주장한다. 평소 장 대령의 정보책으로 활동해오던 고 군목(軍牧)은 순교자가 아닌 이들을 순교자로 날조하는 것은 신성모독이라며 반대한다. 중심인물인 이 대위('나')는 진실이 왜곡되어서는 안 된다는 원론을 편다. 그러나 정작 사태의 희생양인 신 목사가 직접 나서서 자신은 '유다'이며 동료들을 배반했다고 거짓 자백하고, 사망한 목사들을 순

　　　　　　　　　　　　　　　　Ⅱ. 세계시민적 가치와 통일교육의 확장

교자로 추앙하는 작업에 손수 앞장서는 사태가 벌어진다.

이 삽화는 작가의 외조부로서, 6.25 발발 직전 공산 정권에 의해 체포되었다가 국군의 평양 입성을 앞두고 살해된 이학봉(李學鳳) 목사의 실화에 바탕을 둔 것이라 알려져 있다.[3] 다만 앞서 처형을 앞둔 목사들이 동료를 밀고하거나 목숨을 구걸했다는 설정에서 보았듯이, 작가가 이 실화를 차용하는 방식은 오히려 종교적 모독에 가깝다. 나아가 '신 목사는 왜 (자신이 동료를 배반했다는 — 인용자) 거짓 자백을 했는가'라는 질문에서부터 시작되는 소설의 후반부는 무신론에 치우친 것으로 사실상 『순교자』의 핵심부에 해당한다.

신 목사는 이 대위에게 자신이 목사임에도 신이 약속한 구원이나 내세(來世)를 믿지 않는다고 고백한다. 내세를 믿지 않는다는 작중 신 목사의 고백은 앞서 살핀 목사 처형 사건의 전말과 마찬가지로 무신론적 맥락에 닿아 있다. 그러나 거짓으로나마 신의 약속과 영광을 '연기(演技)'해야 한다는 신 목사의 뜻은 확고하다. 절망이 인간을 좀먹지 않도록 해주어야

3　위의 책, pp. 167–169.

한다는 것, "인간이 희망을 잃을 때 어떻게 동물이 되는지, 약속을 잃었을
때 어떻게 야만이 되는지"를 알기에 "정의에 대한 약속"(p. 271)을 통해 고
난을 이겨내야 한다는 것이다.

　작가가 신 목사를 통해 제시한 인간 구원의 방식은 종종 『순교자』를
카뮈나 도스토옙스키의 세계관과 비교하도록 만드는 접점이 되면서, 동
시에 『순교자』를 카뮈의 어설픈 모작으로 평가하는 근거가 되곤 한다. 특
히 작가가 소설 머리에 붙여놓은 헌사에서 "허무주의를 극복하게 해준
알베르 카뮈에게"라 언급하면서 그 영향 관계는 부인할 수 없는 것이 되
었다. 대부분 논자들은 신을 부정하는 인물들에게서 "인간이 겪는 고통
을 염두에 둔다면 신을 부정할 수밖에 없으며 해답은 오로지 인간이 연대
하여 펼치는 투쟁뿐"이라는 카뮈의 무신론적 메시지와의 관련을 읽어내
지만, 그럼에도 『순교자』가 카뮈 식의 메시지를 제대로 담아내는 데는 실
패했다고 본다. 『순교자』에서는 신을 부정한 인간의 투쟁을 찾아보기 어
렵고, 무엇보다 종교적 환상의 필요성을 역설하는 신 목사의 주장에 동의
하기 어렵다는 것이다. 대중의 절망을 막으려면 종교적 환상을 유지할 필
요가 있다는 신 목사의 신념이란 흡사 성직자가 사기꾼이 되어 '종교를
아편 삼아' 팔아넘기는 것이나 마찬가지라는 극단적 비판도 존재한다.[4]
요컨대 신을 부정하면서도 인간의 능동적 투쟁의 모습은 보이지 않고, 도
리어 중심인물은 신의 환영을 유지하여 민심의 동요를 막으려는 기만에
몰두하고 있다는 것이다. 선행연구에서 수행된 이러한 분석은 그 논리가
지극히 타당하다고 하겠으되, 오히려 작가가 카뮈의 무신론적 사유에 경

4　이동하, "김은국의 『순교자』와 알베르 카뮈," 『한국소설과 기독교』 (고양: 국학자료원,
　　2002), pp. 170-181; 정명환, "고난의 의미: 김은국의 『순교자』와 카뮈," 『한국작가와 지성』
　　(서울: 문학과지성사, 1978), p. 213.

도되었으면서도 그 사유를 작중에 그대로 적용할 수 없었던 이유에 대한 질문을 낳는다. 즉, '카뮈'에 동의하면서도 결국 '카뮈'와 정반대의 결론을 내릴 수밖에 없었던 이유는 무엇인가.

"신은 없다"고 무신론적 결론을 내리면서도 대중을 위해서는 종교적 환상이 필요하다는 신 목사의 주장, 즉 "종교는 아편이 되어야 한다"고 주장하는 신 목사의 맹목성은 이해하기 까다로운 대목이다. 게다가 이같은 신 목사의 기만적인 신념은 소설의 후반부에 이르러 플롯을 지탱하는 유일한 이념으로 대두하여 작중 화자인 이 대위('나')를 감화시키는 것을 물론 이 대위의 친구이자 무신론자인 박 대위, 종교에 냉소적이었던 장 대령, 종교 교리의 집행에 있어 원칙론을 고집했던 고 군목 등 모든 인물을 장악하는 행동 지침이 된다.

이 대목에서 작중 배경 공간인 평양의 특수성을 환기하는 작업은 『순교자』를 카뮈와의 유사성 속에 가두는 상태에서 꺼내어 작품의 내적 논리를 복원하는 일이 될 수 있다. 특히 『순교자』가 '1950년 10월 둘째 주' 유엔군의 평양 점령이 이루어진 시기부터 '1950년 12월 4일' 대동강 교량을 폭파하고 철수하기까지 평양 내에 남아 있었던 개신교도와 군인들의 이야기라는 점은 주의를 요구하는 대목이다. 종교를 아편으로 활용해야 한다는 신 목사의 처방은 앞서 목사들의 집단학살 사건에서 보았듯 곧 평양이 '거대한 무덤'이 되어버리리라는, 불길하지만 피할 수 없는 운명에 대한 공포감 속에서 제시된다. 이는 물론 한국전쟁 시기 평양 철수의 전모를 이미 알고 있는 작가 김은국의 사후적인 시선에서 나온다. 다시 말해, 군중이 장차 고립되어 죽어갈 운명임을 알고 있는 자가 내놓은 고육지책이다.

물론 한국전쟁 이전에도 평양은 기독교적인 관점으로 보았을 때 거듭 '박해'를 받아온 땅이었다. 평양은 청일전쟁(1985)과 러일전쟁(1904), 서구 열강이 한반도에서 벌인 두 차례 전쟁의 피해를 직접적으로 당한 곳이다. 무능한 국가와 부패한 관료가 지켜주지 못하는 생명과 사유재산을 의탁할 곳을 찾아 군중이 서양 선교사들이 세운 교회로 몰려들기 시작한 것이 평양을 비롯한 서북 지역 기독교 부흥의 시초이다.[5] 평양 지역 백성의 수난이 문학적 관심사로 포함되는 장면은 이미 이인직의 『혈의 누』(1906)에서부터 확인할 수 있다. 청일전쟁 시기 전쟁에 휩쓸린 무고한 시민이 죽어가는 장면을 보고 이인직은 "우리나라가 강하지 못한 탓"이라 울분을 토하고 있다. 나라의 보호를 받지 못한 백성의 수난이라는 측면이 강조되어 있다. 한국전쟁기 평양의 수난을 그린 『순교자』는 "나라에 버림받은 백성의 수난사"라는 플롯을 이어받고 있는 셈이다. 이는 작중에서 집단 처형을 앞두고 자신과 욥의 운명을 동일시하는 박 목사의 절규를 통해 직접적으로 언급된다. 그는 본래 단 한 번도 자신의 신앙을 의심해본 일이 없는 신실한 인물이었으나, 심한 고문으로 정신을 잃을 지경이 되자 「욥기」의 다음 같은 구절을 외우며 고뇌한다.

> "성 중에서는 죽어가는 자들이 신음하며 다친 자가 부르짖으나
> 하나님은 그들의 기도를 듣지 아니하시느니라."
>
> – (「욥기」 24장 12절) 『순교자』 (2010), p. 167

고통 받는 무고한 인간의 운명을 문제 삼는 이들에게 「욥기」는 보편적인 텍스트이다. 다만 『순교자』가 「욥기」를 인용하는 방식은 '나에게 무

---

5   정주아, 『서북문학과 로컬리티』 (서울: 소명출판, 2014), p. 54.

　　　　　Ⅱ. 세계시민적 가치와 통일교육의 확장

슨 죄가 있는가? 왜 나에게 이런 고통을 겪게 하는가?'를 신에게 항변하는 형태의 전통적인 질문과는 차이가 있다. 『순교자』의 작가는 이 질문을 '왜 당신의 신은 저들의 고통을 모른 척 방관하는가?'를 묻는 형태로 수용한다.

"목사님의 신은 목사님이 무슨 고난을 당하건 개의치 않습니다. 그렇지 않나요? … 당신의 신은 우리의 고난을 이해하지도 않을뿐더러 인간의 비참, 살육, 굶주린 백성들, 그 많은 전쟁, 그리고 그 밖의 끔찍한 일들과는 애당초 아무 상관도 하려 하지 않습니다."

-『순교자』(2010), p. 253

질문 형태의 차이는 대답의 형태에도 영향을 미친다. '신은 왜 나에게 이런 고통을 주는가?'라고 묻는다면, 서사는 신을 긍정하든 부정하든 간에 주어진 고통을 받아들이는 주체를 중심으로 나아가기 마련이다. 그러나 『순교자』의 질문은 처음부터 신이 없음을 전제하거나 신을 믿지 않는 입장에서 '당신이 믿는 신의 존재를 증명해보라'고 요구하는 방식으로 제시된다. 모두가 신봉하는 초월적인 절대자를 향한 성토이자 추궁이다. 이는 평양에 남은 '버려진 백성'의 입장에서 발화된 것으로, 『순교자』가 종교와 정치를 결합하는 방식, 즉 '신'과 '국가'의 위상을 결합하는 국면을 보여준다. '버려진 백성'의 입장을 대변하기에 당초 무신론적 태도가 전제될 수밖에 없다. 한국전쟁기 유엔군과 국군은 평양을 '버렸던' 것이다.

'왜 당신의 신은 저들의 고통을 모른 척 방관하는가?'라는 질문은 『순교자』가 기독교적 문법을 빌려 말하고 있는 월남민의 뒤늦은 원망이기도 하다. 작중에서 신 목사는 신의 존재를 믿지 않으면서도 신의 존재를 내세워 평양 백성의 보호자가 되기를 자처한다. 이때 왜 국군의 평양 철수 결정이 즉각 '버려지는' 상태이자 '죽음의 운명'으로 직결되는 것이냐고 묻는 것은 무의미하다. 퇴각하는 공산주의자들에 의해 집단 처형된 목사들에 대한 에피소드가 소설의 출발점이었던 것처럼, 평양을 근대 기독교의 성지로 이해하고 있는 작가의 관점에서 본다면 '공산화'는 곧 평양인을 죽음 속에 던져 넣는 것이나 다름이 없다. 이렇듯 『순교자』에서 기독교와 반공주의는 스스로를 '버려진 백성'으로 자각하는 월남인의 원망을 담아낸 서사의 맥락에서 조우한다.

　주지하듯, 성경의 「욥기」에 등장한 욥은 신을 대면했지만 신은 그에게 납득할 만한 설명을 해주지 않았다. 신은 인간을 압도하는 자신의 초월적 권능을 보여주며, 하찮은 인간인 욥이 승복하고 복종할 수밖에 없도록 만들었다. 욥은 신과 대면했다는 사실 자체에 만족하며 신에게 불경했던 자신의 죄를 회개한다. 이렇듯 신의 권위 아래에서 억압된 질문은 카뮈나 도스토옙스키의 경우가 그러했듯이, 무고한 고통이 있는 곳에서는 어디에서나 되살아나는 것이다. 다시 말해, 김은국이 반드시 카뮈를 모방하려 들어서가 아니라 무고한 인간의 고통을 문제 삼는 지점에서 카뮈를 만났을 뿐이고, 그 질문을 작품 속에 수용하는 방식은 얼마든지 달라질 수 있다는 뜻이다.

　그리고 김은국은 욥의 억압된 질문을 '의심하는 자'만이 알아챌 수 있는 진실의 문제로 수용한다. 『순교자』의 중심인물과 주변 인물은 '미리 앎'의 차이, 즉 신이든 국가든 그 초월적 존재의 무심함에 앞서 안 자와 무지한 자의 차이에 의해 결정된다. 주요 등장인물은 유엔군 및 국군의 평양 철수에 대한 정보를 미리 습득하게 된다. 이들 '의심하는 자'가 반드시 교인일 필요는 없다. 오히려 신 목사, 이 대위, 장 대령, 박 대위 등 주

　　　　　　　Ⅱ. 세계시민적 가치와 통일교육의 확장

요 등장인물은 '회개하지 않는 욥'의 자질을 갖는다는 점에서 공통분모를 갖는다. 신이 인간의 고통에 무심하다는 절망적 진실을 알아챘듯이, 이들은 장차 국가가 그 백성의 고통을 방관하게 되리라는 것, 장차 평양 철수가 이루어지고 많은 이들이 버림받는다는 사실을 예견하는 것이다. 그리하여 이 소설은 "신이 없는 세계의 비참"을 남보다 앞서 알아챈 자들의 고독, 그리고 신의 존재를 의심한 적 없는 선량한 '성(城) 중의 백성'이 장차 맞게 될 죽음을 미리 알아챈 자들의 절망에 대한 기록이 된다.

죽음의 운명이 다가오는 가운데 일신의 안위를 도모할 것인가, 아니면 제 무리에 남아 운명의 길로 나아갈 것인가. 물론 이때 '죽음의 운명'이란 평양 철수 방침을 가리킨다. 그 죽음의 운명은 이미 '목사 집단학살' 사건으로 인해 학습된 바 있기에 더욱 구체적인 위협으로 다가온다. 제 무리에 닥칠 죽음의 운명을 미리 아는 자에게 강요되는 잔혹한 선택, 이것이 '따라 죽는[殉]'이라는 의미에서 도출되는 '순교'의 맥락이고 이 소설의 참주제이다.

문제는 이 소설에서 언급되는 '순교'가 순수하게 종교적인 의미가 아니라, 한국전쟁이라는 정치적 상황 속에서 발화된다는 사실이겠다. 신이 무심한 것은 인간으로서 어쩔 수 없지만, 인간에게 인간이 무심한 것은 항의할 수 있는 사안이다. 욥의 운명에서 출발한 신에 대한 항의는 『순교자』에 이르러 제 성의 백성이 겪는 고난을 방기하는 권력자들에 대한 항의로 연결된다. 작중에는 평양 철수의 비인도적인 측면을 비난하는 듯한 설정이 여러 차례 등장한다. 6.25 발발 시 서울 시민을 안심시킨 뒤 정부가 한강 교량을 끊고 도망친 사례를 들며, 군의관 민 소령이 "여기가 또 서울의 재판(再版)이 되지 않길 난 진심으로 바라고 있소"(p. 241)라고 말하는 대목은 그 대표적 사례이다. 고 군목은 이 대위에게 평양 철수 방침을 전해 듣고 피난을 권유받자 평양 잔류를 선택한다.

> "그래 또 사람들을 내버린단 말이오? 내 백성들을? 당신은 내가 어떡하리라고 생각했소? 또 도망을 쳐? 또 그들을 배반해? 내가 그럴 수 없다는 걸 당신도 알지 않소?"
>
> — 『순교자』(2010), p. 244

> "떠나지 못하는 사람이 더 많다는 걸 난 알고 있소. 나이 들고 굶주린 사람들이 가면 어딜 가겠소? (중략) 여기야말로 내가 있어야 할 곳이오. 여기, 내 백성들의 곁에 말이오."
>
> — 『순교자』(2010), p. 245

작중에서 성직자인 고 군목과 신 목사, 군인인 장 대령, 군의관인 민 소령 등은 평양에 남는 쪽을 선택한다. 특히 군의관인 민 대령은 평양에 남겨진 중환자를 염려하다가 대동강 철교 폭파 직전에 야전병원으로 되돌아간 후 실종된다. 이런 에피소드가 소설에 극적인 성격을 더하고 있음은 물론이다. 이들의 의연함은 신속한 철수를 서두르는 군대의 움직임과 뚜렷한 대조를 이룬다. 이들의 죽음은 자기 책임을 방기하는 신 혹은 국가를 대신하여 인간으로서는 감당해내지 못할 책임을 받아들였다는 점에서, 그러나 신의 영광이 아니라 무기력한 인간을 위해 생명을 걸었다는 점에서 'the martyred(순교당한 자들)'라는 용어로 지칭될 수밖에 없다. 비단 종교적 맥락에 한정시키지 않는다면, 이 소설은 온통 순교자들의 죽음으로 채워져 있다. '남겨진 사람'들과 함께 죽음을 맞았다는 점에서 신 목

　　　　　　　　　

사, 민 소령, 장 대령, 박 대위 등은 모두 순교자, 즉 '순교를 당한 사람들'
이다.

　순교자들의 행렬은 평양 철수가 완수된 이후에도 계속된다. 장 대령
은 비밀 침투 작전 중 발각되자 부대원들이 안전하게 탈출할 때까지 적
을 저지하다가 전사한다. 박 대위 또한 전투 작전 중 자신의 부대가 새로
운 진영을 구축할 때까지 후위에 부하들과 남아서 버티다가 전사한다. 비
단 종교인이 아니라 하더라도 죽음의 운명을 알고도 그 운명을 수용하기
로 선택한 자들에게 '순교자'의 의미가 부여된다는 사실을 확인할 수 있
는 대목이다. 신 목사, 민 대령, 장 대령, 박 대위 등 소설 결말부에 이르러
하나씩 고지되는 '순교자'들의 행보는 무사히 사지(死地)를 탈출한 자들에
게 그들이 빠져나온 '그곳'과 그곳에 두고 온 '사람들'의 존재를 계속해서
환기시킨다. 버려진 백성이 여전히 신음하고 있는 곳, 순교자들의 무덤이
자 성지인 그곳은 곧 평양이다.

　『순교자』는 1964년, 한국전쟁 이후 분단 체제가 고착되어가는 가운
데 쓰인 작품이다. 전쟁 이후의 시간을 더듬는 작가의 시선을 빌려본다
면, 평양 철수는 평양인에게는 적화(赤化)된 땅을 벗어날 마지막 기회가
닫힌 순간이었고, 무엇보다 반공주의를 신봉한다는 점에서 '아군'이라고
믿었던 절대권력이 수많은 인명을 사지에 남긴 채 책임을 방기한 사건이
될 것이다. 물론 이때 '평양인'이란 '평양 시민 일반'을 지칭하는 것은 아
니며, 작가 김은국이 작중에서 묘사한 바 있는 '공산주의에 반대하거나
공산주의에 의해 고통 받는 평양 시민'과 '남하 의사가 있었으나 경제적·
물질적 사정으로 여정을 계속하지 못했던 피난민 집단'을 일컫는다. 이로
써 『순교자』는 월남민의 글쓰기라는 면에서 읽을 때, 신에게도 국가에도
구원받지 못하고 방기된 '버려진 백성'의 자의식을 투영한 소설이 된다.

3) 월남민의 반공의식과 정치적 상상력

"5.16 군사혁명의 역사적 배경과 유사한 점이 있다면 어디까지나 우연의 일치"[6]라고 밝히고 있지만, 김은국의 두 번째 장편『심판자』(1968)는 제재의 모든 면에서 5.16 군사정변을 소설화했다는 인상을 준다. "미국의 좌파 지식인을 경계해야 한다"는 논조로 쓰인 작가 서문에서부터 그 분위기를 짐작할 수 있지만, 당시 미국은 베트남전쟁을 둘러싼 상반된 여론 때문에 혼란스러운 상태였다. 반전운동으로 달아올랐던 미국 평단에서는『심판자』를 한국에서 일어난 군사정변을 미화하는 소설이라고 평가했다. "남한에서 쿠데타를 일으키는 군대 지도자들을 '점잖은 애국자들'로 묘사하고 있다"는 한 미국 저널의 서평[7]은 이 소설을 향한 의혹이 어느 지점을 향하고 있는지를 분명히 보여준다.

『심판자』의 줄거리는 단순하다. 한국전쟁이 끝난 어느 시점, 무능한 독재정권과 부패한 정치 세력으로 인한 국가적 혼란을 비난하며 일부 소장파 군인들이 '군사혁명'을 모의하고 실행에 옮긴다. 전작『순교자』에서 육군본부 정치정보국 소속으로 평양에 파견되었던 이 대위가『심판자』에서는 한국전쟁 이후 합동참모본부에 소속된 이 소령으로 진급하여 재등장한다. 전작의 이 대위('나')가 화자 겸 관찰자로서 신 목사와 각별한 관계를 맺으며 신 목사의 종교적 고뇌와 영웅적 면모를 부각시켰듯이,『심판자』에서도 이 소령은 절친한 친구이자 군사혁명의 우두머리인 민 대령의 활약과 내적 고뇌를 전달하는 역할을 한다. 군사혁명은 수뇌부 총 9명

6　김은국, 나영균 역,『심판자』(서울: 중앙일보사, 1968), 서문.

7　Christopher Nichols, "The Though and Tender," *National Review* (Feb., 1969), p. 193 (김욱동,『김은국, 그의 삶과 문학』, p. 240에서 재인용).

의 역할 분담에 의해 비밀스럽게 기획된다. 그 과정에서 혁명에 반대하거나 이권을 탐내는 장성(將星)들이 나타난다. 작중 대부분의 사건은 비밀을 유지한 채 반혁명 세력을 체포하는 과정에서 뛰어난 판단력과 리더십을 보여주는 민 대령의 활약에 관한 것이다. 미국 당국과의 협상이나 군 내부 공산주의자들의 반란으로 여러 돌발 상황이 생겨나고, 예상보다 많은 인원이 희생된 끝에 민 대령 일파는 정부를 전복하고 혁명위원회를 꾸리는 데 성공한다. 그러나 혁명의 성공을 자축하는 분위기 속에서 민 대령은 정체불명의 게릴라들에게 암살되어 비극적 최후를 맞는다.

한국에서도 『심판자』는 일부 문예지의 서평란을 통해 간단히 소개되었을 뿐 별다른 반향을 일으키지 못했다. 물론 이러한 반응은 군사정권 하에서 군사정변을 소재로 한 소설을 언급할 때 따르는 정치적 부담감을 염두에 두고 받아들여야 한다. 작가가 작중에서는 군인들의 집단행동을 군사 쿠데타(coup)라고 써놓고도 작자 서문에서는 '군사혁명(military revolution)'으로 단어를 바꾸어 사용했다거나, 번역본에서는 그나마 본문에 등장하는 군사 쿠데타라는 단어가 일괄적으로 '군사혁명'이라 번역하여 출판되었다는 정황 또한 마찬가지이다. 『심판자』는 "5.16 무력 정변의 역사적 의미를 박 정권의 욕구에 맞게 재구성한 텍스트"[8]라는 한 연구자의 단언은 이 소설이 발표되던 당시부터 현재에 이르기까지 제재의 정치성 및 창작의 의도에 대한 의구심이 지속되고 있음을 보여주기에 충분한 것이다. 그 결과 『심판자』는 오늘날까지도 비평계나 학계에서 읽히거나 언급되는 일이 거의 없으니, 이 작품에 대한 역사적 평가는 오히려 이러한 침묵을 통해 역설적으로 이루어졌다고 보아도 무리가 없을 것이다.

---

8 송창섭, "낭만적 허구와 역사적 진실: 김은국의 심판자와 잃어버린 이름," 『한국학연구』, 제 11집 (1999), p. 44.

작가는 비록 '우연의 일치'라 말하며 부인하고 있지만,『심판자』가 5.16 군사정변에서 소재를 얻었음은 분명해 보인다. 그러나 세간의 비판처럼 이 소설이 5.16 자체를 소설화하고 미화하고 있는가에 대해서는 신중하게 접근할 필요가 있다. 앞서『순교자』를 월남민의 시선에서 읽는 경우 전쟁 휴머니즘에 그치지 않고 평양 철수를 둘러싼 월남민의 피해 의식을 확인할 수 있었던 것처럼,『심판자』또한 군사정변의 스펙터클에 가려져 있던 월남민의 정치적 상상력이 드러나는 것을 볼 수 있기 때문이다. 실상 이러한 정치적 상상력은 오히려 당대 한국 사회에서는 언급하기 어려운 내용을 다룬다. 말하자면 5.16 군사정변이 실제 사건이라는 요인 외에도『심판자』를 억압하는 요인들은 더 있다는 뜻이다. 이는 주요 인물의 성격이나 구성 등 서사적으로 매끄럽지 못한 지점들을 유심히 살펴야 하는 이유이기도 하다.

『순교자』에 비할 때『심판자』가 국내외적으로 냉랭한 평가를 받았던 것은 비단 군사정변을 제재로 삼았다는 사실 때문만은 아니었다. 엄밀히 말하자면 작품 자체가 정치적인 이슈를 넘어설 만큼의 완성도를 갖추지 못했다는 사실이 보다 근본적인 이유가 되었다. 이 소설은 당초 '군사혁명'을 모의하고 'D-day'에 맞추어 사전작업을 해나가는 군인 집단을 그리고 있음에도 정작 군사정변 당일 벌어진 사건에 대한 서사가 없다. 독자를 당혹스럽게 만드는 이와 같은 전개는 작중 화자인 이 소령의 우유부단한 태도에서 비롯된다고 할 수 있다. 철저한 반공주의자인 이 소령은 한국이 '무능한 정치가들, 절망적 민생, 무자비한 독재'로 인해 '썩은 사회'가 되었다고 진단하고, 한국전쟁에서 희생된 생명에 값할 만한 변화를 찾을 수 없다는 사실을 비관하며 군사혁명에 합류했다. 군사혁명에 대한 열망에도 정작 그는 혁명 수뇌부에 합류한 직후부터 어떤 경우에도 살인은 안 된다는 '무혈혁명'을 주장하기 시작한다. 이 소령의 의견은 혁명 반대 세력을 미리 처단하지 않으면 혁명도 불가능하다는 다수의 견해와 사사건건 마찰을 빚는다. 살인은 불가하다는 이 소령과 살인의 불가피함을 설득하는 수뇌부 간의 입장 차는 좀처럼 좁혀지지 않으며, 소설의 갈등선을 매우 단조롭고 지루하게 만든다. 결국 민 대령은 이 소령을 일본에 파견하면서 수뇌부에서 배제한다. 그 결과, 일인칭 관찰자 시점으로 쓰인 이 소설에서는 혁명 당일의 상황이 서술될 수 없었다. 일본에 있는 '나(이 소령)'에게 그날 새벽 혁명이 시작되었고 성공했다는 보고가 당도할 뿐이다. 혁명 당일의 상황은 일본에 보도된 신문 기사의 형식을 빌려서 서술된다. 혁명군 대 부패세력이라는 선명한 선악 구도, 살인불가론을 되풀이하는 단조로운 화자, 혁명 당일 묘사의 부재로 인한 서사적 긴장감의 하락 등 『심판자』의 실패 요인은 한두 가지가 아니다. 연구자 중 김은국의 소설에 대해 가장 우호적인 태도를 보이는 김욱동마저 "과연 『심판자』가 이 두 작품(『순교자』와 『잃어버린 이름』 ─ 필자 주)을 쓴 작가가 쓴 작품인지 의심이 들 정도"[9]라 평가하고 있다.

그럼에도 『순교자』에서 『심판자』로 넘어오는 동안 김은국이 보여주고 있는 창작상의 기복은 좀 더 면밀하게 검토할 필요가 있다. 중심인물의 연속성 면에서 본다면 『심판자』는 『순교자』의 후속편 격이 되고, 이후속편에 이르러 인물이 놓인 시공간은 한국전쟁의 결과물인 분단 이후의 서울로 바뀌었다. 전쟁 이후의 평양이 완결되고 닫혀버린 시공간으로서 회상과 상상의 자유를 가능케 한다면, 서울은 1961년 군사정변과 1963년 출범한 제3공화국의 연장선상에 놓인 열린 시공간이다. 실제 군

9　김욱동, 『김은국, 그의 삶과 문학』, p. 281.

사정변을 일으킨 당사자들이 군림하고 있는 수도 서울을 배경으로 펼쳐지는 군사혁명의 이야기란 비단 해당 사건을 쿠데타와 혁명 중 무엇이라 부를 것인지 어휘를 선택하는 데 있어서만 억압적 요인으로 작용한 것은 아니었다. 실제 군부 세력들을 의식하면서 그는 무엇을 말하려 했으며, 어디까지 말했고, 어디부터 말하지 못한 것인가. 달리 묻는다면, 5.16이 연상된다는 세간의 의견을 단지 '우연'이라 부인하면서까지 그가 한반도에서 벌어진 '군사혁명'의 시간에 이끌렸던 이유는 어떻게 설명할 수 있을까. 이 대목에서 작가 김은국이 월남민이며 '반공주의'를 둘러싼 복잡한 이해 구조 속에 존재했다는 사실을 염두에 두고 『심판자』를 재독해본다면, 전후 월남민이 놓였던 정치사회적 굴절이 뚜렷하게 떠오르는 것을 볼 수 있다.

월남민의 반공의식을 염두에 두고 『심판자』를 재독하는 경우, 무엇보다 먼저 눈에 띄는 것은 '군사혁명'을 주도하는 주동자가 월남민으로 설정되어 있다는 사실이다. 당연한 말이겠지만, 혁명이 혁명이라 불리는 이유는 주어를 바꾸는 시도이기 때문이다. 법의 테두리 안에서 조율과 타협을 추구하는 것이 아니라, 법제 자체를 바꾸어놓을 새로운 주체가 등장하는 일이다. 『심판자』에서 그 주체는 군사혁명의 지도자인 민 대령이며, 이북 출신의 월남민이다. 즉, 『심판자』는 서울 한복판에서 '반공'을 기치로 내건 월남민에 의해 이루어지는 무능한 정부를 향한 단죄와 전복(顚覆)의 서사이다. 적어도 김은국에게 이 소설의 군사혁명은 5.16 군사 쿠데타와는 상관없는, 오로지 문학적 상상으로만 가능한 '진짜 혁명'이다.

작중에서 민 대령은 반공을 명분으로 내건 '혁명'이 어떻게 '구국'의 사명으로 연결되는가를 보여주는 인물, 즉 월남민의 생래적인 반공의식이 곧장 국가 반공주의로 연결되는 국면을 보여주는 인물로 설정되어 있다. 그는 해방 이전 평양 북방의 마을에서 태어나 학창 시절 일제의 학병 입대를 거부하다가 부모를 잃었다. 일본인 친구의 도움으로 관동군에 입대했다가 탈출하여 중국 팔로군 산하 조선의용군에 합류한다. 해방 이후 귀향하여 농부가 되려 하지만, 이번에는 공산당에 입당할 것을 강요하는 공산주의자와 소련 군부에 저항하다가 모함에 빠진다. 군부대에 연행된 그는 소련군을 죽인 뒤에 결국 월남하게 된다. 그의 이력에는 조선 땅에서 태어난 한 개인의 평범한 삶을 파괴한 침입자들의 궤적이, 다시 말해 일본을 향한 민족주의적 원한이 해방 이후 공산주의에 대한 원한으로 이행되는 흐름이 집약되어 있다.

『심판자』에 등장하는 혁명군 내부에는 민 대령 외에도 김 중령, 조 소위 등 월남민이 포함되어 있다. 이는 월남민의 다수가 해방 전후 한국 군대에 입대하여 한국전쟁에 참여한 사정과 관련되어 있다.[10] 5.16 군사 정변에 이들 월남민 출신의 장교들이 주역으로 참여한 것은 역사적 사실 이기도 하다. 군사정변의 주역은 육군사관학교 제5기와 제8기로 알려져 있으며, 육사 5, 7, 8기는 월남한 서북 지역 출신 청년들이 대거 응시했을 뿐만 아니라 합격자도 많았던 기수로 꼽힌다.[11] 이들이 '군사혁명'에 가담한 이유는 다른 어떤 집단의 명분보다 "정적 모함 수단이 아닌 제대로 된 반공을 하기 위해 박정희 군사정변에 주역으로 동참하였다"는 학술적 언명[12]이 가능할 정도로 뚜렷한 것이다. 이는 작중에서 "한국전쟁을 통해 무엇을 얻었는가"라고 한탄하며 군사정변에 가담했던 이 소령의 태도와도 겹쳐진다. 이들의 반공주의는 국시(國是)로 장려되기에 앞서 이북에서

---

10 김귀옥, 『월남민의 생활 경험과 정체성』 (서울: 서울대학교 출판부, 1999), pp. 421–422.

11 윤정란, "서북청년회 출신들의 정치적 배제와 부활," 『숭실사학』, 제33호 (2014), p. 184.

12 위의 글, p. 183.

의 삶의 체험으로부터 각인된 생래적인 것으로, 저 악명 높은 서북청년단의 제주 4.3 만행에서 드러나듯 맹목적이고 절대적이다.

월남민이 단순 참여자가 아니라 혁명의 무리를 이끄는 수장으로 설정되었다는 사실은 정치적인 고려가 필요한 대목이다. 과거 일제강점기 팔로군 산하 조선의용대에서 일본군과 싸우고, 해방 후에는 소련군과 싸운 민 대령은 이로써 '애국'의 모든 조건을 충족한 인물이 된다. 이렇듯 거리낄 것이 없는 이력을 배경으로, 그는 도리어 기존 군부의 유력자인 함 장군을 체포한 뒤 그가 일본군대에 부역했던 사실을 들어 다음과 같이 조롱할 수 있는 것이다.

아아, 함 장군님, 자신을 좀 보시지! 자기 자신과 당신을 둘러싸고 있는 바보들을 보세요! 뭐가 보이지요! 뭐가 보입니까, 아아! 일본군대에서 굼벵이 노릇을 해가며 기어오른 뚱뚱한 바보, 혼도 없는 광대처럼 아첨하고 밸이 없는 노예처럼 알랑거리며.

- 『심판자』(1968), p. 243

김은국의 『심판자』에서는 반공의 이념으로 한반도를 뒤덮고 공산주의를 소탕하겠다는 열정에 불타는 월남민이 혁명군의 수뇌부를 이끄는 우두머리가 된다. 그의 동료들은 서울의 대통령 관저를 비롯하여 주요 기관을 점령하고 부패한 군부에 대해 정화작업을 실시한다. 『심판자』는 수도 서울 장악이라는 월남민의 갈망과 금기시된 상상력이 착종된 텍스트이다.

그러나 군사혁명의 지도자가 월남민으로 뒤바뀐 사실 외에도 『심판자』를 월남민의 자의식 측면에서 문제적 텍스트로 만드는 대목은 또 있다. 이는 설정상의 뒤바뀜보다 본질적인 문제인데, 해방 공간 및 한국전쟁에서 월남민, 구체적으로 서북 출신 청년들이 수행했던 역할 및 그에 따른 인간적인 모멸감과 관련된다. 앞서 말했듯 정작 군사정변 당일에 대한 묘사가 없는 군사정변 제재 소설인『심판자』에서 그 핵심 내용은 '유혈혁명'을 주장하는 수뇌부와 '무혈혁명'을 주장하는 화자 이 소령 간의 갈등이다. 요컨대 '혁명'이 아니라 '살인 행위'에 초점이 맞추어져 있다는 뜻이다. 이에 혁명을 명분으로 삼아 반대 세력을 속이고 죽이는 일을 묵과해야 하는 상황에 놓인 이 소령은 "내가 어림없게도 직업적인 살인자, 강탈자, 공갈자, 썩어빠진 악의 대행자, 어느 모로 보건 악마라고밖에 할 수 없는 자들이나 하는 일을 속아서 맡게 되었다는 자각"(p. 92)에 괴로워한다.

군사정변의 주동자인 민 대령은 결국 임무를 완수하지만, 소설의 결말에 이르러 친구인 이 소령을 '심판자'라 부르며 자신의 심경을 털어놓는다.

> "하지만 이 세상에 사람이 남을 위해서 자신을 희생하는 것 이상으로 쉬운 일이 어디 있어? (…) 하지만 이 소령, 남을 위해서 남을 없애면 우린 살인자가 되고 짐승이 되어 버려. 세상은 자네가 필요하지. 성인과 순교자들이 필요해. 그리고 나도 필요해. 살인자도 필요하단 말이야."
>
> - 『심판자』(1968), pp. 260-261

"나는 언제 자신을 없애야 할지를 알고 있는 악의 도구에 지나지 않아."

- 『심판자』(1968), p. 263

첫 번째 인용은 『심판자』가 어떤 측면에서 『순교자』의 속편 격으로 구상되었는지를 보여준다. 세상 사람들 모두가 찬미하고 찬양하는 명분 있는 일을 위해 희생하는 인물들은 수없이 많고 그런 숭고한 순교자가 되기란 쉽다는 것, 그러나 "남을 위해서 남을 없애는 일"을 해야 하는 '살인자'가 운명으로 주어지는 경우가 있다는 것이다. 결론부에 이어지는 민 대령의 논지는 다음과 같이 요약된다. '착하고 좋은 사람은 악을 없애지는 못하고 그곳에 악이 있다고 외칠 뿐이다. 그 무능을 대신해서 악과 평생을 싸우도록 운명 지어진 사람이 필요하다. 나(민 대령)는 바로 그 도구적 인간이다. 그러나 그 도구적 인간이 결국은 살인범에 불과함을 알려줄 심판자가 필요하다. 그것이 바로 자네(이 소령)인 것이다.' 『심판자』의 주인공은 이렇듯 '악의 도구'가 되어버린 인간이며, 이 소설의 주제는 신의 무심함 속에서 신을 참칭한 대가로 결국 살인자로 심판받을 수밖에 없는 '악의 도구로서의 인간'과 그 운명이다.

신을 대신하여 악인을 처단하는 인간의 모습이란 얼핏 도스토엡스키적인 설정을 연상시킨다. 그러나 작가 김은국이 통과한 해방 이후 월남민으로서의 삶, 특히 백색테러를 일삼던 서북청년회의 일원으로서 체험했던 시공간을 감안한다면, 이러한 설정은 인류 보편적인 선악의 문제로 환원할 수 없는 구체적인 문제의식에 닿아 있는 것임을 알게 된다. 김은국이 서북청년회의 일원이었다는 사실은 1973년 서북청년회의 회장이

II. 세계시민적 가치와 통일교육의 확장

었던 문봉제(文鳳濟)의 증언을 통해 밝혀졌다.[13] 김욱동이 정리한 김은국의 일대기에 의하면, 1947년 월남 후 기식할 곳을 찾던 김은국은 서북청년회의 도움을 받게 되었다. 같은 해 김은국이 부친과 목포에 정착할 수 있도록 도운 것도 당시 서북청년회 간부였으며, 당시 김은국은 서북청년회 목포지부 정식 회원이 되었다고 한다.[14] 당시 김은국의 나이가 15세에 불과했던 것을 감안한다면 아마도 10대 청년들로 이루어진 '서북학생총연맹'에 소속되었을 것으로 추측된다.[15] 1946년 미군정이 '국립대학설립안'을 공포하자 반대운동이 일어났을 때, 서북청년회는 이 반대운동을 주도하는 좌익 세력을 척결한다는 명분으로 각 학교에 회원들을 편입시켰다. 구체적으로는 '서북학생총연맹'의 조직을 활용했다.[16] 김은국이 서울대학교 상과대학에 입학한 것도 이 시기이며,[17] 문봉제는 김은국이 "서울大에 박힌 西靑의 전위 조직"으로 활동했다고 증언하고 있다.[18] 서북청년회와 관계하면서 그가 실제로 어떤 일을 했는지는 알 수 없지만, 서북청년회가 월남한 청년들에게 행사했던 영향력과 실질적인 경제적 원조를 무시하기는 어려웠을 것이다.

이후 한국전쟁의 휴전에 이르기까지 약 4년간의 군 복무 기간을 합하면, 미국으로 건너가기 전까지 그의 청소년기는 오로지 반공의 쟁취와 공산주의와의 투쟁으로 얼룩진 것이 된다. 비록 철저한 반공주의자의 시

---

13 문봉제, "남기고 싶은 이야기들: 서북청년회," 「중앙일보」, 1973년 1월 29일.

14 김욱동, 『김은국, 그의 삶과 문학』, pp. 52-53.

15 윤정란, "서북청년회 출신들의 정치적 배제와 부활," p. 163.

16 위의 글, pp. 171-172.

17 김욱동, 『김은국, 그의 삶과 문학』, pp. 56-57.

18 문봉제, "남기고 싶은 이야기들: 서북청년회," 1973년 1월 29일.

선에서 도출된 문제이지만, 김은국이 『심판자』를 통해 내놓은 '악을 제압하기 위해 악을 행하는 인간의 존재론적 비극'이라는 의제는 해방 공간에 자행된 백색 테러리즘과 관련된 이해를 심화시키는 견해라 할 수 있을 것이다.

4) 미국인의 자격과 '유랑민/세계시민'의 이중발화

물론 『순교자』나 『심판자』는 월남민의 자의식에 대한 고려를 하지 않고도 충분히 의미 있는 메시지를 전달하는 소설들이다. 『순교자』는 신에 대한 믿음이란 어떤 태도인지를 묻고, 결국 그 답은 인간을 구원하려는 인간의 이타적 희생과 노력에 의해 유지되는 것이라는 대답을 내놓는다. 이를 위해 작가는 한국전쟁을 배경으로 타인을 위해 자신의 생명을 희생하는 고귀한 인간 군상의 예를 제시한다. 『심판자』는 군사 쿠데타를 성공으로 이끈 유능하고 냉철한 지휘관의 내면을 그린다. 명분과 대의가 확보된 살인은 과연 그 정당성을 인정받을 수 있느냐는 질문 앞에서, 그는 어떤 명분에도 불구하고 인간을 죽인다는 것은 살인일 수밖에 없다고 단정 짓고 자신이 저지른 악의 대가를 심판받고자 청한다. 혁명이나 전쟁에 수반되는 살인이라는 불가피한 악의 문제와 이를 대하는 인간의 근원적 양심에 관한 이야기이다.

이들 주제는 카뮈나 도스토옙스키가 지향해온 철학적 화두를 이어받은 것이며, 비단 한국사에 한정시킬 것이 아니라 일반적인 전쟁과 내전의 문제로 확장하여 읽는다고 해도 무리가 없다. 이에 김은국이 '유랑민(망명자)'으로서의 존재론적 관점을 유지한 덕분에 그간 한국문학이 식민지 체험이나 한국전쟁을 종종 '자국사(their national history)'의 특수성(particularity)에 가두곤 했던 한계를 탈피하여 보편성(universality)을 획득하고 세계적 문맥(global context)에 자리매김하는 데 성공할 수 있었다는 평가도 가능해진다.[19]

실제로 위의 선행연구에서 언급되었듯이, 김은국의 소설에는 작중 상황을 월남민의 정치적·지정학적 조건 같은 한국적인 특수성으로 환원시키지 않으려고 노력한 흔적이 뚜렷하다. 한국적인 특수성에 함몰되지 않으려는 노력은 작중에서 이방인의 태도와 관점을 유지하려 노력하는 화자 '나'(이 대위/이 소령)에게 각인되어 있으며, 실상 이들의 노력은 화자가 서사에 녹아들지 못하고 인류적 차원의 대의나 진리를 되풀이하며 겉도는 중심인물이라는 부작용을 낳는다. 『순교자』의 '나'는 목사 처형사건의 현장인 평양에 투입된 이후 자신이 대면하는 모든 인물 및 사건 정황에 대해 거리를 두는 중립적인 태도를 보인다. 미궁에 빠진 사건의 진상을 밝혀나가는 플롯인 만큼 『순교자』는 '진실' 공개 여부를 둘러싸고 벌어지는 논쟁이 자주 등장한다. 대중에게 순교자라 추앙받는 목사들이 실제로는 처형 직전에 신을 부정하고 목숨을 구걸했다는 진실, 마찬가지로 순교자로 추앙받는 인물이 실은 공산당 끄나풀이었다는 진실, 대중이 목숨을 구걸한 배신자라 알고 있는 신 목사가 실은 유일하게 인민군에게 저항한 인물이었다는 사실 등이다. 그리고 무엇보다 신도들의 정신적 구심점이 된 신 목사가 실은 신을 믿지 않는다는 사실이 '숨겨진 진실'의 정점에 있다. 이렇듯 숨겨진 진실들은 그 공개 여부에 따라 오로지 신앙으로 죽음

---

19 Jooyoen Rhee, "Against the Nihilism of Suffering and Death: Richard E. K. Kim and His Works," *Cross-Currents: East Asian History and Culture Review*, E-Journal, no.18 (March 2016), p. 17.

의 공포에 맞서고 있는 지역 주민을 공황 상태에 빠뜨릴 수도 있는 사안들이다.

진실의 공개 여부를 둘러싼 논쟁의 지점에서 화자 '나'는 언제나 "진실은 진실로서 공개되어야 한다"는 원칙을 고수한다. 그는 희망을 잃은 피난민에게 끝까지 신의 존재를 확신시킬 필요가 있다고 믿는 신 목사에게도 "진실을 말하는 것 이외에 다른 길은 없다"고 조언한다.

> "이 대위, 당신도 내가 진상을 털어놓으리라고 생각했소?"
> "그건 모르겠습니다." 나는 말했다. "제가 알고 있는 건 진리란 반드시 드러내고 얘기해야 한다는 것뿐입니다."
> (…) "당신이 내 입장이라면 진상을 모두 털어놓겠소?"
> "그렇습니다." 나는 단호히 말했다. "다른 길은 없습니다."
>
> -『순교자』(2010), p. 179

화자 '나'는 작중에서 벌어지고 있는 모든 갈등 상황을 떠나 진실 공개를 단호하게 주장하는 편에 선다. 이러한 태도는 『심판자』에서도 동일하게 반복된다. 화자인 '나'(이 소령)는 어떤 경우에도 유혈혁명을 일으켜서는 안 되고, 인명을 사물 대하듯 무심하게 살상해서는 안 된다는 소신을 굽히지 않는다. 두 작품에서 화자인 '나'는 공통적으로 사태의 중립적인 관찰자로 남아 있고자 하며, 상황의 특수성과는 별개로 보편적인 원리원칙을 고집한다는 특징이 있다.

문제는 "진실은 반드시 드러내고 얘기해야 한다"거나, "어떤 명분으로도 생명의 살상은 정당화되지 않는다"는 명제 자체의 옳고 그름 자체에 있지는 않을 것이다. 도리어 이 대목에서 흥미로운 것은 저렇듯 복잡한 갈등 상황에서 제출된 명제들이 너무도 흠잡을 데 없이 보편타당하다는 사실, 각종 개별적인 조건들을 초월하는 '정치적 올바름'으로 무장하고 있다는 사실일 것이다. 화자 '나'가 내놓은 윤리 규범들은 작중 신 목사나 민 대령이 처한 예외적 상황이나 이들 개별자가 품고 있는 존재론적 고민의 깊이에 비할 때 '기계적 중립성'이라 보아도 좋을 정도로 보편타당한 진리들이다. 분명히 이 자명한 진리는 믿음과 진실의 대립, 선과 악의 불분명한 경계 등의 문제로 얽혀있는 소설의 플롯을 단순하고 경직된 방향으로 몰아가는 부작용을 낳고 있다. 이런 철학적 주제들이 언제나 그 해답이 단순치 않다는 이유 때문에 문학적 주제로 소환되곤 한다는 점을 감안한다면 말이다. 그러나 역설적으로, 기계적으로 정확한 혹은 완고한 판단력 덕분에 김은국 소설의 화자는 작중에서 벌어지는 사태에서 관찰자에 머물 수 있고, 동시에 사건의 갈등에 깊숙하게 연루되지 않을 수 있다. 요컨대 김은국 소설의 화자는 플롯의 진행을 방해하면서 동시에 플롯을 진행하는 이중적 면모를 지닌다.

김은국의 소설이 보여주고 있는 보편 지향적인 태도는 비단 작중 메시지가 갖는 주제의 철학적 보편성만으로는 해명되지 않는다. '월남민'의 시선에서 김은국의 소설을 재독하는 일은 그의 소설이 담고 있는 보편주의적 메시지들이 때로는 특수성을 은폐하기 위한 알리바이가 되기도 하고, 때로는 특수성을 우회하는 도피처가 되기도 한다는 사실을 보여준다. 이는 특수성을 극복의 대상이 아니라 특수성에 덧씌워진 보편성의 차원으로 읽어낼 때 적확한 해석을 얻을 수 있다는 뜻이기도 하다.

김은국이 미국에 정착하여 작가가 되는 과정은 소극적으로는 '탈한국인' 방식이면서 적극적으로는 '세계시민 되기'의 연장선상에 있다. 그가 한국을 떠나 정착한 미국이라는 공간은 김은국 자신이 한국에서 경험한 시공간을 객관화할 수 있는 거리를 제공하면서, 동시에 그 체험을 세계인의 시선에서 보편화할 수 있는 길을 열어주었다. 다시 말해, 평양 철수로 인해 나라에서 버림받은 이북 출신 백성의 원망이나 반공을 위해 '살인기계'로 이용된 삶에 대한 회한에 함몰되지 않고, 동일한 자리에 '신과 구원', '선과 악'의 일반론을 적용하며 냉정하게 버틸 수 있도록 해주었던 것이 바로 미국의 힘이다. 이때 미국을 곧 세계로 치환하는 일이란 1960년대 냉전체제 하에서의 지정학적 인식이 갖는 단순성이나 당대 미국의 영향력을 감안한다면 결코 무리가 아닐 것이다.

김은국의 소설 쓰기는 비록 작가가 스스로 '유랑민'이라든가 '일종의 집시'로서의 자의식을 강조한다고 하더라도 그것이 전적으로 미국에 살고 있는 이민자의 감각이라고 이해되어서는 안 된다. 그것은 일차적으로는 한반도가 분단되고 그 분단이 고착되어가는 상황에서 월남민이 느끼는 상실감이며, 나아가 작가의 유년기를 풍요롭게 채워주었던 유토피아에 대한 원초적 상실감도 포함한 감정이다. 마지막 장편소설 『잃어버린 이름(*Lost Names*)』(1970)에서 회고된 바 있지만, 김은국은 간도(만주) 용정의 미션스쿨을 다니며 유년 시절을 보냈다. 아래의 인용은 김은국이 조선으로 돌아온 이후 용정 시절을 추억하는 부분으로, 작중의 '나'는 전학 온 첫날 낯선 조선인으로 가득한 교실에서 용정에 두고 온 친구들을 떠올린다. 외국인 미션스쿨에서 선교사 자녀들과 어울렸던 까닭에 친구들의 국적은 다양하다.

> 만주에선 친구들과 어울려 곧잘 노래를 불렀지. 만주에 두고 온
> 다정한 친구들, 불과 일주일 전까지도 만주에 두고 온 그 친구들과

    Ⅱ. 세계시민적 가치와 통일교육의 확장

함께 놀고 노래했지 – 조선, 중국, 캐나다, 미국, 영국 아이들. 나는 그 아이들의 얼굴과 몸짓과, 함께 부르던 노래를 생각했다.

– 『잃어버린 이름』(2011), p. 56

유년기의 실낙원이 되어버린 용정의 기억 속에서 어린 그는 다양한 국적의 친구들과 함께 뒤섞여 노래하는 모습으로 등장한다. 김은국의 유랑민 감각을 이해하려 할 때, 유년기 용정의 기억은 흥미로운 단서라 할 만하다. 이 기억은 작가에게 내재된 최초의 이향(離鄕)의 상실감에조차 기독교 공동체 특유의 가족적 분위기와 코스모폴리타니즘의 원초적 감각이 겹쳐져 있음을 보여주기 때문이다.

민족·국가 중심적인 디아스포라의 관점에서 볼 때 그는 모국을 떠난 유랑민이겠지만, 다시 생각한다면 그는 좌우의 냉전체제 하에서 우파 자유주의 이데올로기의 거점이었던 미국에 정착한 시민권자이기도 하다. 이에 그는 서울 시민을 버렸듯 다시 한번 평양 시민을 버린 국가와 그 때문에 '남겨진 사람들'에 대한 이야기를 쓰기 시작할 수 있었다. 또한 월남민 출신 군인들이 반공주의를 기치로 내세워 국가를 전복하는 상상을, 아울러 국가를 만들기 위해 살인기계로 쓰인 인간의 존재론에 대한 이야기를 꺼낼 수 있었다. 쟁취해야만 하는 자유가 아니라 주어진 자유 속에서, 무소속이 아니라 스스로 무소속이라 상정할 자유를 주는 소속 공간 속에서 비로소 '영원한 이방인', '유랑민'으로서 말하고 상상하는 일이 가능했다. 냉전 시대 '미국'이라는 자유민주주의 심장부의 시민이 됨으로써 더 이상 이북 출신의 월남자라는 꼬리표를 연상하지 않아도 되었다. 가장 안정된 정착민의 자리에서 '소속 없음'에 대해 비로소 말하기 시작했다는 것은 아이러니한 일이다. 요컨대 미국이 주는 보편주의의 안전망 안에서 그는 어디에도 소속되지 않은 자가 될 자격을 얻었다. 그만큼 월남민 김은국이 표명했던 '유랑민 의식'이란 실은 '미국 시민, 곧 세계시민'의 자격과 중첩되어 발화되고 있다고 할 것이다.

5) 냉전기 디아스포라 문학의 정치성

이 글에서는 '한국계 미국 작가' 김은국의 소설들을 다시 읽으면서, 월남민으로서의 자의식이 작품의 인물이나 구성에 어떤 방식으로 영향을 미치는지 살펴보았다. 대표작인 『순교자』에는 공산주의자들에게 평양을 '내어준' 대한민국의 무책임함에 대한 원망이 제 백성을 버린 무심한 신에 대한 원망과 뒤섞여 있다. 이에 작가는 한국전쟁기 평양에서 많은 이들이 무심한 초월적 존재를 대신하여 인간이 인간을 구원하기 위해 스스로 죽음을 선택할 수밖에 없는 상황, 즉 '순교자'가 되기를 선택하는 아이러니한 상황에 내몰렸던 사실을 이야기한다. 『심판자』에서는 수많은 목숨을 희생하고도 아직도 한반도에 공산주의자가 존재한다는 사실에 분노한 월남민이 반공을 기치로 내건 군사혁명을 일으켜 대한민국 정부를 전복하고 국가를 장악하는 모습을 보았다. 이 대목에서 '악을 제압하기 위해 악을 저지를 수밖에 없는 인간'이라는 형태로 극우 테러리스트의 존재론이 성립되는 과정도 살펴보았다.

이상의 논의는 김은국을 단지 '재미 한인 작가', '한국계 미국 작가'라는 수식어 속에서 이해할 때는 좀처럼 눈에 띄지 않는 내용임에 분명하다. 김은국의 사례는 디아스포라 문학을 해석할 때 생각해볼 두 가지 정도의 논점을 제공한다고 할 수 있다. 하나는 방법론 자체가 분석 대상을

　　　　　　　　　　　　Ⅱ. 세계시민적 가치와 통일교육의 확장

전형적인 해석의 틀 안에 가두는 함정을 피해야 한다는 것이다. 방법론이 해석의 길잡이 역할을 벗어나 동일한 패턴의 해석을 재생산하는 도그마로 기능할 수도 있다는 의미이다. 한국인 김은국이 아니라 미국인 김은국으로 살겠다는 도발적인 선언 이면에 놓인 월남민으로서의 분노와 상실감은 민족·국가 중심 디아스포라 문학의 해석적 범주가 얼마나 기계적인 것인가를 드러낸다. 무소속자로서의 정체성과 무소속자가 되겠다는 갈망이 경계 넘기와 이동의 원동력이라 할 때, 민족·국가에 대한 소속감과 이탈 상태를 전제로 출발하는 디아스포라 문학의 관점은 얼마나 효율적일 수 있는가를 다시 묻게 된다.

다른 하나는 새로운 정착지는 비단 떠나온 고향을 대체하는 임시적인 배경으로 존재하는 것이 아니라 엄연한 정치적 실재로서 작품에 영향을 미친다는 사실이다. 떠나온 자는 어딘가에 정착한 자가 된다. 떠나온 자는 '뿌리 뽑힌 자'로서 떠나온 과거의 시공간을 그리워하며 살 수도 있겠지만, 그의 현재는 새롭게 뿌리 내린 공간의 정치사회적 환경과 언어를 통해 전개된다. 월남민으로서 대한민국에서 이방인으로 살았던 김은국은 매카시즘의 심장부에 속한 구성원이 되어 비로소 떠나온 땅의 역사와 사람들에 대해 이야기하기 시작했다. 그가 대한민국을 국가적 책임의 측면에서 혹은 이념적인 불철저함의 측면에서 비판하고, 스스로를 반공주의 투사이자 역사의 희생양으로 의미화할 수 있었던 것, 나아가 모국에 대한 비판을 철학적인 중립성을 통해 구현할 수 있었던 것은 그가 놓인 미국이라는 공간이 제공하는 정치사회적인 뒷받침이 있었기에 가능했다. 이러한 정황은 냉전체제 하에 발표된 디아스포라 문학이라는 특수성을 염두에 둘 때만 발견할 수 있다. 아울러 김은국의 글쓰기는 정착민의 입장에서 새롭게 구성되는 이방인의 역사라 할 수 있다. 김은국은 정착지에서 도리어 모국을 낯설게 바라보며 글을 쓰기 시작했다. 그의 사례는 디아스포라 문학의 이해에 있어 친숙한 모국에서 낯선 정착지를 바라보는 시선이 언제나 옳은 것만은 아니라는 사실을 나타낸다. 이 경우 디아스포라 문학은 망향의 서사, 유랑민의 수난사, 혹은 정체성 탐색의 주제 등을 훌쩍 뛰어넘어 새로운 정착 공간의 현재적 특성을 과거에 투사한 결과물이 된다. 디아스포라 문학을 지배하는 전형적인 시간의 틀에 대한 재고가 필요하다는 사실을 시사하는 대목이라고 할 수 있다.

참고문헌

김귀옥.『월남민의 생활 경험과 정체성』. 서울: 서울대학교 출판부, 1999.

김욱동.『김은국, 그의 삶과 문학』. 서울: 서울대학교 출판부, 2007.

김은국. 나영균 역.『심판자』. 서울: 중앙일보사, 1968.

______. 도정일 역.『순교자』. 파주: 문학동네, 2010.

______.『잃어버린 시간을 찾아서』. 고양: 서문당, 1985.

______.『잃어버린 이름』. 서울: 다림, 2011.

문봉제. "남기고 싶은 이야기들: 서북청년회."「중앙일보」, 1972년 12월 21일~1973년 2월 9일.

송창섭. "낭만적 허구와 역사적 진실: 김은국의 심판자와 잃어버린 이름."『한국학연구』, 제11집
        (1999).

윤정란. "서북청년회 출신들의 정치적 배제와 부활."『숭실사학』, 제33호 (2014).

이동하.「김은국의『순교자』와 알베르 카뮈」.『한국소설과 기독교』. 고양: 국학자료원, 2002.

정명환.「고난의 의미: 김은국의『순교자』와 카뮈」.『한국작가와 지성』. 서울: 문학과지성사, 1978.

정주아.『서북문학과 로컬리티』. 서울: 소명출판, 2014.

Kim, Richard E. *Lost Names*. Berkeley: University of California Press, 1998.

______. *The Innocent*. Boston: Houghton Mifflin, 1968.

______. *The Martyred*. New York: George Braziller, 1964.

Rhee, Jooyoen. "Against the Nihilism of Suffering and Death: Richard E. K. Kim and
        His Works." *Cross-Currents: East Asian History and Culture Review*, E-Journal,
        no.18 (March, 2016), pp. 1-20.

1

북한이탈주민 통일교육전문강사의
통일교육 실천 경험

박세영*

자유롭게 살아갈 수 있다는 희망으로 가슴 설레며 한국 생활을 시작했다. 그러나 한국 땅을 밟은 첫 느낌은 말이 통하는 듯하면서도 어딘지 모르게 낯설게 느껴졌고, 마치 내가 외계인이나 이방인이 된 것 같았다. 게다가 내가 북한에서 왔다고 하니, 나를 쳐다보며 머리에 뿔이 달렸나 하고 만져보는 사람도 있었다. 그들에게 나의 진짜 이야기를 들려주고 싶었지만, 입에서 맴돌 뿐이었다. 그래서 체계적으로 교육을 받고 내 경험을 전달해줄 수 있으면 좋겠다는 생각이 들었다. 그렇게 나는 국립통일교육원(현 국립평화통일민주교육원)에서 양성하는 통일교육전문강사 과정에 지원하고 수료했다.

국립통일교육원에서 교육을 받은 뒤에는 학교를 비롯해 민간단체, 교회 등 다양한 곳에서 통일교육전문강사로 활동했다. 하지만 북한에서

---

* 국립통일교육원 통일교육전문강사, 이화여자대학교 북한학과 박사과정

겪었던 경험을 이야기할 때는 나도 모르게 감정이 북받쳐올라 강의에 어려움을 겪기도 했다. 특히 고향이나 가족, 친구와의 이별에 대한 아픔을 이야기하면 감정이 격해지곤 했다. 또 일부 사람은 북한이탈주민에 대해 편견을 가지거나, 북한에 대한 정보를 왜곡해 이해하기도 했다. 그럴수록 나는 "내가 북한에서 살아본 경험이 있고, 북한 주민의 마음을 잘 헤아릴 수 있기 때문에 그 누구보다 통일교육전문강사를 잘할 수 있다"는 믿음을 가졌다. 그런 마음가짐으로 교육 대상자들이 북한에 대해 알고 싶어 할 때, 내 경험을 바탕으로 북한의 실상을 생생하게 전해주려 노력했다. 그리고 나와 같은 북한이탈주민은 남한에 정착한 후에도 고향과 가족에 대한 그리움을 안고 살아가기 때문에 그들의 마음속에 있는 통일에 대한 간절함과 희망은 교육을 받는 이들에게 큰 울림을 줄 수 있다고 생각했다.

어느 날은 호기심이 많고 생각이 자라는 초등학교를 찾았다. 내가 준비한 강의를 들으러 온 아이들에게 "북한에서 왔다"고 하니, 아이들은 내가 하는 말 한마디한마디에 집중하며 질문을 쏟아냈다. "북한 어디서 왔어요?", "뭘 타고 왔어요?", "북한에서는 어떤 게임을 해요?", "통일은 어른들이 하는 거 아니에요?" 등 아이들이 던지는 수많은 질문에 답하다 보니 정해진 수업 시간이 훌쩍 지나 있었다. 그래도 아이들의 눈높이에서 통일을 이야기하다 보니 활기차고 미래지향적인 대화로 흘러간 것 같아 뿌듯했다. 아이들 머릿속에 통일에 대한 미래의 그림을 그려주고, 함께 살아가야 할 친구라는 인식을 심어줄 수 있었다는 생각에 통일교육의 중요성을 새삼 느꼈다. 그래서 강의를 마치며 "통일이 되면 북한 아이들과 같이 맛있는 것도 먹고, 함께 수학여행도 가고, 미래에 대한 꿈을 함께 꾸는 것도 통일이니 우리 같이 만들어가자"고 말해주었다.

　나는 앞으로도 통일이란 멀고 먼 상상의 꿈이 아니라, 우리의 현실 속에 있다는 것을 전하고자 한다. 그리고 통일교육을 통해 북한 주민에 대한 동정이나 비난이 아니라, 그들이 겪고 있는 고통을 공감하는 마음을 가질 수 있도록 지도할 것이다. 무엇보다 하나의 민족으로서 정체성을 잃지 말고, 서로의 공통점을 찾아 이해하며 함께할 수 있는 방법을 찾아가면 좋겠다. 언젠가 이루어질 통일에 대해 끊임없이 고민하고 준비한다면, 희망은 곧 현실이 될 것이라고 믿는다.

중학교 국어교사의
탈북 그룹홈 학생 지도 경험

손승희*

중학교에서 국어교사를 담당하고 있는 나는 어느 날 우리 반 학생들에게 다음과 같은 제안을 했다. "애들아, 선생님이 가끔 방문하는 탈북 그룹홈이 있는데 북한에서 온 친구들이 모여 사는 곳이야. 너희들도 함께 가볼래?" 지인의 소개로 알게 된 그룹홈에는 초등학생부터 고등학생까지 북한이탈주민의 자녀들이 모여 돌봄 선생님과 함께 살고 있다. 부모가 북한이탈주민으로 남한에 정착하느라 자녀를 돌볼 수 없는 경우 이곳에 맡기는 것 같았고, 몇몇 학생은 부모가 없는 아이도 있었다. 각자 나름의 사연이 있었는데, 그래서인지 학교 적응이 어렵거나 우울증, ADHD 치료를 받고 있는 아이들도 있다고 한다.

처음 이 아이들을 만났을 때가 기억난다. 탈북민을 처음 만나는 때라 긴장도 되고, 혼자 별의별 상상을 다 했던 것 같다. 어린 시절에 받은

---

*   중앙기독중학교 국어교사, 이화여자대학교 북한학과 박사과정

반공교육의 폐해가 아닌가 싶다. 혹시라도 어색할까 봐 미리 준비해간 '몸으로 말해요' 게임을 시도했는데, 아이들 모두 재미있다며 계속하자고 한다. 직접 몸으로 부딪히며 놀고 나니 아이들 한 명, 한 명이 마음에 들어왔다.

아쉬운 만남 이후, 우리 반 5명의 아이들과 다시 방문한 날. 그룹홈 아이들은 자기보다 한두 살 많은 언니, 오빠들과 노는 걸 무척 좋아했다. 역시 내가 놀아주는 것과는 차원이 달랐다. 그룹홈 아이들은 각자 다니는 학교에서 또래 친구들과 친밀하게 어울리는 게 아직도 쉽지 않다고 한다. 슬라임 놀이로 마음 문을 활짝 연 아이들은 언니, 오빠들과 랜덤 게임을 시작한다. "아이 엠 그라운드 자기소개 하기~"를 시작으로 방안이 시끌시끌하다. 별거 아닌 것에 까르르 웃고, 장난치고, 신이 난 모습에 나도 덩달아 신이 났다. 집으로 돌아가는 전철에서 아이들이 재밌었던 걸 신나게 떠든다. 그룹홈 아이들이 어땠냐고 물으니, "똑같던데요? 제 주변 친구들과 다를 게 없어요"라고 한다. 다음에 또 올 거냐고 물으니, 너무 재밌어서 또 오고 싶다고 한다. 다음에 갈 땐 자기들이 비빔면이랑 짜파게티를 맛있게 끓여주고 싶다나. 벌써 뭐하며 놀지 이것저것 얘기한다. 처음에는 뭔가 다를 것 같고, 무서울 것 같다던 아이들. 그런 생각을 한 게 자기들도 우스웠나 보다.

한 번은 그룹홈에 갔던 우리 반 아이들이 추석을 앞두고 다시 놀러 가고 싶다고 찾아왔다. 명절 분위기에 맞춰 윷놀이도 하고, 공기놀이도 하겠다고. 가고 싶어 하는 날짜를 살펴보니 내가 대학원에 가야 하는 날과 딱 겹쳤다. "선생님은 그날 안 될 것 같은데, 어쩌지?"라고 했더니 단번에 자기들끼리 가보겠다고 한다. 그 먼 곳을 찾아가겠다고 하는 걸 보니 그룹홈 아이들이 보고 싶었나 보다. 아이들은 정말 순수한 것 같다. 잠깐의 만남에도 마음을 주고받으며 보고 싶어 한다. 이 아이들이 어른이 되었을 때 조금이라도 순수했던 이 시절의 만남을 떠올릴 수 있다면 남과 북이 서로 가까워질 수 있지 않을까.

이렇게 또 하나의 추억을 쌓고 온 우리 반 아이들은 날 보자마자 기말고사 끝나고 또 갈 거라고 한다. 이번에 야심 차게 준비했던 짜파게티와 비빔면은 매우 성공적이었고, 김밥 재료가 있어 다 같이 김밥도 만들었는데, 비빔면과 아주 환상의 조합이었다고 한다. 우리 반 아이들은 북에서 온 아이들과 놀고 온 게 아니라 예강이, 지유, 수민이, 진우, 찬이와 놀다 왔다.[1] 이들은 더 이상 북에서 온 낯선 아이들이 아니라 마음을 나눈 친구가 된 것이다. 김밥과 비빔면처럼 서로 다르지만 어우러져 또 한 번 신나게 놀았고, 다음에도 놀 것이다.

서로가 만나기 전에는 상상할 수 없는 일이 일어났다. 다르다고만 생각했던 사이가 자연스레 서로의 닮은 점을 찾아내며 가까워졌다. 사춘기 시절에 함께 추억을 쌓는 사이가 된 것이다. 이제 고민도 털어놓고, 첫사랑 이야기도 들려주는 사이가 되겠지. 서로의 마음을 나누는 그런 사이. 그렇게 함께 서로의 이웃이 되어가는 그림을 그려본다.

---

[1]   본문에 사용된 인물의 이름은 개인정보보호를 위해 가명으로 처리함.

III

세계시민적 연대 속 코리안 디아스포라의 역할과 한반도 평화

6

재외동포에 대한 국민인식과
코리안 디아스포라*

김수한**

통상적으로 해외에 거주하는 우리 민족을 일컫는 재외동포는 2023년 말 기준 약 708만 명으로, 전 세계 193개국에 걸쳐 분포하고 있다.[1] 한반도 평화와 코리안 디아스포라의 역할을 심층적으로 논의하기 위해서는 재외동포에 대한 국민인식을 이해하는 것이 필수이다. 이에 이 장에서는 재외동포재단 등에서 실시한 관련 조사 결과를 바탕으로 국민이 재외동포를 어떻게 인식하고 있는지를 살펴보고, 특히 연령별 인식의 특징을 분석하고자 한다. 2023년 재외동포청 출범 이전까지 재외동포 국정 사업을 이끌었던 재외동포재단은 연구 조사의 일환으로 매년 『재외동포에 대한 내국인 인식조사』를 통해 우리 국민이 재외동포에 대해 어떤

---

* 이 장의 내용은 저자가 참여한 『재외동포 거점도시 인천 조성을 위한 기본전략 구상』(인천: 인천연구원, 2024)의 일부분을 요약하여 재작성했음을 밝힌다.

** 인천연구원 경제산업연구부 선임연구위원

1 재외동포 인구 및 분포국에 대한 보다 구체적인 내용은 재외동포청 홈페이지에서 확인할 수 있다. 〈https://oka.go.kr/oka/information/know/status//〉

인식을 가졌는지를 조사했다. 최근 조사는 2022년 실시되었다.

더불어 이 장에서는 2023년 재외동포청을 유치한 이후 이를 지역발전의 기회로 적극 활용하고 있는 인천시에서 시행한『재외동포 협력에 대한 시민 인식조사』를 활용, 시민이 재외동포와의 협력에 대해 어떻게 인식하고 있는지를 면밀히 분석한다. 이러한 분석을 통해 국민인식의 특징과 시사점을 도출하고, 향후 재외동포 정책과 한반도 평화 조성에 참고할 기초자료를 제공하고자 한다.

1) 재외동포에 대한 인식과 호감도

(1) 내국인이 생각하는 재외동포란?

2023년 5월 9일 제정된 「재외동포기본법」에 따르면, 재외동포는 "대한민국 국민으로서 외국에 장기 체류하거나 외국의 영주권을 취득한 재외국민과 외국국적동포"를 포함한다. 외국국적동포는 "출생에 의해 대한민국 국적을 보유한 사람(대한민국 정부 수립 이전에 국외로 이주한 사람 포함) 또는 그 직계비속으로서 대한민국 국적을 가지지 않은 사람"을 의미한다. 이는 대한민국 국적을 보유하지 않은 한민족의 일원을 포괄하는 개념이다.[2]

재외동포재단의 2023년 조사에 따르면, 내국인이 재외동포를 인식하는 범위에는 차이가 존재했다. 재외국민을 재외동포로 여기는 비율은

---

[2]   재외동포의 정의는 재외동포청 홈페이지 참고; 〈https://oka.go.kr/oka/information/know/definition/〉(검색일: 2024.12.17.).

79.9%로 높게 나타났으며, 대한민국 정부 수립 이전에 중국, 구소련, 일본 등으로 이주한 동포 및 그 후손을 재외동포로 인식하는 비율도 64.1%에 달했다. 반면, 해외로 이주해 체류국 국적을 취득한 이민자나 한국어를 전혀 모르는 차세대 재외동포, 그리고 한인 입양인을 재외동포로 간주하는 비율은 상대적으로 낮게 조사되었다.

이러한 결과는 재외동포에 대한 내국인의 인식이 재외국민과 초기 이주 동포에게는 명확하게 형성되어 있는 반면, 차세대 동포나 입양인처럼 범위가 확장된 대상에 대해서는 인식의 차이가 존재함을 보여준다.

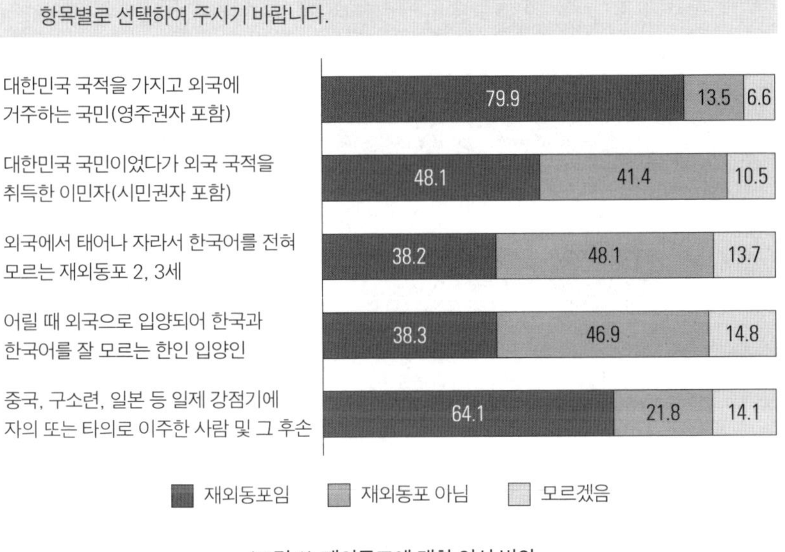

〈그림 1〉 재외동포에 대한 인식 범위

자료: 재외동포재단, 『2022 재외동포에 대한 내국인 인식조사』 (서울: 재외동포재단, 2023), p. 97.

(2) 재외동포에 대한 호감도

재외동포재단의 2023년 조사에 따르면, 내국인 중 재외동포에 호감을 보인 비율은 29.4%, 비호감으로 응답한 비율은 12.8%였으며, "보통"이라고 답한 비율이 57.8%로 가장 높았다.

세대별로 살펴보면 재외동포에 대한 호감과 비호감 인식에는 뚜렷한 차이가 드러났다. 10대, 20대, 30대의 호감도는 각각 4.5%, 18.4%, 22.1%로 낮은 수준을 보였으며, 비호감도는 22.7%, 21.8%, 29.3%로 상대적으로 높게 나타났다. 반면, 40대, 50대, 60대의 호감도는 각각 24.7%, 33.4%, 49.5%로 연령대가 높아질수록 증가하는 경향을 보였다. 비호감도 역시 10.1%, 9.1%, 6%로 연령대가 높아질수록 감소하는 양상을 나타냈다.

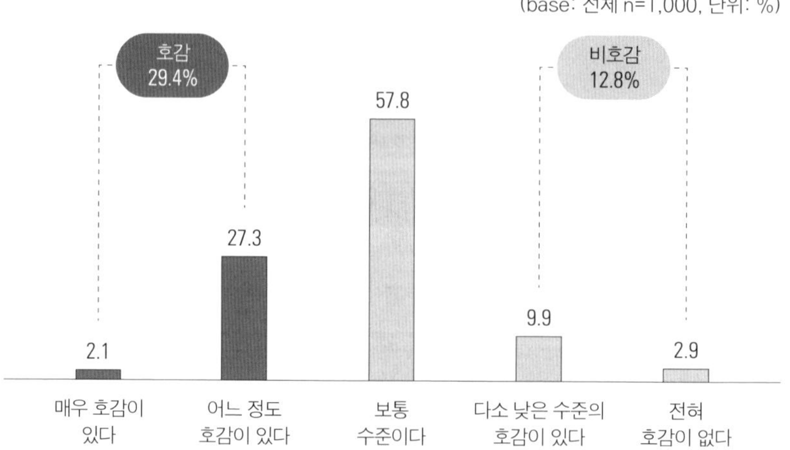

<그림 2> 재외동포에 대한 호감

자료: 재외동포재단, 『2022 재외동포에 대한 내국인 인식조사』 (서울: 재외동포재단, 2023), p. 123.

이와 같은 결과는 세대에 따라 재외동포에 대한 인식이 다르게 형성되고 있음을 보여준다. 젊은 세대에서는 호감도가 낮고 비호감도가 상대적으로 높은 반면, 연령대가 높아질수록 호감이 증가하고 비호감이 감소하는 경향이 확인되었다.

(3) 재외동포의 기여도 인식

재외동포에 대한 호감도는 재외동포의 기여도에 대한 인식과도 밀접하게 연결된다. 조사에 따르면, 재외동포가 대한민국의 전반적인 발전에 기여한다고 응답한 비율은 32.0%였으며, 기여하지 못한다고 보는 의견은 23.4%로 나타났다. 재외동포의 한국 발전 기여에 대한 인식 역시 세대 간 차이를 보였다. 60대 이상 응답자의 49.1%가 재외동포의 기여

Q. 귀하께서는 재외동포가 대한민국의 발전에 전반적으로 얼마나 기여한다고 생각하십니까?

(base: 전체 n=1,000, 단위: %)

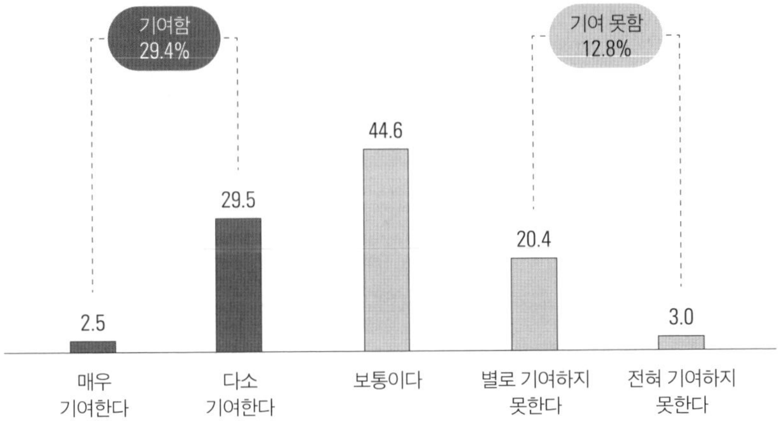

〈그림 3〉 한국에 대한 재외동포의 기여도 인식

자료: 재외동포재단, 『2022 재외동포에 대한 내국인 인식조사』(서울: 재외동포재단, 2023), p. 142.

를 긍정적으로 평가했으며, 50대(34.8%)와 40대(32.3%) 역시 평균보다 높은 수준으로 기여를 인정했다. 반면, 10대(13.6%), 20대(19%), 30대(20.5%)는 긍정적 응답 비율이 평균에 미치지 못했으며, 부정적 응답 비율은 각각 36.4%, 32.4%, 29.8%로 높게 나타났다.

이러한 결과는 연령대가 높을수록 재외동포의 기여를 긍정적으로 평가하는 경향이 뚜렷한 반면, 젊은 세대에서는 상대적으로 부정적 인식이 더 많이 나타나고 있음을 보여준다.

2) 재외동포 거주국·지역에 따른 인식 차이

(1) 국가별·지역별 재외동포 호감도

재외동포재단 조사에 따르면, 재외동포가 거주하는 국가와 지역에 따라 내국인의 호감도에는 상당한 차이가 나타났다. 북미의 미국에 가장 많은 약 262만 명의 재외동포가 거주하고 있으며, 동북아의 중국과 일본에는 각각 210만 명과 80만 명이 살고 있다. 특히, 중국에 거주하는 재외동포의 89.8%는 중국 국적을 지닌 조선족이며, 러시아와 독립국가연합(CIS) 지역에도 고려인이 현지 국적을 지니고 많이 거주하고 있다.[3]

재외동포 거주 국가에 대한 호감도는 북미(미국·캐나다), 유럽, 일본 등 소위 선진국에 대해서는 높게 나타난 반면, 러시아·CIS와 중국에 대한 호감도는 상대적으로 낮게 조사되었다. 조사에서 1순위, 2순위, 3순위를

3　국가별·지역별·체류자격별 재외동포 인구 분포는 재외동포청 홈페이지를 통해 확인할 수 있다. 〈https://oka.go.kr/oka/information/know/status//〉(검색일: 2024.12.17.).

합산한 결과, 러시아·CIS를 호감 국가로 꼽은 비율은 13.9%에 불과했으며, 중국은 13.6%에 그쳤다. 재외동포 거주국·지역에 따른 호감도 역시 세대별로 차이를 보였다. 전 세대에 걸쳐 북미와 유럽 지역에 대한 호감도는 높게 나타났지만, 실제 많은 외국국적동포가 거주하는 중국과 러시아·CIS 지역에 대한 호감도는 낮았다. 러시아·CIS와 중국에 대해 호감도를 보인 비율(1+2+3순위 기준)을 살펴보면, 40대에서는 각각 11.1%와 7.4%, 50대에서는 각각 14.3%와 4.1%로 나타났다. 반면, 60대 이상에서는 각각 24.3%와 15.7%로 비교적 높은 호감도를 보였다.

이러한 결과는 60대 이상 연령대가 한국 근현대사의 특수성에 대한 이해와 공감에 기초하여 재외동포에 대해 보다 포용적인 태도를 보이는 경향이 있음을 보여준다. 반면, 청년 세대로 갈수록 해당 지역에 대한 호감도가 낮아지는데, 이는 재외동포의 한국 발전 기여도에 대한 인식과도

Q. 귀하께서는 다음 중 어느 지역의 재외동포에게 호감을 가지고 있습니까?

(base: 재외동포에 호감이 있는 경우, n=294, 단위: %)

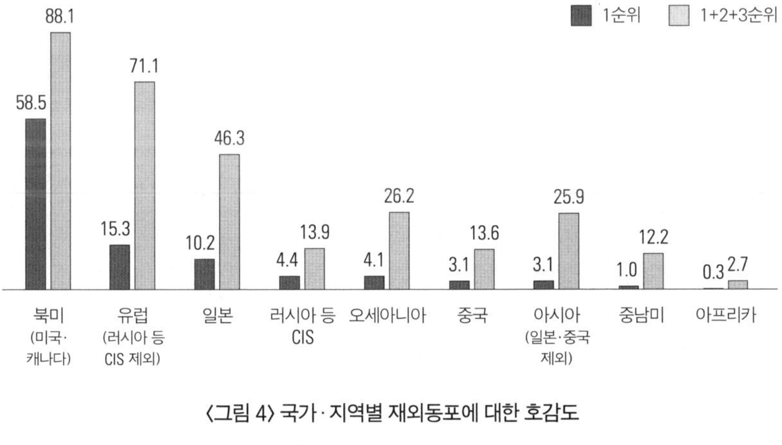

〈그림 4〉 국가·지역별 재외동포에 대한 호감도

자료: 재외동포재단, 『2022 재외동포에 대한 내국인 인식조사』 (서울: 재외동포재단, 2023), p. 125.

밀접하게 연결되어 있다.

(2) 조선족 및 고려인에 대한 호감도

국내에 체류하는 동포의 상당수를 차지하는 중국 국적 동포(조선족)와 러시아·CIS 국적 동포(고려인)에 대한 긍정적·부정적 인식을 비교해 보면, 두 집단 모두 긍정적 인식이 낮다는 공통점이 있으나 세부 내용에서는 차이가 존재한다.

조선족에 대한 긍정적 인식은 14.9%에 불과한 반면, 부정적 인식은 54.2%로 상당히 높게 나타났다. 연령별로는 20대의 부정적 인식이 72.1%로 가장 높았고, 30대는 64%, 10대는 59.1%로 나타났다. 반면, 50대와 60대 이상 연령대에서는 긍정적 인식이 각각 20%와 26.5%로 상

(base: 전체 n=1,000, 단위: %)

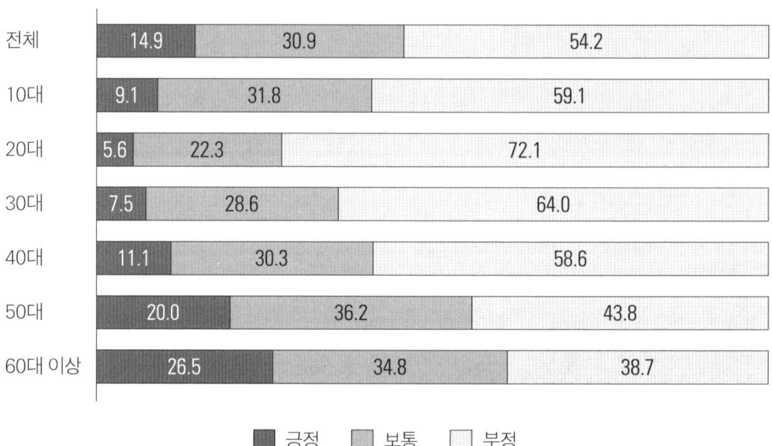

〈그림 5〉 중국 국적 동포(조선족)에 대한 인식

자료: 재외동포재단, 『2022 재외동포에 대한 내국인 인식조사』(서울: 재외동포재단, 2023), p. 133.

대적으로 높았으며, 부정적 인식은 43.8%와 38.7%로 비교적 낮았다.

고려인에 대한 긍정적 인식은 28.4%, 부정적 인식은 20.8%로 나타났으며, "보통"이라고 응답한 비율은 50.8%로 가장 높게 나타났다. 이는 중국 동포에 비해 부정적 인식은 낮고, 유보적인 태도가 두드러진 결과이다. 연령별로 살펴보면 20대와 30대의 부정적 인식은 각각 25.1%와 20.5%였고, 긍정적 인식은 각각 24.6%와 25.5%였다. 10대의 경우 긍정적 인식은 4.5%로 매우 낮았으며, 부정적 인식은 40.9%에 달했다. 반면, "보통"이라고 답한 비율이 54.5%로 가장 두드러졌다. 50대와 60대 이상에서는 부정적 인식이 20% 미만이었으며, 긍정적 인식이 30% 이상으로 나타나 상대적으로 긍정적인 평가를 보였다.

(base: 전체 n=1,000, 단위: %)

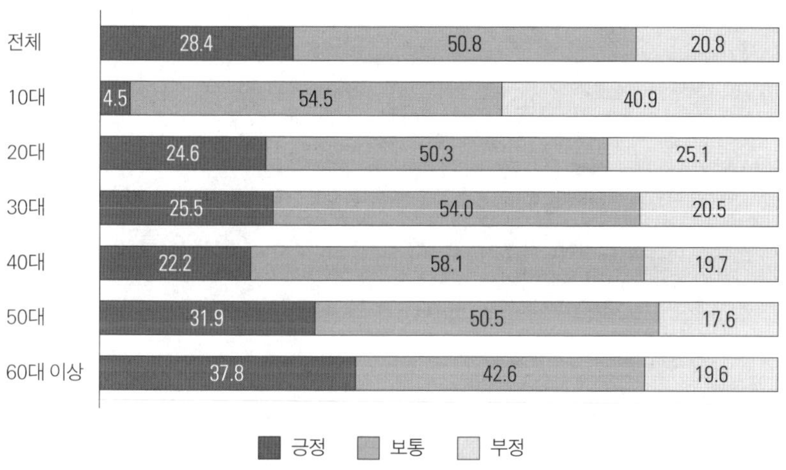

〈그림 6〉 러시아·CIS 국적 동포(고려인)에 대한 인식

자료: 재외동포재단, 『2022 재외동포에 대한 내국인 인식조사』 (서울: 재외동포재단, 2023), p. 137.

(3) 조선족 및 고려인의 국내 취업에 대한 인식

중국 동포의 국내 취업에 대한 긍정적 인식은 8.1%로 매우 낮았으며, "보통"이라고 응답한 비율이 49.9%를 차지했다. 특히 20대의 부정적 인식은 64.2%로 젊은 세대의 부정적 시각이 두드러졌다. 반면, 50대와 60대 이상에서는 긍정적 인식과 보통 의견을 합친 비율이 각각 71.5%와 73.9%로 비교적 긍정적인 시각을 보였다. 반면, 러시아·CIS 동포의 국내 취업에 대한 긍정적 및 보통 인식은 84.6%로 높게 나타났으며, 부정적 인식은 15.2%에 불과했다. 세대 전반에 걸쳐 러시아·CIS 동포의 국내 취업에 대한 부정적 인식은 20% 미만으로 나타나 중국 동포와 대비되는 경향을 보였다.

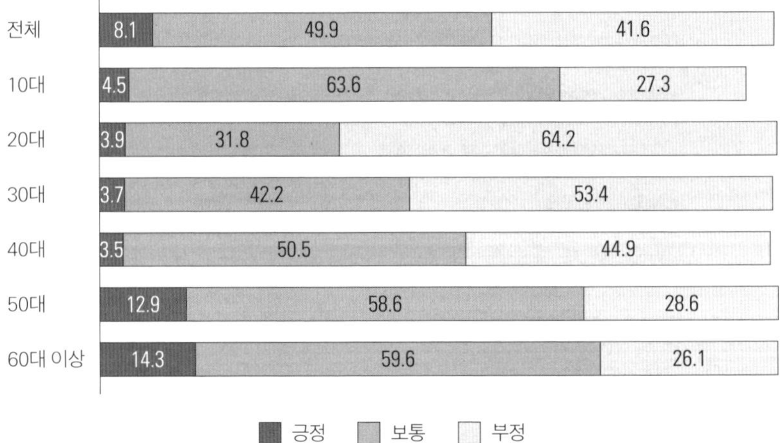

〈그림 7〉 중국 국적 동포(조선족)의 국내 취업에 대한 인식

자료: 재외동포재단, 『2022 재외동포에 대한 내국인 인식조사』 (서울: 재외동포재단, 2023), p. 135.

    III. 세계시민적 연대 속 코리안 디아스포라의 역할과 한반도 평화

(base: 전체 n=1,000, 단위: %)

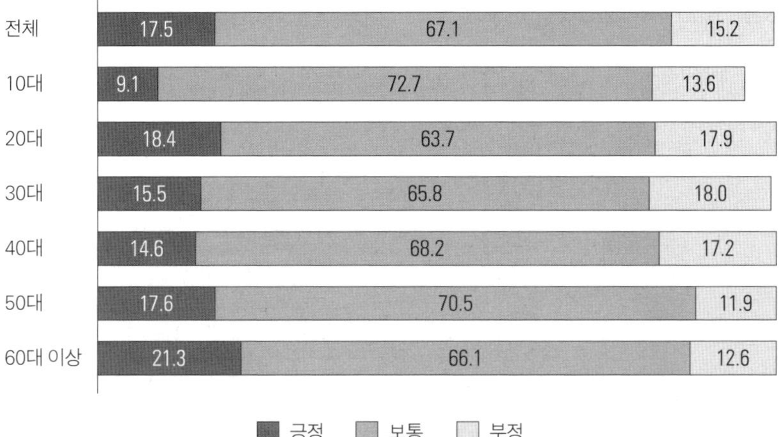

<그림 8> 러시아·CIS 국적 동포(고려인)의 국내 취업에 대한 인식

자료: 재외동포재단, 『2022 재외동포에 대한 내국인 인식조사』 (서울: 재외동포재단, 2023), p. 139.

이상에서 살펴본 바와 같이, 재외동포에 대한 내국인의 인식은 국가별·지역별·세대별·동포집단별로 뚜렷한 차이를 보인다. 북미, 유럽, 일본 등 선진국에 거주하는 재외동포에 대해서는 호감도가 높게 나타난 반면, 중국과 러시아·CIS 지역에 거주하는 동포에 대한 호감도는 상대적으로 낮았다. 이는 국가 이미지, 경제적 상황, 문화적 거리감 등이 복합적으로 작용한 결과로 해석된다.

세대별로는 연령대가 높을수록 재외동포에 대해 상대적으로 긍정적이고 포용적인 태도를 보였다. 특히 60대 이상의 경우, 한국 근현대사와 재외동포의 역사적 배경에 대한 이해와 공감이 높아 이러한 경향이 두드러졌다. 반면 20대와 30대의 젊은 세대에서는 중국과 러시아·CIS 지역에 대한 호감도가 낮았는데, 이는 경제적 이주 문제와 동포의 한국 내 역할에 대한 인식과 밀접하게 연결되어 있다.

동포집단별로 살펴보면, 중국 국적 동포인 조선족에 대한 부정적 인식이 특히 두드러졌다. 이는 경제적 이유로 한국에 이주한 조선족과 관련된 사회적 갈등이 주요 원인으로 작용한 것으로 보인다. 반면 러시아·CIS 동포인 고려인에 대한 부정적 인식은 상대적으로 낮았으며, 긍정적 인식보다 유보적인 태도가 두드러졌다. 이는 고려인에 대한 내국인의 경험과 인식이 상대적으로 중립적으로 형성된 결과로 해석된다.

재외동포의 국내 취업에 대한 인식도 비슷한 경향을 보였다. 중국 동포의 국내 취업에 대해서는 부정적 시각이 뚜렷하게 나타난 반면, 러시아·CIS 동포의 취업에 대해서는 긍정적이거나 유보적인 태도가 높았다. 이는 한국 사회가 동포집단별로 상이한 사회적 수용성을 보이고 있음을 시사한다.

결론적으로, 재외동포에 대한 내국인의 인식 차이는 역사적 경험, 경제적 이해관계, 국가 이미지, 문화적 거리감 등이 복합적으로 영향을 미친 결과라 할 수 있다. 따라서 이러한 인식을 개선하기 위해서는 세대별 접근과 지역별 특성을 반영한 균형 잡힌 정책적 노력이 필요하다는 점을 시사한다.

3) 재외동포 협력에 대한 인천시민의 인식

2023년 6월 출범한 재외동포청을 유치한 인천시는 이를 지역발전과 글로벌 도시 경쟁력 증진의 기회로 삼고자 다양한 노력을 기울이고 있다. 재외동포 협력 시정을 추진하기 위한 기초자료를 확보하고자 인천시 시정연구기관인 인천연구원은 2024년 5월 8일부터 12일까지 인천시에

　　　　Ⅲ. 세계시민적 연대 속 코리안 디아스포라의 역할과 한반도 평화

거주하는 만 18세 이상 남녀 1천 명을 대상으로 재외동포 협력에 대한 인식조사를 실시했다.

(1) 재외동포 대한 인천시민의 호감도와 기여도 인식

조사 결과, 인천시민은 재외동포에 대해 긍정적·부정적 인식을 모두 나타내며, 일반 국민과 유사한 경향을 보였다. 재외동포에 대한 호감도 질문에서는 "호감이 있다"는 응답이 22.8%, "호감이 없다"는 응답이 19.2%로 나타났다. 이는 2022년 국민인식조사와 비교했을 때, 인천시민의 호감도는 6.6% 낮고, 비호감 응답은 6.4% 높게 나타난 결과이다.

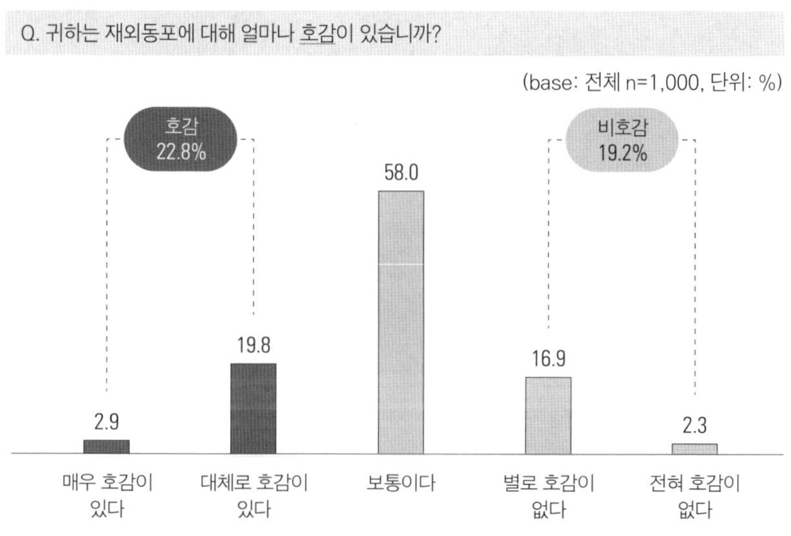

〈그림 9〉 재외동포에 대한 인천시민의 호감 정도

자료: 인천연구원, 『2024 재외동포 협력에 대한 인천시민 인식조사』 (인천: 인천연구원, 2024), p. 19.

또한, 재외동포의 한국 사회 발전 기여 정도에 대한 질문에서는 긍정적 인식이 30.1%, 부정적 인식이 21.1%로 조사되었다. 이는 국민 전체를 대상으로 한 2022년 조사에서의 32%와 23.4%보다 부정적 인식이 다소 높은 결과로, 인천시민 역시 재외동포의 사회적 기여에 대해 상대적으로 비판적인 태도를 보이고 있음을 보여준다.

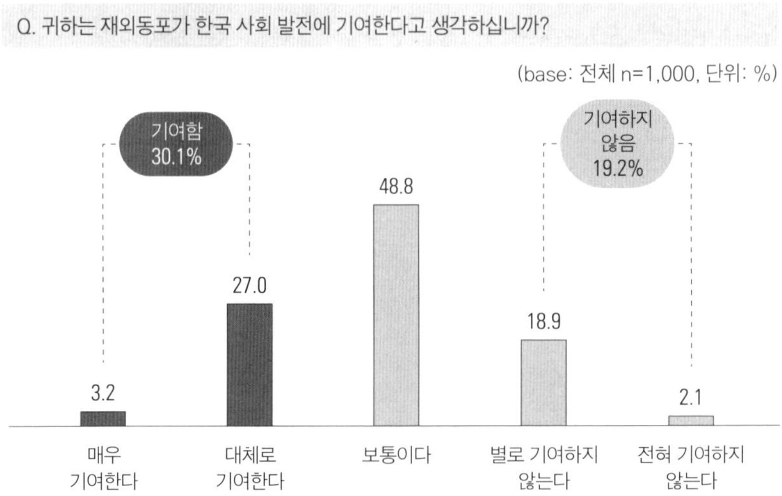

〈그림 10〉 재외동포의 한국 사회 발전 기여 정도에 대한 인천시민의 인식

자료: 인천연구원, 『2024 재외동포 협력에 대한 인천시민 인식조사』 (인천: 인천연구원, 2024), p. 21.

(2) 인천의 글로벌 도시로의 발전에 대한 기여도 인식

재외동포의 지역발전에 대한 구체적인 기여도 질문에서는 다른 양상이 확인되었다. 인천시민은 재외동포와의 협력이 인천의 글로벌 도시 발전에 필요하다고 인식하는 비율이 높았다. "필요하다"는 응답이 58.5%(매우 필요 10.2% + 대체로 필요 48.3%)로 나타난 반면, "필요하지 않다"는 응답은 8.9%(별로 필요하지 않다 7.6% + 전혀 필요하지 않다 1.3%)에 불과했다. "보통"이라고 응답한 비율은 32.7%였다. 이와 같은 결과는 재외동포청 유치 이후 인천이 재외동포와의 교류와 협력을 통해 글로벌 도시로서 위상을 강화할 수 있다는 시민의 기대감을 반영한 것으로 해석된다.

또한, 재외동포와의 협력이 인천의 경제·산업 발전에 기여할 수 있는지에 대한 질문에서도 긍정적 응답이 두드러졌다. "도움이 된다"는 응답은 52.4%였으며, "도움이 되지 않는다"는 응답은 8.9%에 그쳤다.

종합적으로 인천시민은 재외동포에 대한 전반적인 호감도와 기여도 인식에서 국민 평균과 유사하거나 다소 낮은 경향을 보였다. 그러나 재외동포와의 협력이 인천의 글로벌 도시 발전에 기여할 수 있다는 점에 대해서는 긍정적인 기대감을 나타냈다. 이는 재외동포청 유치가 인천시민에게 지역발전의 가능성을 제시하고 있음을 보여준다.

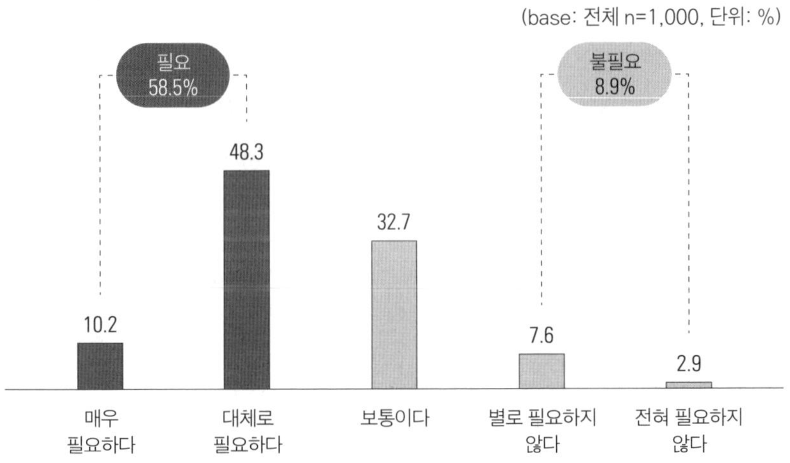

<그림 11> 인천의 글로벌 도시 발전을 위한 재외동포 협력 필요성

자료: 인천연구원, 『2024 재외동포 협력에 대한 인천시민 인식조사』 (인천: 인천연구원, 2024), p. 25.

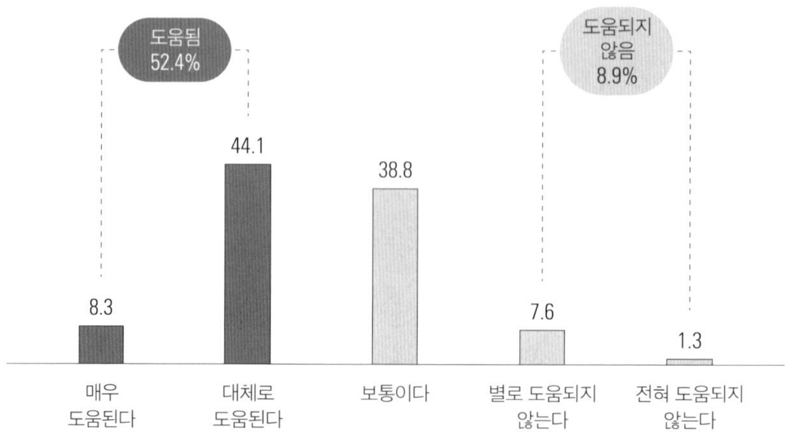

〈그림 12〉 재외동포 협력이 인천의 경제·산업 발전 기여 정도

자료: 인천연구원, 『2024 재외동포 협력에 대한 인천시민 인식조사』 (인천: 인천연구원, 2024), p. 27.

(3) 인천시민의 연령별 재외동포 협력 인식

인천시민의 재외동포에 대한 관심과 인식을 연령별로 분석한 결과, 청년층은 장년층 및 노년층에 비해 상대적으로 낮은 관심과 부정적 태도를 보이는 경향이 확인되었다. 18~29세와 30대 응답자 중 재외동포에 대해 알고 있다고 답한 비율은 각각 17.5%와 18.4%로 나타났다. 이는 60대 이상의 38.9%와 50대의 30%에 비해 크게 낮은 수치로, 청년층의 재외동포에 대한 인식과 경험이 상대적으로 부족함을 보여준다.

재외동포에 대한 호감도에서도 세대 간 뚜렷한 차이가 나타났다. 18~29세와 30대 응답자의 호감도는 각각 13.8%와 15.2%로 낮게 나타난 반면, 50대와 60대 이상의 호감도는 각각 25%와 31.3%로 연령대가

                     III. 세계시민적 연대 속 코리안 디아스포라의 역할과 한반도 평화

높아질수록 긍정적인 인식이 두드러졌다.

그러나 글로벌 도시 발전과 지역 경제·산업 관련 재외동포의 기

(base: 전체 n=1,000, 단위: %)

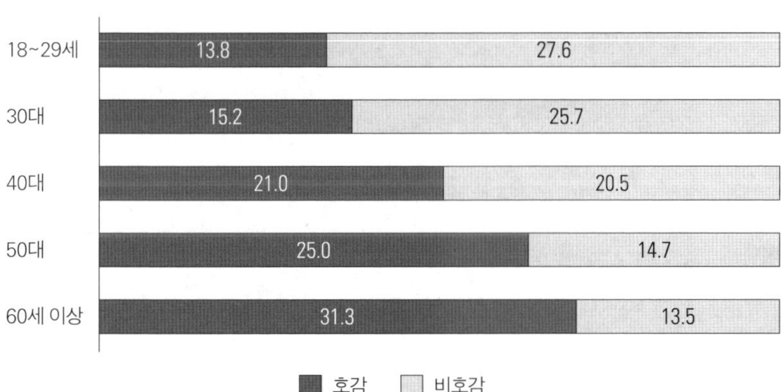

<그림 13> 재외동포에 대한 인천시민(연령별)의 인지도

자료: 인천연구원, 『2024 재외동포 협력에 대한 인천시민 인식조사』 (인천: 인천연구원, 2024), p. 13.

(base: 전체 n=1,000, 단위: %)

<그림 14> 재외동포에 대한 인천시민(연령별)의 호감도

자료: 인천연구원, 『2024 재외동포 협력에 대한 인천시민 인식조사』 (인천: 인천연구원, 2024), p. 15.

여에 대한 긍정적 인식은 청년층에게도 반영되고 있다. 설문 결과,
18~29세와 30대 응답자의 30.3%와 21.5%가 재외동포의 한국 사회 발

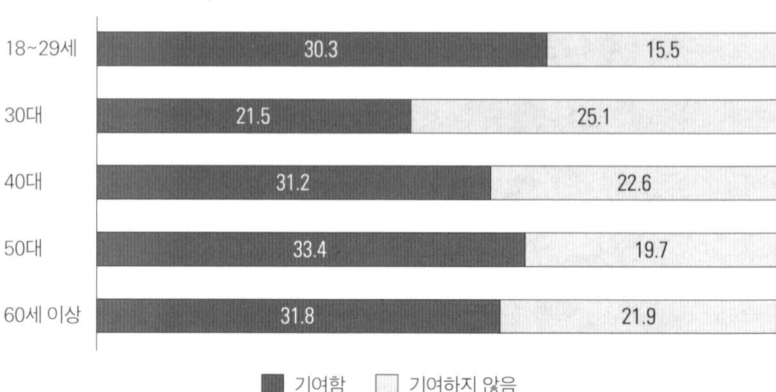

〈그림 15〉 재외동포의 한국 사회 발전 기여 정도에 대한 인천시민(연령별)의 인식

자료: 인천연구원, 『2024 재외동포 협력에 대한 인천시민 인식조사』(인천: 인천연구원, 2024), p. 22.

〈그림 16〉 재외동포가 이웃이 되는 것에 대한 인천시민(연령별)의 인식

자료: 인천연구원, 『2024 재외동포 협력에 대한 인천시민 인식조사』(인천: 인천연구원, 2024), p. 21.

전 기여를 긍정적으로 평가했다.

또한 재외동포를 이웃으로 받아들이는 것에 대한 연령별 인식에서도 긍정 응답 비율은 18~29세 24.9%와 30대 22.7%로 나타났다. 반면, 부정적 의견은 각각 8.8%와 14%로 상대적으로 낮았다. 이러한 결과는 인천의 청년층이 재외동포의 실질적 기여와 역할에 대해 긍정적으로 인식하고 있음을 보여준다.

4) 국민인식의 특징과 코리안 디아스포라

재외동포에 대한 국민의 긍정적·부정적 인식은 비슷한 수준이며, 다수는 중립적 태도를 보인다. 하지만 재외동포의 거주 국가(지역)에 따라 인식 차이가 나타난다. 북미·유럽 및 일본 등 선진국에 거주하는 재외동포에 대한 긍정적 인식은 높다. 반면, 국내로 이주하여 정착한 중국 동포(조선족)와 러시아·CIS 동포(고려인)에 대한 부정적 인식은 상대적으로 높다. 중국 동포의 경우 국내 이주 과정에서 발생한 일부 갈등과 부정적 사건이 국민인식에 영향을 미쳤다. 특히 경제적·사회적 자원을 두고 발생하는 경쟁과 불안정한 고용시장의 상황이 이러한 부정적 인식을 심화시키고 있다.

러시아·CIS 동포에 대한 인식은 더욱 복합적이다. 긍정적 인식 비율은 낮지만, 중립적 의견이 다수를 차지한다는 점이 주목된다. 이는 이들에 대한 정보가 부족하거나 문화적·역사적 거리를 좁히지 못한 결과로 볼 수 있다.

재외동포에 대한 국민의 인식은 연령별로도 상당한 차이를 보인다.

장년층 이상 세대는 재외동포를 한민족 공동체의 성원으로 간주하며 포용적이고 긍정적인 태도를 유지하는 경향이 있다. 이는 장년층과 노년층이 한국의 경제성장 과정과 한민족의 역사적 경험을 직접 체험한 세대이기 때문이다. 이들에게 재외동포는 한민족의 연대와 글로벌 확장의 상징으로 인식되며, 역사적 기여에 대한 긍정적 평가가 이어지고 있다.

반면, 청년층은 상대적으로 재외동포에 대한 부정적 인식이 크다. 청년층의 부정적 인식은 재외동포와의 일상적 교류나 경험이 부족하고 일부 부정적 사례가 미디어를 통해 확대 재생산되기 때문으로 해석된다. 또한 청년층은 취업시장의 경쟁과 경제적 불안 속에서 이주민 및 재외동포와의 관계를 갈등적으로 인식하기 쉬운 구조적 요인도 존재한다.

인천시민의 재외동포에 대한 관심과 인식은 국민 전체와 비슷한 경향을 보인다. 인천시민의 긍정적·부정적 인식은 비등하며, 연령별 차이 또한 국민 전체와 유사하게 나타난다. 장년층과 노년층은 재외동포를 긍정적으로 평가하고 포용적 태도를 보이지만, 청년층의 인식은 상대적으로 부정적이다.

그러나 주목할 점은 인천 청년층이 일반 국민에 비해 재외동포의 실질적 기여와 역할을 긍정적으로 평가하는 경향을 보인다는 것이다. 이는 인천이 역사적으로 재외동포 이주의 출발지이자 글로벌 네트워크의 중심지로, 재외동포와의 연결성이 다른 지역보다 높고, 인천이 이 같은 지역 특징을 바탕으로 재외동포청 유치와 함께 글로벌 도시로의 발전 가능성을 시민에게 제시했기 때문으로 볼 수 있다.

특히, 인천시민은 재외동포와의 협력이 인천의 경제·산업 발전에 기여할 수 있다는 점에서 긍정적인 기대감을 나타내고 있다. 이는 재외동포를 단순히 역사적·정서적 존재로 인식하기보다 실질적인 협력과 상생

　　　　　Ⅲ. 세계시민적 연대 속 코리안 디아스포라의 역할과 한반도 평화

의 파트너로서 평가하고 있음을 시사한다.

재외동포에 대한 국민 및 인천시민의 인식조사는 중요한 정책적 시사점을 제공한다. 중앙정부가 한민족 공동체의 정체성 강화만을 명분으로 추진하는 재외동포 협력 정책은 일정 부분 한계를 가질 수 있다. 특히 청년층의 부정적 인식을 고려할 때, 기존의 당위적 접근에서 벗어나 보다 실용적이고 체감할 수 있는 협력 방안을 마련해야 한다.

한민족 공동체라는 역사적 유대와 감성적 호소만으로는 국민의 재외동포 협력에 대한 공감대를 형성하기 어렵다. 무엇보다 재외동포 협력을 통해 국가와 지역사회, 그리고 국민의 일상적 삶에 긍정적인 영향을 미칠 수 있는 사업을 발굴·추진하는 것이 중요하다. 이와 함께 재외동포의 다양한 문화와 경험을 공유할 수 있는 프로그램을 마련하고, 국민과 재외동포 간의 상호 이해를 증진하는 노력이 필수이다. 이를 통해 지속가능한 협력 기반을 구축하고, 국민적 공감대를 형성해나가야 한다.

이러한 접근은 단순히 한민족 공동체 발전이라는 당위적 목표를 넘어, 재외동포 협력을 통해 국가 경쟁력을 강화하고 지역사회의 실질적 발전을 이끌어낼 수 있을 것이다. 동시에 국민의 인식을 개선하고 재외동포와의 상호 신뢰를 회복하는 데 기여할 수 있다.

참고문헌

김수한 외. 『재외동포 거점도시 인천 조성을 위한 기본전략 구상』. 인천: 인천연구원, 2024.

인천연구원. 『2024 재외동포 협력에 대한 인천시민 인식조사』. 인천: 인천연구원, 2024.

재외동포재단. 『2022 재외동포에 대한 내국인 인식조사』. 서울: 재외동포재단, 2023.

재외동포청 홈페이지; 〈https://oka.go.kr/oka/information/know/status//〉.

7

글로벌 통일환경 변화 속
통일공공외교와
코리안 디아스포라*

윤혜령**

1) 코리안 디아스포라와 한반도 통일

코리안 디아스포라의 역사와 정체성은 한반도 분단의 과정과 깊이 맞닿아 있다. 일제강점기와 한국전쟁을 거치며 많은 한국인은 타의에 의해, 혹은 반강제적인 형태로 해외 여러 지역으로 이주했다. 특히 1945년 해방과 분단 이후에는 수백만 명이 남북 경계를 넘어 피난하거나 해외로 이주하면서 대규모 이주가 발생했다. 이 시기 일본으로 건너간 재일동포는 전쟁 전후의 혼란 속에서 남북 출신이 뒤섞여 정착했으며, 이후 남측

---

* 이 장의 내용은 저자의 "글로벌 통일환경 변화 속 新통일공공외교 모델 구상과 재외동포의 역할" (『평화통일논총』, 3권 1호, 2024)을 바탕으로 재작성했음을 밝힌다.

** HMG 경영연구원 연구위원

계 '민단'과 북측계 '조총련'으로 분열되어 분단체제의 축소판을 이루었다. 중국의 조선족, 러시아의 고려인, 미주의 한인 1세대 또한 전쟁과 분단, 그리고 냉전의 영향 속에서 형성된 공동체들이다. 이들은 세계 각 지역에서 새로운 사회문화적 환경 속에서도 다양한 분야에서 영향력 있는 인사들로 자리 잡아가며 해외 정부나 여론을 움직이는 오피니언리더들로 부상하고 있다.

하지만 여전히 재외동포는 통일공공외교의 매개체적 역할에 머물 뿐 담론을 형성하는 과정에서 주체적인 역할을 하지 못했다. 또한, 재외동포는 대북 지원, 남북경협 등에서 남한과 북한, 그리고 국제사회 간의 가교 역할을 해왔지만, 이들의 활약상은 대부분 개인의 의지에 따라 이뤄졌으며 한국 정부의 직접적 지원은 미비했다. 변화하는 통일환경에서 남북관계의 돌파구를 마련하고 전환점을 맞이하기 위해서는 재외동포를 포함한 코리안 디아스포라의 역할을 새롭게 조명하여 통일공공외교를 전방위적으로 펼칠 필요성이 제기된다.

또한, 세계화와 탈국경화 시대에 한반도 통일은 폐쇄적 민족성과 공간성을 넘어서 다양성을 포용하는 동시에 세계 보편적인 가치를 추구해야 한다는 점에서 통일공공외교의 목표와 방향성, 그리고 대상이 새롭게 설정되어야 하며, 이 과정에서 재외동포 사회가 갖는 의미를 되살펴보아야 한다. 한반도 통일은 단순히 남과 북의 영토 및 정치적 통합이 아니라 문화, 언어, 역사, 정체성을 공유한 세계 한민족의 통합을 지향해나가야 한다. 세계 한민족의 통일을 위해서는 통일한국의 정체성 역시 코리안 디아스포라와 함께 논의해야 할 것이다.

코리안 디아스포라는 단순히 외국 대중과의 소통 채널로서의 역할을 넘어, 독립적인 소통 및 영향력의 주체로서 통일과정에서 적극적이고 중요한 역할을 수행해왔다. 디아스포라 공동체는 국제적 담론을 주도하며, 한반도 통일과 관련된 이니셔티브를 지지하거나 로비 활동을 펼치고, 자국의 문제를 논의하기 위한 미디어 플랫폼이나 정책 포럼을 설립하는 등 다양한 방식으로 활동하고 있다. 특히, 코리안 디아스포라는 한국의 목소리와 가치를 해외에서 증폭시키는 네트워크를 구축할 수 있는 유리한 위치에 있으며, 이를 통해 향후 통일 담론을 만들어가는 데 중요한 역할을 할 잠재력을 가지고 있다. 해외 거주 한국인은 문화적 격차를 좁히는 가교 역할을 수행하는데, 이러한 경험은 한국과 그들이 거주하는 국가 모두에서 정체성과 소속감에 대한 폭넓은 논의를 풍요롭게 하는 데 기여하고 있다.

디아스포라의 참여는 경청, 옹호, 문화 외교, 교류, 국제 방송 같은 공공외교의 기본 요소들을 내포하고 있다. 디아스포라 공동체는 전통적인 국가 행위자들에게는 종종 결여된 독특한 신뢰성을 제공하며, 특히 이들의 서사가 거주국 대중과 공감대를 형성할 때 강력한 설득력을 발휘한다. 이러한 목소리는 고국과 관련된 도전과 고난을 다룰 때, 그리고 거주국의 관점과 부합하는 긍정적인 가치를 강화할 때 특히 설득력이 크다.

글로벌 세계적 민족주의, 포퓰리즘, 외국인 혐오 현상 등으로 대표되는 새로운 통일환경의 변화 속에서 코리안 디아스포라는 공공외교에서 더욱 중요한 역할을 수행할 잠재력을 지닌다. 글로벌화가 상호의존을 촉진하는 반면, 미국 우선주의, 영국의 브렉시트, 중국의 민족 부흥 같은 최근의 국가주의 논의의 부흥은 국제적 협력보다는 국내 이해관계를 우선시하는 경향을 보인다. 이러한 변화 속에서 코리안 디아스포라 공동체는 새로운 도전 과제를 헤쳐나가며, 교차 문화적 이해를 옹호하고 사회적 격차를 해소하는 데 유리한 위치에 있다. 코리안 디아스포라의 상호이해

증진을 위한 적극적인 참여는 이들의 보호와 통합을 도울 뿐 아니라 다양성, 관용, 인권에 대한 한국의 헌신을 강조하며 한국의 평판 안보를 강화한다. 점점 더 양극화되는 세계에서 한국 디아스포라는 한국의 가치를 투영하고 세계 대중과 의미 있게 교류할 수 있는 탄력적이고 신뢰할 수 있는 수단을 제공한다.

디아스포라 네트워크는 독립적으로 작동하며, 종종 비공식적인 연결을 형성하고, 전통적인 국가 외교가 도달할 수 없는 영역에까지 영향을 미치는 고유한 힘을 지니고 있다. 이러한 네트워크는 강력하며, 공식적인 통일외교 노력을 보완하는 중요한 요소로 작용한다. 국가가 더 이상 국제적 정체성의 유일한 설계자가 아닌 다극화된 세계에서, 디아스포라는 한반도 통일에 대한 국제적 인식을 형성하는 데 기여하고 있다. 따라서 한국 정부는 코리안 디아스포라와의 전략적 교류를 통해 한국의 통일외교 노력을 강화해나가야 하며, 해외 거주 한국인이 한반도 통일 담론에 대한 영향력 있고 신뢰할 수 있는 목소리를 지속하여 내도록 하는 것이 중요하다.

2) 글로벌 통일환경 변화와 통일공공외교

통일공공외교는 미·중·일·러 같은 한반도 통일문제에 직접적 이해관계와 영향력을 갖고 있는 강대국을 대상으로 시작했으나, 점차 유럽, 동남아, 중남미 등 그 범위를 넓혀가며 효과를 거두고 있다. 이러한 변화는 글로벌 국제질서 재편과도 밀접하게 연관되어 있다. 한반도 문제가 강대국 간의 힘의 외교와 지정학의 종속변수가 되지 않도록 전략적 지평을

     Ⅲ. 세계시민적 연대 속 코리안 디아스포라의 역활과 한반도 평화

넓혀나가기 위해서는 신흥국·중견국 등으로 대상을 확대할 필요가 제기된 것이다. 또한, 상대국의 주요 여론 형성층인 언론인, 학자 등을 넘어 일반 대중으로 통일공공외교의 대상 범위도 확장되고 있다. 이는 탈냉전 이후 세계화와 자유민주주의 확산과 함께 국제사회에서 개인과 대중의 목소리가 커지고 있는 현상을 반영한 것이다. 예를 들어, 소셜미디어 같은 플랫폼을 통해 전 세계의 일반 대중이 빠르게 정보를 공유하고 의견을 교환하면서, 한반도 통일 문제에 대한 인식 변화와 여론 형성에 영향을 미치고 있다. 무엇보다 국제사회에서 한국의 위상이 높아지고, K-문화의 확산으로 국가 이미지가 제고되면서 한국은 글로벌 무대에서 더욱 중요한 역할을 맡게 되었다. 이러한 변화는 통일 문제에 대해서도 국제사회에서 보다 우호적이고 긍정적인 여론을 형성할 수 있는 기반을 마련해주었으며, 이를 바탕으로 한국은 통일공공외교를 보다 자신감 있게 추진할 수 있는 여건을 갖추게 되었다.

하지만 오늘날 통일공공외교는 지정학의 귀환과 복합안보 위기 상황 속에서 새로운 도전을 맞이하고 있다. 미중 패권경쟁과 우크라이나 사태로 인해 한·미·일 대 북·중·러 간의 대립 구도가 극명해지고 있으며, 이는 한반도 통일을 위한 국제협력을 저해하는 요인으로 작용하고 있다. 북한 역시 핵·미사일 개발 등 군사적 위협을 계속하여 가하면서 안보의 딜레마 상황은 가속되고 있다. 군사적 긴장관계가 지속되고 지정학적 이해관계가 만연할 때 공공외교의 기반이 되는 연성권력은 힘을 상실하게 된다. 또한, 코로나19 등을 거치면서 세계는 복합안보 위기의 상황에 직면하면서 한반도 통일 이슈에 대한 관심은 더욱 낮아지고 있다. 안보, 경제, 보건, 환경 등 다양한 분야에서 일상에 대한 위협이 복합적으로 나타나면서 국제사회에서 북한 문제는 우선순위에서 밀리게 된 것이다.

　그러나 이러한 상황일수록 한반도 통일이 오늘날의 지정학적 대결 국면을 완화하고 새로운 국면을 이어나갈 수 있는 방법이라는 것을 국제 사회에 알리고 한반도 통일에 대한 국제사회의 입장을 변화시키는 것이 중요하다. 통일공공외교가 필요한 지점은 여기에서 나타난다. 또한, 한반도 통일과 남북관계 개선은 글로벌 신안보 문제를 해결하는 열쇠가 될 수 있다. 신안보 문제란 전통적인 군사적 위협을 넘어 환경, 보건, 빈곤, 자연재해 등 다양한 분야에서 발생하는 새로운 형태의 안보 문제를 말한다. 예를 들어, 기후변화는 국경을 초월한 인도주의적 위기를 초래할 수 있으며, 전염병 확산은 국가 간 협력의 필요성을 더욱 부각시킨다. 북한의 경우, 기후변화로 인한 식량 부족이나 보건 문제 같은 신안보 이슈들이 국가 내부뿐만 아니라 국제적으로도 중요한 안보 문제로 떠오르고 있다. 이러한 문제를 논의할 때 북한 문제를 함께 연계하여 다루는 것은 대결 국면의 전환을 유도할 수 있는 중요한 전략이 될 수 있다.

　이와 같은 맥락과 변화하는 국제환경 속에서 새로운 남북 간의 어젠다 발굴과 실행을 위해서는 해외 국제기구, NGO, 전문가들과의 네트워크 구축 및 협업이 필수이다. 이를 통해 한반도 통일을 국제적 협력과 신안보 문제 해결의 중요한 축으로 자리매김할 수 있다. 무엇보다 이러한 과정에서 통일공공외교를 통해 해외 여론을 주도하는 새로운 노력이 필요하다. 예를 들어, 기후변화나 보건 문제 같은 글로벌 이슈와 북한의 상황을 연결하여 국제사회가 공동의 해결책을 모색하도록 유도하는 것이 그 일환이 될 수 있다. 통일공공외교를 통해 해외 여론을 주도해나가는 새로운 노력이 필요한 시점이다.

　또한, 국제사회가 우려하는 통일 과정에서 발생할 수 있는 안보 불안정성, 경제적 비용, 지정학적 충격 등을 한국이 책임감 있게 관리할 수 있는 '신뢰할 수 있는 행위자(Reliable Actor)'임을 증명하는 것이 중요하다. 컬(Cull, 2024)은 오늘날의 공공외교에서 K-컬처 같은 '소프트파워'의 매력을 넘어선 '평판 안보(Reputational Security)'의 중요성을 역설하는데, 이는 국가가 위기 상황에서 신뢰할 수 있는 파트너로 인식되는 능력을 의미한다. 외국의 NGO, 기업(CSR 활동 연계), 학계, 정치인을 한반도 통일 문제에 연결하고, 이들이 한국의 '평판'을 지지하는 목소리를 내도록 유도하는 실질적인 네트워킹이 중요하게 된 것이다.

3) 정부정책과 재외동포 통일공공외교: 현황과 평가

통일부는 재외동포 대상 통일 기반 구축을 위해 정책 여론 형성에 영향력을 행사할 수 있는 오피니언리더 및 전문가 대상 정책 설명회를 실시하고 있다. 또한, 통일외교 기반이 취약한 동포 밀집 지역을 대상으로 현지 언론 매체에 통일 관련 언론 기고를 지원하고 있기도 하다. 한편, 통일부 산하 기관인 국립평화통일민주교육원에서는 다양한 분야의 전문가로 구성된 해외 통일교육위원을 선발하고, 이들을 통해 해외에서의 통일교육 활동을 추진하고 있다. 또한, 재외동포를 대상으로 글로벌 통일 연수 프로그램을 제공하고 있으며, 영어 학습 교재를 개발·발간·배포하고 있다. 통일부의 공공외교 예산은 2024년 18억 3,100만 원에서 25억 8,200만 원으로 증대했다. 하지만 2025년 외교부 예산이 177억 4,800만 원, 한국교류재단 예산이 425억 1,400만 원 등인 것에 비해서는 여전히 부족한 상황이다. 특히, 통일부 차원의 재외동포 대상 사업의 예산과 인력 등 행정력은 그 중요성에 비해 턱없이 부족하다. 또한, 재외동포를 대상으로 정부의 정책을 설명하고 알리기 위한 노력은 있었던 반면, 재외동포를 정책 담론에 참여시키고자 하는 예산은 별도로 찾아보기 어렵다. 이는 재외동포를 통일의 적극적 주체로 다루기보다 거주지와 남북 간 매개체적 역할로 한정하여 바라보기 때문으로 보인다.

2023년 6월 출범한 재외동포청과 재외동포협력센터의 사업과 예산을 살펴보면, 재외동포 대상 언어와 역사 교육을 통해 정체성을 함양시키기 위한 다양한 프로그램을 추진 중인 것으로 보인다. 정부는 "재외동포 사회와 모국 간 유대 강화 및 상생 발전"이라는 목표하에 재외동포의 정체성 및 역량 강화를 위한 정책을 추진하고 있다. 재외동포 정체성 함양을 위해 한국학교 증설, 온라인 학습 기반 구축, 재외동포 교육용 교재 개발, 모국 초청 연수 등의 기회를 지속적으로 제공하는 등 정부 차원의 지원이 계속되고 있다. 재외동포의 역사와 배경을 보면 통일문제는 정체성의 문제이기도 하지만, '정체성 함양'의 중심에 있어야 할 통일 논의는 적극적으로 이루어지지 못하는 상황이다. 한국학교와 한글학교, 그리고 세종학당에서는 한국어 및 한국문화를 교육하고 있으나 통일교육을 위한 예산이나 인력이 별도로 편성되어 있지는 않다. 재외동포 사회의 지역별·연령별 특수성을 고려한 통일교육을 통해 재외동포의 정체성 및 통일역량 강화를 위해서는 통일부, 외교부, 교육부, 재외동포청 간의 긴밀한 협력과 동시에 이를 위한 추가 행정력이 요구된다.

대통령 직속 자문기구인 민주평화통일자문회의 역시 통일공공외교를 담당하고 있는 기관이다. 해외 45개의 거점별 지역회와 122개국 4천여 명의 해외위원은 해외통일 담론 확산 등을 위한 통일공공외교를 추진하며, 재외동포사회의 통일기반 조성을 위한 활동을 하고 있다. 해외지역회의 및 해외지역협의회의 운영 규정상에도 통일공공외교의 업무가 명시되어 있다. 대표적인 사업으로는 해외 평화통일포럼(피스포럼), 해외 대북정책 강연회, 해외 통일골든벨, 차세대 통일아카데미 등이 있다. 하지만 민주평통을 중심으로 전개된 통일공공외교만으로는 군사적 긴장관계 및 정치적 이해관계 등에 따라 추진력을 잃을 수도 있다. 예를 들어, 2018년 평화협정 체결을 위한 백악관 청원운동이 워싱턴 한인사회를 중심으로 일어났지만, 이는 새로운 보수정권의 등장과 북한의 계속되는 핵 미사일 도발 등으로 추진력을 상실했다.

군사적 긴장관계 및 정치적 이해관계의 변화 속에서도 지속적인 통일공공외교를 위해서는 보다 보편적 가치에 입각하고, 민간이 주도적으로 참여할 수 있는 신공공외교의 모델이 필요하다. 한반도 통일이 세계가 추구하는 보편적 가치를 달성할 수 있는 길이라는 점을 부각하여 통일공공외교의 새로운 전략을 모색할 필요가 있다. 또한, 국경을 초월하여 새롭게 부상하고 있는 환경안보, 보건안보, 식량안보 등의 문제를 해결하기 위한 방책으로서 북한 문제에 대해 국제사회가 함께 논의할 수 있는 장을 마련하는 것도 중요하다. 통일공공외교를 통해 한반도 문제 해결의 중요성을 국제사회에 지속적으로 환기하고 협력을 유도해나가야 한다.

하지만 외교부의 '문화외교 및 국제교류' 예산(2024년 약 231억 원)이나, 특히 문화체육관광부가 한류(K-컬처) 확산을 위해 K-콘텐츠 산업 육성에 투입하는 예산(2024년 약 1조 125억 원)과 비교하면, 통일 의제는 정책적 우선순위에서 밀려있다. 이는 K-컬처의 '매력(attraction)'에 기반한 소프트파워 전략에 과도하게 의존하면서, 통일 같은 민감한 안보 이슈에 대한 '신뢰(trust)'를 구축하는 작업은 상대적으로 소홀히 하고 있음을 보여준다.

하지만 통일을 위해 나아가는 길에서는 정부 정책에 대한 국제사회의 지지가 뒷받침되어야 하며, 이 과정에서 코리안 디아스포라의 역할이 재조명되어야 할 것이다. 재외동포는 해외에 거주하고 있어 국내 정치적 이해관계에서 어느 정도 자유로우며, 남북대화가 단절된 상황 속에서 보다 자유롭게 북한 문제에 접근이 가능하다는 점에서 변화하는 국내외 환경 속에서 통일공공외교 사절단으로 중요한 역할을 해낼 수 있을 것이다. 또한, 한국어에 능통하고 국제적 시각에서 북한 문제를 보다 객관적으로 다룰 수 있어 통일공공외교의 특수성과 보편성을 반영하기 유리하다. 무엇보다 모국과 거주국의 특성을 공유하는 재외동포는 세계 보편적 관점에서 국제사회를 대상으로 남북관계와 한반도 통일문제의 특수성에 대해 설명하고 설득하는 데 중요한 역할을 할 수 있을 것이다.

따라서 재외동포의 통일역량 강화를 위한 통일교육 및 각종 홍보사업을 통일공공외교 측면에서 장기적으로 바라보고 접근할 필요가 있다. 이를 위해서는 자유민주주의 공공외교, 문화공공외교, 기술공공외교 등 타 부서 및 타 분야의 사업들과 연계하여 진행할 필요가 있다. 정부의 통일정책을 알리는 집체교육 또는 일회성 행사보다는 재외동포의 참여와 정서적 유대를 고양할 수 있는 문화적·역사적 요소가 가미된 접근법이 필요하다. 예를 들어, 한글학교 및 한국학교 등 동포교육 기관의 교육과정에 통일 교육을 반영하여 3~4세대 재외동포가 민족정체성을 모색하는 과정에서 자연스럽게 한반도 통일에 관심을 두고 참여할 수 있도록 유도해야 한다.

4) 재외동포 사회 및 글로벌 환경 변화와 코리안 디아스포라

(1) 재외동포 사회의 변화

재외동포는 외국 국적 동포와 재외국민을 포괄하는 개념으로 한국의 재외동포는 193개국에 걸쳐 약 730만 명이 있다. 그런데 이 중 35.96%가 미국에, 32.09%는 중국, 11.18%는 일본에 거주하고 있으며, 그 외 독립국가연합[러시아(6위, 168,526명), 우즈베키스탄(5위, 175,865명), 카자흐스탄(9위, 109,495명)] 등 특정 지역에 밀집하여 거주하고 있다. 이러한 현상은 한국분단과 재외동포 이주의 역사와도 상당 부분 관련이 깊다. 한국전쟁을 전후해서 발생한 전쟁고아, 미군과 결혼한 여성, 혼혈아 등 많은 수가 미국으로 이민을 갔다. 또한, 기근, 빈곤, 정치적 이유 등을 이유로 많은 수가 국경을 넘어 중국, 일본, 러시아 등으로 이주했다. 재외동포가 한반도 통일과 깊은 이해관계를 가진 주변 강대국인 미·중·일·러에 밀집해 있는 것은 이들 국가를 대상으로 통일공공외교를 펼치기에 유리한 환경을 조성하고 있다.

해외로 이주한 재외동포는 각 국가의 사회문화에 일부 동화되는 한편, 개개인이 공공외교 사절단으로서 역할을 해왔다. 또한, 이들의 이주 역사가 분단의 역사와 맞닿아 있는 만큼 한국 내에 거주하는 한국인보다 때로는 통일 문제에 더욱 적극적으로 목소리를 내기도 했다. 또한, 재외동포는 남북한 인적교류 시 중개자로서 역할을 하기도 했다. 남북한이 정치군사적 상황으로 직접적인 교류가 제한된 상황에서 재외동포는 북한과의 교류가 상대적으로 자유로웠다. 특히, 북한과 국경을 접하는 지역에 거주하는 중국 조선족의 경우 친척 방문, 경제교류를 위한 방문 등 다양한 형태로 인적교류를 이어가며 남과 북의 중개 역할을 해왔다.

한편, 최근 재외동포 사회의 구성원 및 위상이 변화하고 있다. 이러한 변화는 크게 세 가지로 요약할 수 있다. 첫째, 세대교체 및 신규 이민자 증가 등에 따른 재외동포 구성원의 다원화이다. 차세대를 중심으로 거주국 내 주류사회 진출이 활발해지면서 재외동포 사회의 환경이 변화하고 있다. 이와 동시에, 차세대 동포의 모국과의 유대감, 그리고 한인 정체성에 대한 인식은 약화되는 경향을 보인다. 재외한인 2~4세들은 거주국 국민으로서의 정체성을 강하게 가지고, 한민족이라는 의식은 부차적이거나 거의 없는 경우가 흔하다. 2020년 재외동포재단 설문조사에 따르면 미국 지역 2세대 중심 동포단체는 영어만 사용하며, 스스로 '미국인'으로 규정하는 경우도 28%로 상당하다. 차세대 동포의 모국과의 유대감, 한인 정체성에 대한 인식 약화의 경향을 고려했을 때, 한반도 문제 및 통일인식 역시 약화될 것이 우려되는 상황이다. 분단을 직접적으로 경험하지 못한 차세대 동포를 위한 맞춤형 통일교육을 통해 해외 통일역량을 지속해서 결집해나가는 등 차세대 재외동포를 대상으로 한 통일공공외교가 강화되어야 한다.

다른 변화는 외국 국적 동포의 모국 귀환의 확대이다. 이들은 국내에서 투표권을 행사할 수 있어 국내 통일환경 조성에도 적극적인 영향력을 행사하고 있다. '재한조선족유권자연맹'은 선거 활동뿐 아니라 정책포럼 등을 개최하는 등 정치참여를 확대해나가고 있다. 또한, 이들은 해외에서의 경험과 시각을 통해 국내 통일 담론을 주도할 수 있고, 타문화 수용력 및 다양한 경험 등을 토대로 사회통합 및 동질성 회복과정에서 주요한 역할을 할 수 있을 것이다. 특히, 귀환하는 외국 국적 동포 중 많은 수가 북한과 인접한 지역에 거주했던 조선족, 고려인이다. 이들은 사회주의와 자본주의 시장경제 체제를 동시에 겪었기 때문에 북한의 개혁개방 및 남북 경제협력을 촉진하는 역할을 할 수 있을 것이다.

마지막은 해외에서 재외동포 사회의 위상 강화이다. 100여 년 이주의 역사를 거친 재외동포는 이미 거주국에서 경제적·정치적·문화적 기반을 갖추고 있다. 특히, 차세대 재미동포는 법조계, 언론계, 정치계 등 주류사회에 진입하여 여론 형성 및 정책 결정 과정에서 중요한 역할을 하고 있다. 이러한 국제환경의 변화 및 재외동포 사회의 변화를 고려했을 때, 재외동포를 통일의 매개체가 아니라 통일의 주체로 두고 통일공공외교의 프레임을 다시 검토해야 한다. 해외 무역, 투자, 기부 등 경제적 측면뿐 아니라 공공외교 측면에서도 재외동포를 활용하여 거주국의 여론을 변화시켜나가야 할 것이다. 특히, 주류사회로 진출하고 있는 차세대 재외동포와의 네트워크 구축 및 활용은 매우 중요하다.

(2) 글로벌 통일환경 변화

최근 글로벌화와 동시에 세계적 민족주의가 팽배하면서, 코리안 디아스포라는 또다시 정체성과 역할 모색의 어려움을 겪고 있다. 세계화와 함께 진행된 탈국경화와 상호의존성 증대에도 불구하고 민족 간의 연대와 정체성은 더욱 강화되고 있다. 미국 제일주의(American First), 영국의 브렉시트 탈퇴, 중국의 민족부흥정책 등 주변국들에서 진행되는 민족 중심의 공세적 정책들은 협력보다는 갈등을, 공동의 이익보다는 자국의 이익을 우선하고 있다. 자국 내 타 인종에 대한 배타성이 높아지고, 심지어는 혐오와 폭력으로까지 이어지며 재외동포 집단으로 대표되는 코리안 디아스포라의 우려와 걱정도 깊어지고 있다. 우리 사회에서도 이러한 배타성은 탈북민 포용 정책의 어려움으로 나타나고 있으며, 통합되고 통일된 미래로 나아가는 데 큰 걸림돌이 되고 있다. 세계 무한경쟁의 시대 속에서 더 이상 과거의 민족 정체성만을 강조하는 통일정책은 젊은 세대의 지지를 얻기 어려운 상황에 놓이게 된 것이다.

이러한 국제적·국내적 난관 속에서 코리안 디아스포라는 글로벌 스탠더드에 맞는 민족 정체성을 제공해주고, 변화하는 국제정세 속에서 한민족 간의 연대를 이어갈 수 있도록 하는 데 기여할 수 있다. 최근에는 한반도 문제에서 '민족'이라는 배타적 개념에서 탈피하여 '글로벌 코리안 통일방안'으로 나아가자는 논의가 대두되고 있다. 한반도 통일이 단순히 남과 북의 영토 및 정치적 통합이 아니라 문화, 언어, 역사, 정체성 등을 공유한 세계 한민족의 통합을 의미해야 한다는 것이다. 이러한 관점에서 본다면, 전 세계 720만 명의 재외동포 역시 통일 담론에서 주체적으로 포함되어야 할 대상이다.

코리안 디아스포라는 배타적 민족주의가 만연하는 국제정세 속에서 지속적으로 북한 문제와 한반도 통일 어젠다를 국제사회에 제기할 수 있는 동력이 될 수 있다. 코리안 디아스포라는 변화하는 통일 글로벌 네트워크 구조 변화 속에서 거주국의 사회단체, 언론인, 인플루언서 등과 소통하며 담론을 형성해나가는 데 유리한 조건을 갖추고 있다. 과거의 통일 공공외교가 미·중·일·러 등 주변 강대국에 대해 한반도 통일에 대한 긍정적 이미지를 제고하는 데 목적이 있었다면, 변화하는 통일환경의 통일 공공외교 대상은 더욱 확대되고 있다. 유럽 국가의 인권단체 등은 북한의 인권사항 개선에 지속적으로 목소리를 내고 있으며, 베트남, 싱가포르 등은 북한의 개혁개방 과정에서 경험과 지식을 제공하는 등 중요한 역할을 할 수도 있다. 또한, 아프리카 및 중동 지역에서의 분쟁 및 화해 경험은

   Ⅲ. 세계시민적 연대 속 코리안 디아스포라의 역할과 한반도 평화

한반도 통일 과정에서 새로운 교훈이 될 수도 있다.

따라서 향후의 글로벌 통일 네트워크는 강대국뿐 아니라 NGO 단체, 언론기관, 여러 분야의 학자, 개인 인플루언서 등 다양한 행위자를 포함해야 할 것이다. 코리안 디아스포라는 이러한 새로운 해외 글로벌 네트워크 형성에서 주요한 역할을 할 수 있다. 특히, 재외동포는 변화하는 통일 글로벌 네트워크에서 중심성이 매우 높으며, 모국과 거주국 간에 높은 신뢰도를 갖고 있기 때문에 그 역할이 더욱 커질 것으로 기대된다.

오늘날의 통일공공외교는 전통 외교의 보조 수단을 넘어 국가 이미지 및 브랜드 강화, 그리고 이슈별 네트워크를 통한 국익 추구를 위한 유용한 수단으로 자리 잡고 있다. 한편, 한반도의 통일문제가 북한의 핵·미사일 등 전통 안보 영역을 넘어 인권 문제, 동북아 경제협력, 환경·보건 등 신안보 문제의 요소까지 아우르게 되면서 글로벌 차원에서의 통섭적 접근이 필요하게 되었다. 이러한 변화 속에서 코리안 디아스포라는 통일 공공외교의 최전선에서 새로운 해외 통일 담론을 형성하고 있다.

코리안 디아스포라의 역사는 분단의 상흔과 맞닿아 있으며, 통일 준비 과정에서 재외동포의 역할이 곧 통일 한국의 미래상과 직결되어 있다. 남북관계의 대결 국면에서 재일동포는 간첩단 사건, 재일동포 북송사건, 육영수 여사 피격사건, 동베를린 사건 등 역사적 사건에서의 직접 당사자가 되었다. 또한, 남북한의 분단은 재외동포의 분단과 분열도 고착화했다. 중국, 러시아 등 공산권의 재외동포는 남한을 방문할 수 없었으며 미국 등 자유진영 동포는 북한을 방문할 수 없었다. 일본에서는 민단과 총련으로 나뉘어 분열하는 등 냉전 시기 동안 재외동포 사회의 반목과 갈등도 증폭되었다. 한편, 재외동포는 외교적 분쟁 및 통일과 관련된 민감한 사안 등에서 한국 정부가 추진하기 어려웠던 문제들에 적극적인 역할을 해왔다. 서울의 일본 대사관 앞과 미국 글렌데일, 디트로이트 등에 '위안부 소녀상 설치'가 재외동포에 의해 추진되었다. 또한, 뉴욕 거주 재외동포는 '동해 병기 법안'의 국제화에 이바지했다.

하지만 지금까지 통일 과정에서 코리안 디아스포라의 역할은 한국 정부와 거주국 사이의 매개체적 역할에 국한되어왔으며, 통일 담론 형성 과정에 직접적으로 참여한 경우는 제한적이었다. 또한 재외동포의 통일 역량을 강화하고, 코리안 디아스포라 네트워크를 구축하여 통일외교의 토대를 만들어나가자는 초당적 합의는 있었으나, 이를 위한 예산 또는 인력은 제대로 갖춰지지 못한 상황이다. 국내문제가 국제문제가 되고, 국제문제가 국내문제가 되는 글로컬 시대에 한반도 통일 문제를 더욱 넓은 틀에서 다루기 위해서는 재외동포의 새로운 역할 모색과 이를 위한 정부의 뒷받침이 필요하다. 한반도 통일이 국제사회의 보편적 가치인 자유와 평화를 달성하기 위함임을 국제사회에 설득하기 위해서는 재외동포의 집단지성과 역량이 결집되어야 한다.

한반도 통일 문제는 남북한이 주체적으로 풀어야 할 민족적 과제인 동시에 국제적 문제이기도 하다. 남북 분단과 민족상잔의 비극은 한반도를 둘러싼 강대국 간의 이해관계와 복잡하게 얽혀있으며, 북한의 핵 문제, 인권 문제, 사이버 위협 등을 해결하기 위해서는 국제사회의 공동의 의지와 역량을 집결해내는 힘이 필요하다. 과거에도 외국 정부를 상대로 통일을 위한 외교활동이 이루어져왔지만, 변화하는 통일환경에서 남북관계의 돌파구를 마련하고 전환점을 맞이하기 위해서는 새로운 전략이 필요하다.

(3) 코리안 디아스포라의 역할 재조명

변화하는 정세 변화 속에서 코리안 디아스포라는 다음과 같은 세 가지 역할을 할 수 있다. 첫째, 민족공동체 통일방안을 발전적으로 계승해나가는 과정에서 코리안 디아스포라는 시대정신에 부합하고 국제적 기준에 맞는 담론을 형성해나가는 데 기여할 수 있다. 정부의 담대한 구상에서는 1989년 여야 간 초당적 합의를 통해 수립한 한민족공동체 통일방안의 내용을 계승 및 보완·발전해나가고자 한다. 하지만 민족의 동질성과 중요성만을 강조하는 민족공동체 통일방안은 국내 젊은 세대 및 국제사회의 지지를 받기 어려운 상황이다. 따라서 시대정신에 맞고 국내외적으로 공감대를 형성할 방안으로 이를 보완해나가는 과정이 필요하다. 무엇보다 전 세계 한민족의 목소리와 의견을 청취하고 반영하는 것이 필요하다.

둘째, 한민족 민족 동질성 회복 과정에서 코리안 디아스포라의 역할이다. 담대한 구상에서는 남북 간 공감대가 있는 민족문화, 역사 등의 부문에서 중단된 교류가 재개되고 지속가능한 협력이 되도록 노력할 것을 발표했다. 또한, 체육, 예술, 종교, 학술 등 다양한 분야에서 민간 차원의 교류가 활성화될 수 있도록 지원할 것을 약속했다. 재외동포 중 많은 수는 한반도 분단 전 또는 직후에 해외로 이주했으며, 이들은 세계 전 지역에 흩어져 살면서도 한국의 문화와 통일에 대한 염원을 간직하면서 살아가고 있다. 한민족 동질성 회복 과정은 단순히 남과 북에 거주하고 있는 주민을 대상으로 할 것이 아니라 세계 전 지역에 거주하고 있는 한민족을 포함해야 할 것이다.

셋째, 통일 한국에 대한 국제사회의 '신뢰'를 구축하는 핵심 비(非)국가 행위자로서의 역할이다. K-컬처 중심의 소프트파워가 한국의 '매력'을 높이는 데는 성공했지만, 이는 통일 같은 복잡한 안보 이슈에 대한 국제적 '신뢰'와 '지지'로 자동 연결되지 않는다. 정부 주도의 홍보는 때로 지정학적 갈등 속에서 일방적인 선전으로 비칠 수 있는 한계가 있다. 바로 이 지점에서 코리안 디아스포라는 정부나 글로벌 기업들과 마찬가지로 국제적 신뢰를 구축할 수 있는 핵심 '다중 행위자(multi-actor)'로서 기능한다. 이들의 역할은 단순히 정부 메시지를 전달하는 '매개체'가 아니라, 거주국 주류사회(학계, 언론, NGO, 기업 등)와 직접 '협력 네트워크'를 구축하는 것이다. 이를 통해 디아스포라는 통일 과정의 불확실성에 대한 국제사회의 우려를 해소하고, 통일 한국이 국제사회에 '신뢰할 수 있는 파트너'임을 증명하는 핵심 주체가 되어야 한다.

참고문헌

김예경. 「우리나라 공공외교의 추진체계 현황과 개선과제」. 『NARS 입법정책』 121. 서울: 국회입법조사처, 2022.

남성욱 외. "글로벌 한인 통일네트워크 구축에 관한 연구: 미주동포를 중심으로." 『통일문제연구』, 제28권 1호 (2015).

문화체육관광부. "2024년 콘텐츠 분야 정부 예산안 1조 125억 원 편성, K-콘텐츠, 국가전략산업 육성 위해 과감히 투자." [보도자료] (2023년 9월 4일).

외교부. "제2차 공공외교 기본계획(2023-2027)" (2022); 〈https://www.mofa.go.kr〉.

______. 『2025년도 공공외교 종합시행계획』 (2025); 〈https://www.mofa.go.kr〉.

외교부 재외동포영사국. "2021년 재외동포 현황" (2021); 〈https://www.mofa.go.kr/www/ brd/m_4075/ view.do?seq=368682〉.

우병국. "남북교류 활성화와 재중동포사회의 역할: 현황, 한계 및 전망." 『동서연구』 제22권 1호 (2010).

이은정. "코리안 디아스포라의 민족 정체성 형성방안과 통일 한반도를 위한 역할 연구." 민주평화통일자문회의 사무처 연구보고서, 2017.

이진영. "통일과 글로벌 코리안 네트워크 구축: 재외동포와 신뢰프로세스." 『문화와 정치』, 제1권 1호 (2014).

임채완·김혜련. "한반도 통일과정에서 재외동포의 역할." 『한국동북아논총』, 제77호 (2015).

통일부. 『통일백서』. 서울: 통일부, 2022.

한국국제교류재단. "문화가치와 공공외교." 2021 KF 미래 공공외교 어젠다 보고서, 2021.

황병덕 외. 『한반도 통일공공외교 추진전략: 한국의 주변 4국 통일공공외교의 실태 연구』. 경제인문사회연구회 협동연구총서 13-26-01. 서울: 통일연구원, 2013.

Allison, Graham. *Destined for War: Can America and China Escape Thucydides Trap?* Boston: Mariner Books, 2018.

Cull, Nicholas J. *Reputational Security: Refocusing Public Diplomacy for a Dangerous World*. Cambridge UK: Polity Press, 2024.

8
한반도 평화를 위한
코리안 디아스포라와의 연대와 협력:
중국 조선족과 재일 한인의 경우를 중심으로[*]

홍면기[**]

1) 기로에 선 통일논의, 새로운 돌파구가 필요하다

'우리의 소원은 통일'이라는 명제는 분단 이후 의심의 여지 없는 당위로 통용된 사회적 합의였다. 그러나 지금, 통일은 더 이상 자명한 목표로도, 실현 가능한 과제로도 여겨지지 않는다. 최근에는 통일이 쉽게 이루기도 어려운 문제라는 인식이 늘어나고, 미중 관계의 사나운 파고가 밀려오면서 과연 평화를 지켜낼 수 있을지에 대한 불안감마저 확산돼 가고 있다. 이러한 퇴행이 만연하고 있는 것은 국제정세의 급격한 변화,

---

[*] 이 장의 내용은 저자의 『연변 조선족 사회와 한반도 평화통일』 (서울: 동북아역사재단, 2018)을 바탕으로 재작성했음을 밝힌다.

[**] 고려대학교 아세아문제연구원 연구위원

2019년 북미 하노이회담 결렬 이후 교착된 남북관계가 만든 보수적인 사회심리를 반영하고 있다. 그러나 더 근본적으로 점검해볼 것은 이런 심리의 저변에 우리의 안이한 현실인식이 자리 잡고 있는 것은 아닌가 하는 점이다.

제국의 경계선에 위치한 한반도는 역사적으로 세계 권력구조 변동에 민감하게 반응해왔다. 해방 이후 분단과 전쟁, 재분단의 고난 어린 역사 역시 세계질서의 변동과 깊이 연동되어 있음은 물론이다. 1990년대 냉전이 해체되면서 남북한 간 화해 분위기가 조성되었지만, 21세기 들어 세계정치가 격동하면서 잠시 열렸던 '기회의 창'이 닫혀가고 있는 것도 우리가 국제정치의 변화를 정확히 읽어내지 못한 탓이 크다. 이제는 북핵 문제와 지난 정부의 맹동적 반공주의로 분위기가 급랭하면서 남북이 협상 테이블에 마주 앉는 것조차 어려운 지경이 되었다.

이런 상황에서 기존의 통일 당위론이나 기능주의적 접근으로 남북관계의 돌파구를 찾는 것은 매우 어려운 일이 되었다. 이런 국면을 타개하려면 한편으로 우리가 직면한 국제정치적 현실을 과학적으로 이해하고 이를 극복해나갈 의지를 충전해가면서, 다른 한편으로 분단을 넘어설 상상력으로 새로운 통일자원을 발굴해나가지 않으면 안 된다. 코리안 디아스포라를 주목하는 것은 바로 이런 맥락에서이다.

2023년 말 기준 전 세계에 거주하고 있는 재외한인은 700만 명 정도로 집계되고 있는데,[1] 재외한인보다 넓은 개념으로 쓰이는 코리안 디아

---

1   재외한인이 한국계 혈통을 가진 사람들로 한국과 거주국 국적자를 포함하는 반면, 디아스포라는 강제이주, 식민지 경험, 정체성의 다양성 등을 포섭하는 역사·문화적 개념이라는 점에서 구별된다. 재외한인은 한국 국적자 또는 그 후손으로 법적·혈통적 기준에 따른 분류이다. 이 장에서는 이들을 엄격히 구분하기보다 문맥에 따라 위 용어들을 적절히 혼용했다.

스포라의 규모는 이보다 훨씬 크다고 볼 수 있다. 화교와 유대인 네트워크가 국제사회에서 중국과 이스라엘의 강력한 지지세력이 되어온 것처럼 코리안 디아스포라 역시 남북한 화해와 협력, 한반도 평화를 추동해나갈 수 있는 전략적 자원으로 자리매김되어야 한다. 이들과의 연대와 협력은 한민족 공동체를 만들어나가는 과정에서 핵심적인 자원이 된다. 특히 코리안 디아스포라의 3/4이 한반도 미래에 직접적 이해관계를 가지고 있는 미국·중국·일본 등지에 거주하고 있다는 점은 주목할 일이다. 이 장에서는 이와 같은 문제의식에 유념하면서 중국과 일본의 디아스포라를 중심으로 이들이 평화통일 과정에서 어떤 역할을 담지할 수 있는지, 그 연대와 협력의 방법론은 무엇인지를 개괄적 수준에서 논의해보고자 한다.

2) 분단과 전쟁 속에 유실된 코리안 디아스포라의 꿈

현대적 의미에서 코리안 디아스포라의 기원은 구한말 하와이 이민을 그 시작으로 보는 것이 보통이다. 가난과 망국, 식민지가 된 조국을 뒤로하고 낯선 땅을 밟은 이들은 간고한 생존투쟁 가운데서도 역사가 부여한 독립투쟁이라는 책무를 감당해냈다. 냉전기의 단절을 거쳐 모국과의 관계가 재개되며 디아스포라 공동체의 정체성과 역사적 경험에 대한 관심이 다시 높아지고 있다. 코리안 디아스포라의 이런 역사는 이들이 단순한 이민 집단을 넘어 역사적 맥락 속에서 형성된, 한민족으로서의 정체성과 기억을 공유해온 인식 공동체였다는 점을 말해준다.

    Ⅲ. 세계시민적 연대 속 코리안 디아스포라의 역할과 한반도 평화

(1) 평화의 꿈을 보듬어낸 코리안 디아스포라

중국과 일본의 코리안 디아스포라 문제를 제기하면서 가장 먼저 지적할 것은 이들이 해방과 전쟁, 분단의 혼란을 거치면서 여타 지역 동포사회와는 다른 독특한 정체성을 가지게 되었다는 점이다. 해방 이후 북한과 단속적 교류를 유지하던 조선족 사회는 1992년 한중 수교 이후 한국과도 자유 왕래의 길을 열게 되었다. 남과 북 모두와 소통할 수 있는 존재가 된 것이다. 남과 북의 지지세력으로 양분되어 분열과 갈등을 계속해 오던 재일 한인사회도 이제는 과거의 이념적 대립을 넘어 공동체적 연대와 문화적 정체성을 재구성하려는 움직임을 보여주고 있다. 남과 북이 평화적 관계를 만들어내지 못한 동안 이들은 모국의 동포와는 결이 다른 또 다른 분단의 고통을 감내해왔다. 조선족의 6.25 참전이나 10만여 재일동포의 북송사업, 재일동포 간첩단 사건 조작 등이 그런 예들이다. 그런 역사의 파고 속에서 거주국의 차별과 동화정책 등을 견뎌내고 민족의 언어문화와 한민족으로서의 전통을 유지해온 것은 매우 고무적인 일이다. 이들이 체현해온 한민족으로서의 정체성과 국경을 넘나들던 초국가적 경험이야말로 남북의 화해와 평화의 길을 열어갈 수 있는 소중한 자산이 되고 있다는 점에서 더욱 그렇다. 그들이 지켜온 다중적 정체성, 남북한과의 교류 경험이 분단을 넘어 평화의 꿈을 되살린 사상의 텃밭이 되고 있다.

(2) 중국 조선족과 재일 한인사회가 남긴 유산과 과제

중일 디아스포라와 평화와 통일의 방법론을 찾아가려면 이들이 겪어온 남북한과의 교류사, 분열과 갈등, 화해와 협력의 궤적을 복기해볼 필요가 있다. 그들은 고된 역사 속에서도 평화 구축 과정에서 필요한 회복력과 연대의 가능성을 보듬어왔다. 한반도 밖 제3의 공간에서 초국경 협력을 매개할 수도 있고, 거주국과 국제사회에서 한반도 평화 담론을 확산시켜나갈 수도 있다. 이런 시각에서 두 사회의 역사적 경험을 간략히 정리해보기로 한다.

① 중국 조선족 사회: 폐쇄적 사회주의에서 개방, 초국경 사회로의 변화

조선족 사회는 일제강점기의 이주민과 독립운동을 위해 국경을 넘은 사람들의 후예들이 그 주류를 이루고 있다. 중국의 동북 3성(헤이룽장성, 지린성, 랴오닝성)에 집거해온 이들은 국경 바로 너머 모국의 분단과 전쟁, 그리고 중국의 정치적 격동에 직접적으로 연루될 수밖에 없었다. 조선족 사회가 한국과 1992년 한중 수교까지 남남처럼 지내게 된 배경이다. 그러나 이들은 국경 너머 북한과는 돈독한 유대를 유지하면서 북중 교류협력의 가교 역할을 해왔다. 한민족의 문화와 언어를 유지하면서 거주국 공민으로서의 책무를 다하는 과경민족(跨境民族)으로서의 역할을 묵묵히 감당해낸 것이다. 정치적 부침의 영향을 받기도 했지만, 이런 과정에서 국경을 초월한 신뢰와 연대의 자산들이 축적되었음은 물론이다. 마오쩌둥이 6.25전쟁 직전 조선족 정예병사 2개 사단을 북한군에 편입시켜 김일성 남침에 결정적인 도움을 준 것은 이 같은 연대의 정점을 보여주는 사건이었다. 그러나 1966년부터 중국이 문화대혁명이라는 10년의 격동에 휩싸이면서 조선족 사회도 큰 변화를 맞게 되었다. 중국공산당은 혁명의 광풍 속에서 조선족 사회를 와해하고 중국화하려는 기도를 공공연히 드러냈고, 수많은 조선족 인사들이 '반혁명분자'로 몰리는 수난을 겪기도

 Ⅲ. 세계시민적 연대 속 코리안 디아스포라의 역할과 한반도 평화

했다.

1978년 중국이 개혁개방을 선언한 이후 1992년 한중 수교까지는 조선족 사회가 한국과의 관계 개선을 탐색하고 확장해간 시기였다. 중국 실용주의 정책의 확산, 북한의 경제난 등으로 북한이 '모범적 사회주의 국가'라는 인식은 더 이상 통용될 수 없었다. 외부세계와의 접촉이 증가하면서 북한과의 관계는 크게 위축되었고, 중국의 대도시와 한국에서 새로운 기회를 찾는 사람들이 늘어났다.

한국의 입장에서 보면 극적인 반전이었다. 이후 조선족과 한국의 교류가 급속히 진전되면서 교역이 증가하고 한국 기업들과 조선족 사이의 협력관계도 구축되었다. 조선족 사회에 대한 차별적 시선에도 불구하고 1990년대 후반부터 다수의 조선족이 결혼, 취업, 유학 형태로 한국으로 유입되었다.

이처럼 남북한과 조선족의 삼각 소통과 협력이 가시화되면서 조선족 사회가 남북화해와 통일과정에서 중재자 역할을 할 수 있다는 기대가 커지게 되었다. 학술문화교류도 크게 확장되었고, 두만강개발계획 등에 남북이 협력하는 방안이 모색되기도 했다. 특기할 것은 조선족 사회와 한국의 교류가 본격화된 이후에도 조선족 사회 내부에서 친북, 친남의 분열 현상이 나타나지 않았다는 점이다. 남북관계 개선국면에서 이들이 베이징, 옌볜 등을 중심으로 남북한과 조선족 간 교류협력에 기여한 경험과 더불어 이들이 남북 사이에서 중재 역할을 할 수 있다는 잠재력을 보여준 장면들이었다.[2]

---

2   조선족 사회에는 아직도 북한의 인척이나 탈북자 등을 돕는 것이 인도적 도리일 뿐 아니라 조선족이 어려움에 처했을 때 북한이 그들을 환대하고 도와주었던 빚을 갚아야 한다는 정서가 크게 자리 잡고 있다.

② 재일 한인사회: 패전 전범국과 분단 조국 사이에서의 분열적 정
　체성

자유민주주의 국가 일본을 배경으로 성장한 재일 한인사회는 거주
국의 편견과 차별을 견뎌왔다는 점, 그리고 친남·친북이라는 정치적 갈
등을 겪어왔다는 점에서 조선족 사회와는 상황이 사뭇 다르다.

해방 직후 일본에는 약 200만 명의 조선인이 거주했던 것으로 추산
된다. 대부분 강제징용, 일제강점기 이주 등으로 일본에 정착한 사람들이
지만, 모국이 분단되면서 정체성의 혼란이 심화되었고, 여기에 남북의 영
향력 경쟁이 더해지면서 한인사회의 분열이 더욱 조장되었다. 1946년 설
립된 재일거류민단(민단)이 대한민국을 합법정부로 인정한 반면, 1955년
친북 성향의 한인이 결성한 재일본조선인총연합회(조총련)는 북한을 합법
정부로 받아들이고 친북적인 행보를 계속했다. 냉전이 만든 이념적 대치
속에 남북의 경쟁적 지원을 받은 두 단체는 학교 운영, 경제 활동, 지역
공동체의 주도권 등을 놓고도 치열하게 경쟁하고 대치했다.

냉전이 끝난 후 일본 내 재일 조선인 사회에 화해 무드가 조성되면
서 두 단체 간의 접촉도 일부 이루어졌다. 2006년에는 민단과 조총련이
오사카에서 화해 모임을 개최하고 상호 존중과 협력을 위한 대화의 필요
성을 확인하기도 했다. 그러나 화해는 제한적일 수밖에 없었고, 최근에는
두 조직 모두 기존 영향력 유지에도 어려움을 겪고 있는 것으로 알려지고
있다. 조총련의 경우 일본 내에서 북한과의 연계 활동을 계속하고 있지
만, 북한의 경제난과 국제적 고립으로 지원이 줄어들고, 2세, 3세의 이탈
도 심화되고 있다. 민단이 당면하고 있는 애로도 크게 다르지 않다. 일본
내 한인의 세대교체와 정체성 변화로 세력이 약화되고 있는 데다 일본 국
적을 선택하는 재일 한인이 증가하고 있기 때문이다. 일본 사회의 보수화

와 혐한(嫌韓)·혐북(嫌北) 정서 확산으로 재일 한인의 일본에서의 입지가 위축되고 있다는 것도 이들이 안고 있는 공통의 고민이다. 이들 재일 한인사회가 어떻게 정치적 대립을 넘어 공통의 정체성을 공유해가면서 협력의 전선을 만들지는 여전히 미완의 과제로 남아있다.

③ 남북관계와 재외 한인사회의 상호 역동

북중 국경과 바다 하나를 사이에 두고 자리 잡은 중국과 일본의 한인사회는 남북관계의 변화에 직접적인 영향을 받아왔다. 남북한 간의 긴장·화해 국면에 따라 두 사회 내부의 정치적·사회경제적 관계가 변화하고, 이것이 거주국에서의 위상과 모국과의 관계와 연동되었던 것이다. 남북관계가 긴장되면 이들 두 사회 분열의 원심력이 높아지고, 남과 북 어느 한쪽과의 관계를 차단하려는 경향도 강화되었다. 이런 국면에서 조선족이나 재일 한인사회는 남북한의 협력 공생을 촉진하는 공간보다는 경쟁갈등, 심지어 남북 정치공작의 대상이 되기도 했다. 남북한이 상대측으로 경사된 세력을 잠재적 위협으로 여기고, 상대방과의 유착을 감시하고 차단하는 정책을 취했기 때문이다. 1959년에서 1984년까지 재일동포 북송사업이나 1975년부터 추진된 총련계 동포의 모국 방문사업을 통해 당시의 정책적 맥락을 이해할 수 있다.

반면, 남북한의 화해 국면은 이들이 자신의 존재감을 확인하고 확장해가는 시간이 되었다. 모국과의 연대를 통해 자신들의 민족적 정체성을 고양하고 남북한과 함께 역사문화공동체로서의 경험을 공유할 수도 있었다. 하지만 남북관계가 누적적으로 개선되지 못하면서 조선족 사회와 재일 한인사회를 평화, 통일의 동반자로 유도해가는 노력도 중단될 수밖에 없었다. 남북 갈등 국면에서는 재외동포와의 연대와 협력이 현실적으로 작동하기 어렵다는 점을 실증적으로 보여주는 사례들이다.

3) 코리안 디아스포라, 평화통일의 소중한 자산이다

분단과 전쟁, 그리고 남북한 간의 갈등과 대치로 점철된 지난 80년 역사는 우리 사회에 다원적 가치와 이견을 배척하는 흑백논리, 그리고 정치사회적 갈등을 '이념 문제'나 '북한 탓'으로 환원시키는 뿌리 깊은 관성을 낳았다. 통일 문제를 남북한 간 길항관계로만 사고하다 보니 우리가 지닌 통일 역량을 장기적이고 체계적으로 발굴하기 어려운 구조가 굳어졌고, 평화를 성취해나가는 방법론과 전략적 유연성도 제약될 수밖에 없었다.

특히, 우리 사회가 그동안 코리안 디아스포라의 존재를 통일논의 과정에서 충분히 고려해오지 못한 것은 자성할 대목이다. 민주평통 등의 노력이 없었던 것은 아니지만 대체로 정부의 대북정책을 '홍보'하는 수준에 머물렀고, 통일문제를 한민족 공동체 형성이라는 글로벌한 차원으로 견인해 올리지는 못했다. 냉전적 사고 속에 그들이 지닌 잠재력을 우리 사회의 미래자산으로 적극 활용하지 못한 것이다.

(1) 코리안 디아스포라 잠재력의 재평가

코리안 디아스포라, 그중에서도 조선족과 재일 한인사회를 한반도 평화와 통일논의의 돌파구로 주목하는 것은 이들이 위와 같은 한계를 극복해나갈 역사적 경험과 다원적 가치관, 공간적 위치를 가지고 있다고 보기 때문이다. 그 역할을 다음 몇 가지로 정리할 수 있다.

첫째, 이들이 거주국에서의 압박과 편견을 견뎌오면서도 민족적 정체성을 유지해왔고, 다른 한편에서는 제3자적 시각에서 남북 간의 대립 갈등을 관찰하고 체험해온 집단이라는 점을 주목해볼 필요가 있다. 한민족의 역사문화적 전통과 더불어 거주국의 사유방식을 흡수하는 과정에서 편협한 분단민족주의를 넘어설 수 있는 실용주의적 가치를 체화해온 것이다. 남과 북이 이념적 대치로 역사의 시간을 소모하고 있는 동안 이들은 뛰어난 적응력과 문화적 체험으로 남북한 신뢰 회복과 한반도 평화 과정에 쓰일 소중한 덕목을 축적하고 있었다.

둘째, 이들이 한반도와 거주국 간 경제문화적 교류의 소통, 연결에 기여해왔다는 점이다. 남북교류가 활발히 논의되던 시기에 이들은 남북한 소통과 학술문화교류의 중개자를 자임하기도 했다. 재일 한인의 한일 경제협력과 문화교류 중개나 중국 조선족 사회가 동북 지방에서 남북이 힘을 합해 공장을 세우고 옌볜대학 등이 남북한 학술교류를 중개했던 일들은 기억해둘 만한 일들이다. 개성, 금강산이라는 남북한 직접 접촉공간이 사라진 상황에서 일본이나 중국 동북을 거점으로 한 교류협력 경험은 남북한 간 새로운 협력 플랫폼 구상 과정에서 깊이 참고할 지점이다. 한민족 공간의 확장이라는 점에서의 중요성도 당연히 새겨야 할 포인트이다.

셋째, 이들이 모국을 등진 소수자로서의 아픈 경험을 통해 모국의 평화와 통일, 한민족 전체의 역량 증가가 얼마나 중요한 것인지를 깊이 인식하고 있는 사람들이라는 점 역시 중요하다. 코리안 디아스포라는 한반도에서의 혼란과 충돌이 자신들의 삶을 직접적으로 위협할 수 있다는 점을 자각하면서 분단의 모순을 체득해온 공동체이다. 이들이 모국이 어려움이 닥쳤을 때 발 벗고 나서서 힘을 보탰던 것은 이 같은 깨침을 극명하게 보여준 것이다. 조선족 사회가 고난의 행군기에 북한의 생존을 지원하며 중국 당국의 눈을 피해 탈북자를 보호한 것이나 한국의 IMF 외환위기 때 금 모으기 운동을 전개했던 것 등은 결코 쉬운 일들이 아니었다.

위에서 중국과 일본 지역에 거주하고 있는 코리안 디아스포라가 체화한 독특한 역사적 경험이 남북관계와 동아시아 평화의 중요한 자산이 될 수 있다는 점을 사례를 들어 설명했다. 이들이 가지고 있는 경험과 잠재력을 활용해나간다면 한반도와 동아시아 평화 질서 구축에 새로운 돌파구를 만들어갈 수 있을 것이다.

(2) 남북의 '분단형' 재외동포 정책과 그 문제

그렇다면 남과 북은 그동안 얼마나 적극적으로 코리안 디아스포라의 잠재력을 평가하고 분단을 극복하기 위한 자산으로 활용해왔을까? 답은 부정적일 수밖에 없다. 앞에서 살펴본 바와 같이 남과 북이 그동안 코리안 디아스포라를 남북한 소통과 협력의 플랫폼으로 자리매김하기보다 자신의 지지 기반을 확장하거나 체제 논리를 정당화하는 수단으로 이용해왔기 때문이다. 여기서는 이 점에 유의하면서 남북한의 재외동포 정책과 그 수렴 가능성을 타진해보기로 한다.

한국은 재외동포를 경제협력이나 외교적 지원 세력으로 인식하면서도 이들을 북한의 체제와 격리하고 북에 동조하지 않는 재외동포를 우대하는 배제적 정책 기조를 유지해왔다. 이런 상황에서 재외동포를 통일문제를 풀어가는 '보이지 않는 국력의 팔'로 활용하는 것은 불가능한 일이었다. 그럼에도 역대 정부가 재외동포에 대해 지속적인 관심을 기울여왔다는 점은 눈여겨볼 대목이다. 재외동포에 관한 법제의 발전 과정은 이런 흐름을 잘 보여주고 있다.

1999년 제정된 「재외동포의 출입국과 법적 지위에 관한 법률」은 대한민국 재외동포 정책을 제도적으로 규율한 최초의 법률이었다. 그러나 '재외동포법'으로 불려온 이 법은 그 적용 대상을 '대한민국의 국적을 보유했거나 과거에 보유했던 자와 그 직계비속'으로 한정함으로써 역사적 이유로 한국 국적을 보유하지 못했던 재일 조선인, 조선족, 사할린동포 등을 사실상 배제했다는 비판을 받았다. 2004년 헌법재판소의 위헌 결정으로 적용 범위가 확대되기는 했지만, 민족적 연대보다 국가적 귀속을 우선하는 인식의 한계를 완전히 벗어나지는 못했다.

2023년 제정된 「재외동포기본법」은 이 같은 한계를 보완하여 재외동포의 권익 보호, 교류 협력, 정체성 유지를 위한 국가의 책무를 명시하고 있다. 특히 재외동포의 개념을 한민족의 혈통과 정체성을 공유하는 외국 국적 동포까지 포괄하도록 규정함으로써 그동안 제도권 밖에 머물렀던 다양한 동포집단을 정책적으로 포용했다는 점에서 의의가 크다. 2023년 외교부 산하에 재외동포청을 설립하여 정책 집행의 일관성과 전문성을 높였다는 점도 주목할 만하다. 글로벌 한민족 공동체 비전을 구체화해가는 가운데 통일의 장기적 동력을 확보할 토대가 마련된 것이다.

북한의 재외동포 정책 역시 분단의 유지 강화형이라는 점에서는 크게 다르지 않다. 친북 단체인 조총련을 통해 재외동포를 체제 선전에 활용하고 북한에 대한 충성을 유도해온 것이 그 전형적인 사례이다. 재외동포를 '조국 통일'을 위한 지원 세력으로 간주한다고 하지만, 옌볜 지역과 조선족 사회를 매개로 한 남북한 교류 협력에 부정적 태도로 일관한 것은 북한 주장의 이중성을 잘 보여주고 있다.

재외동포를 둘러싼 위와 같은 남북 간의 갈등은 재외 한인사회를 화해와 협력 아닌 경쟁과 갈등의 대상으로 전락시키는 부작용을 키워왔다. 이런 문제를 극복하려면 우선, 정치적 목적, 이념적 편향에 매몰된 남북의 재외동포 정책이 이들의 자율성과 정체성에 부정적 영향을 미쳤다는 점을 되짚어보아야 할 것이다. 한중 경제협력, 한국의 경제발전에 기여해온 조선족이 한국 사회에서 차별받는 것은 매우 안타까운 일이다. 더욱 큰 문제는 우리 사회에서 영화 등의 대중예술을 통해 조선족에 대한 부정적 이미지와 편견이 끊임없이 재생산되고 있다는 점이다. 우리의 미래자산을 우리 스스로 버리는 결과를 초래할 수 있다는 점을 잊지 말아야 할 것이다. 재일 한인사회의 경우에서 보듯 분단형 정책이 재외동포 사회의 정치적·이념적 갈등을 심화시켜왔다는 점 역시 성찰해야 할 대목이다. 남북한이 재외동포를 도구적 관점으로만 바라봄으로써 이들의 잠재력을 사장하는 마이너스 게임을 계속하고 있는 셈이다.

4) 코리안 디아스포라와의 연대와 협력: 현실과 과제

지난 30여 년 동안 조선족과 재일 한인사회는 모두 커다란 변화를 겪어왔다. 세계가 하나로 연결되고 사회적 유동성이 증가하면서 모국과의 왕래는 활발해졌지만, 공동체와 가족의 해체, 그리고 정체성의 혼란이라는 고민도 함께 깊어지고 있다. 이러한 어려움을 극복하기 위해서는 남북한과 코리안 디아스포라 간의 연대와 협력의 장을 더욱 확장해나가야 한다.

이들이 겪는 위기들은 개인 차원으로 환원할 수 없는, 한민족 공동체의 미래를 좌우할 구조적 문제들이다. 그런 만큼 정책결정자들은 이들이 직면하고 있는 사회경제적 어려움, 정체성의 위기를 해소할 방안을 적극적으로 모색해야 할 것이다. 우선 남북한과 디아스포라로 분절된 한민족 네트워크를 유기적으로 통합해내는 것이 유력한 해법이 될 수 있을 것이다. 이러한 전략적 기조 위에서 지속가능한 한민족 공동체의 대책을 구체화해나가야 한다.

(1) 연대 협력의 기반: 공동의 역사 기억과 교류 경험

재외한인을 통일논의의 새로운 자원으로 자리매김해나가기 위한 기본전략은 분단형이 아닌 상생형 재외동포 정책을 구현하는 것이다. 하지만 남북이 갈등하고 있는 상황에서 이와 같은 정책 전환은 쉬운 일이 아니다. 남과 북에서 재외동포 문제에 대한 관심이 환기되어야 하고, 남북관계 진전과 병행하여 남북한과 재외동포 간 협력에 대한 정책적 조율도 진전시켜야 한다.

이와 같은 정책 공조를 위해서는 무엇보다 남북 모두 재외동포를 체제 강화 도구가 아니라 한민족의 글로벌 네트워크 자산이라는 데 공감해나가는 것이 중요하다. 재외동포를 차별하지 않고, 경제문화 협력의 한 축으로 수용하는 노력도 중요하다. 이와 동시에 남북 화해협력 프로그램을 진척시켜나가면서 재외한인의 역할을 확대하는 조치가 병행되어야 할 것이다.

그동안 학술시민단체, 관련 정부 기관에서 재외한인과의 연대와 협력을 위한 노력이 활발하게 전개되어왔다. 재외동포 포럼, 한민족 평화네트워크, 세계한상대회, 차세대동포 모국 연수 등 주체와 분야도 매우 다양하다. 우리 사회가 이미 코리안 디아스포라 연대와 협력의 기반을 상당히 구축해온 셈이다. 코리안 디아스포라의 잠재력을 평화와 통일 역량으로 수렴해나가는 일은 먼 시야를 가지고 추진해나갈 장기적 과제이다. 단기적 성과나 한계에 일희일비하지 않고 긴 시야를 가지고 그들과의 협력체제를 강화해간다면 그 잠재력을 배가해나갈 수 있을 것이다. 논의의 편의상 여기서는 코리안 디아스포라 연대와 협력을 위해 ① 남북한 모두 대결적 분단형 재외동포 정책을 극복하고, ② 협력 플랫폼을 구축하는 등 상생형 재외동포 정책을 강화하고, ③ 궁극적으로 남북한과 재외동포가 글로벌 차원의 네트워크를 구축하여 제도화해나간다는 세 단계의 과정

<표 1> 코리안 디아스포라와의 연대와 협력 3단계(예시)

구분	남북한 관계	재외한인 역할
① 분단형 재외동포 정책 개선 ⇩	• 재외한인을 둘러싼 체제 경쟁 자제 – 민족공동체 의식 강조하는 공공외교 강화 • 재외한인 관련, 거주국과의 마찰 관리 • 재외동포 사회에서의 남북한 접촉 교류 탐색 * 정경분리 원칙 견지 • 재외한인에 대한 인식 개선 사업 추진	• 중립적 태도 견지하며 남북 모두와 교류 유지 – 비정치적·비군사적 교류 • 민족문화, 언어 유지 • 남북한, 재외동포 3자 학술, 문화행사 추진
② 상생형 재외동포 정책 추진 ⇩	• 남북한, 재외동포 사회와의 3자 연대 확인 – 남북, 재외한인 간 정례적 협의 채널 구축 * 이산가족 면회 등 시범사업 등 추진 • 남북한 공동으로 재외동포 행사 및 지원 – 재외한인 경제문화 교류 플랫폼 구축	• 한반도 평화를 위한 '인식공동체' 구성 • 남북한과의 신뢰를 통한 거주국 내 지위 개선 • 한민족 문화, 스포츠외교 플랫폼 구축
③ 글로벌 코리안 네트워크 제도화	• 재외동포의 남북한 상호방문이나 판문점 등에서의 공동 프로그램, 교류 공간 마련 • 한반도 평화와 통일을 위한 협의체 구축 – 협의 채널 구축 및 공동 행사 등 정례화 • 남북한, 재외동포 3자 간 협력 제도화(경제협력 프로젝트, 기금 조성 등 추진)	• 글로벌 코리안 네트워크 역할 확장 • 거주국 내 남북한 협력 프로그램, 사업 활성화

        III. 세계시민적 연대 속 코리안 디아스포라의 역할과 한반도 평화

을 제시했다. 〈표 1〉은 이런 전략적 접근을 정리한 것으로, 정책지표나 리스크 관리 체크리스트 작성 혹은 단계별 시범사업 구체화의 기초자료 등으로 활용될 수 있을 것이다.

(2) 정책전환을 위한 인식론적 과제

남북한과 재외한인 간의 연대와 협력을 원만하게 진전시켜나가려면 우선 남과 북이 상생형 재외동포 정책을 추진한다는 데 공감할 수 있어야 한다. 북한의 전향적인 자세 전환이 전제되어야 하겠지만, 우리 사회도 반성할 지점이 없지 않다. 먼저 북한붕괴론, 전쟁불사론 등의 비현실적 논단을 극복하고 미래지향적 비전 속에서 북한과 재외동포를 포섭해나가야 한다는 점에 대한 사회적 합의가 이루어져야 한다. 그래야 〈표 1〉에서 예시한 의제들이 질적인 논의로 이어질 수 있다.

현 상황에서 우리가 또 하나 유념할 것은 재외동포의 역량이 빠르게 소진되어가고 있다는 점이다. 중일의 동화정책, 공동체의 해체와 민족친화성 약화 등이 그 원인임은 앞에서 설명한 대로이다. 이런 추세가 계속될 경우 재외동포와의 연대와 협력을 통해 한반도 평화를 이루고, 글로벌 코리안 네트워크를 만들겠다는 구상은 이룰 수 없는 꿈으로 사라질 공산이 크다. 코리안 디아스포라와의 연대와 협력이 언젠가 이룰 목표가 아니라 바로 지금부터 선취해나가야 할 시대적 과제가 되는 연유이다.

한반도 평화와 통일에 대한 철학적 지향을 확고히 하지 않으면 자칫 미로에 빠질지도 모르는 것이 우리 현실이다. 이런 상황에서 가장 먼저 할 것은 분단형 재외동포 정책을 넘기 위한 인식론적 전제들을 명확히 하는 것이다. 첫째, 한민족으로서의 공동의 역사적 기억과 교류 경험이 남북한과 재외 한인사회의 연대와 협력의 가장 중요한 기반임을 잊지 말아야 한다. 그들과 우리가 역사문화적 공동체의 일원이라는 인식이야말로 글로벌 코리안 네트워크의 핵심적 요소이다. 잃어버린 역사의 강역에서, 패전 일본에서 디아스포라로서의 삶을 살아온 이들의 역사를 제대로 인식하는 것이 무엇보다 중요하다. 둘째, 이미 지적한 바와 같이 재외한인, 특히 조선족 사회에 대한 편견을 불식시키기 위한 사회적 노력이 더욱 강화되어야 한다. 언론과 교육의 역할이 핵심이지만 학술적 차원에서 재외한인과 그들의 역량을 통일 자원으로 발전시켜나갈 논리를 발굴하고, 사회적으로 공유해나가는 것도 중요한 과제이다.

마지막으로 재외동포 정책에 세계를 누비고 있는 K-문화를 접목함으로써 코리안 디아스포라에 세계시민사회와 호흡하는 개방적 공동체의 정체성을 수혈하는 것도 필요하다. 이는 전 세계를 무대로 영역을 넓혀가고 있는 K-문화의 글로벌 시민 네트워크 구축에 코리안 디아스포라가 한 축을 담당할 수 있다는 비전을 구현하는 것이다.

(3) 재외한인 연대 협력, 남북합의 실천에서 시작 가능

재외 동포사회는 남북관계의 정체, 거주국의 정치사회적 압력 등으로 공동체 해체의 위기를 맞고 있다. 한국으로서는 한반도의 평화와 통일 과정에서의 유력한 자원, 동반 세력의 역량을 잃어가는 것이며, 전체 한민족 입장에서는 우리의 영향력과 생활세계가 축소되는 것을 의미한다. 갈라진 모국이 그들을 뒷받침하지 못하고, 그들 역시 역사적 모국과의 발길을 끊는다면 애석한 일이다. 남북한과 코리안 디아스포라가 힘을 합해 공동의 번영을 지향하는 길을 찾아야 한다.

이러한 문제의식은 그동안의 남북 간 합의 속에서 반복적으로 확인되어온 하나의 방향성이기도 하다. 남과 북이 1992년 남북기본합의서와 분야별 부속합의서에서 이러한 가능성에 공감하고 있었다는 점은 이런 의미에서 주목할 만하다. 이들 합의서가 재외동포의 역할을 명시적으로 규정하고 있지는 않지만, 남북 간 민족공동체 형성과 교류협력의 틀 속에서 이들의 참여 가능성을 열어두고 있기 때문이다.

1972년 7.4 남북공동성명에서 제시된 민족대단결의 원칙 역시 재외동포를 포괄하는 보다 적극적인 의미로 해석할 수 있다. 20년 후인 1992년 2월 발효된 남북기본합의서는 이러한 기조를 한 단계 더 진전시키고 있다. 제3장 '교류·협력' 부분의 관련 조항을 살펴보면, 제15조는 "남과 북은 민족 구성원들의 자유로운 접촉과 왕래를 실현하며, 이산가족 및 친척 방문을 우선적으로 추진한다"고 규정하고 있고, 제16조는 "사회, 문화, 체육, 보건, 환경 등 여러 분야에서 협력과 교류를 적극 추진한다"고 밝히고 있다. 또한 제17조는 "민족 경제의 균형적 발전과 공동 번영을 위해 경제 교류와 협력을 실현하며, 상호 보완성을 활용한다"고 명시하고 있다.

이 연장선에서, 2000년 남북정상회담에서 채택된 6.15 공동선언은 민족 내부의 화해와 단합을 강조하며 재외동포를 포함한 '민족 전체'의 공동 번영을 지향하는 정신을 다시 한번 확인했다. 나아가 2007년 10.4 선언은 "남과 북은 국제무대에서 민족의 이익을 도모하고, 6.15 공동선언을 지지하는 해외 교포 단체들과의 연대를 강화하기로 한다"고 명시함으로써 재외동포가 민족 공동체의 미래를 구성하는 중요한 부분임을 다시 한번 분명히 하고 있다.

문제는 약속한 것들을 실천하는 것이다. 남과 북의 화해협력이 당장 어렵다면 재외한인을 공동의 미래자산으로 인식하고, 역사 발전의 자원으로 활용하는 과도적 조치를 병행하자는 것이 이 글의 취지이다.

5) 맺음말: '국력의 보이지 않는 팔'을 적극 활용하자

재외 한인사회는 일방적으로 모국의 지원에 의존하거나 기대는 피동적 존재가 아니다. 조선족 사회나 재일 한인사회는 모두 분단 조국의 외곽에서 꿋꿋이 자신들의 삶을 꾸려오면서 민족적 정체성을 지키며 누구보다 모국의 평화를 갈구해왔다. 그럼에도 아직도 냉전 시대의 이념적 잣대로 이들이 걸어온 고난과 생존의 역사를 폄훼하고, 내 편 네 편을 가르려는 심리상태는 유아적이고 자해적이다.

1990년대는 냉전 해체, 한중 수교, 남북기본합의서 타결 등 통일의 희망을 가시화하면서 시작되었다. 그 후 30여 년이 지난 지금, 남북관계는 '두 개의 한국론'이 운위될 만큼 악화되어 있다. 큰 흐름에서 돌아보면 당위적 통일론, 북한에 대한 우월감, 경직된 냉전적 세계관에 빠져 30년의 전략적 시간을 역사적 기회로 활용하지 못한 결과이다. 그야말로 우리의 '잃어버린 30년'이었다. 이제 가지 못했던 길을 다시 찾아나서려면 고갈돼가는 통일자원을 충전하고, 구시대적 이념에 빛바랜 사상적 궁핍을 극복해야 한다. 700만 코리안 디아스포라, 특히 중국과 일본, 미국에 거주하는 동포를 코리안 네트워크로 포섭하면서 통일 논의의 새로운 차원을 열어야 한다.

통일은 선언적 수사가 아닌 실사구시적 정책으로 한걸음한걸음 성취해나가는 것이다. 그동안 남과 북은 체제 존중, 내부 문제 불간섭, 비방·중상 중지, 상호불가침과 군사적 도발 중지 등을 약속해놓고도 이를 휴짓조각처럼 버리는 일을 반복해왔다. 북한 책임이 크다 해도 한국이 북한에 약속을 지키도록 유도하고 강제하지 못한 것은 장기적 국가전략이 부실했거나 실패했다는 것을 방증하는 것이다. 세계 10위권의 경제력, 5위권의 국방력을 갖춘 우리가 "약속은 지켜져야 한다(Pacta sunt servanda)"는 관행을 세워나가지 못하면 이런 실패를 반복할 개연성이 크다.

한반도 평화와 통일의 조건과 환경이 매우 불투명한 시간이다. 이런 상황일수록 통일부(국립평화통일민주교육원), 외교부(재외동포청), 민주평통 등 유관 기관이 긴밀히 협력하며 재외동포를 한반도 평화와 통일의 동반자로 이끌어내는 데 힘을 합해야 할 것이다. 정부도 미래 한반도 구상이라는 큰 틀에서 코리안 디아스포라와의 연대와 협력을 위한 체계적인 대책을 수립해나가야 한다. 지금이야말로 그동안 사장되었던 코리안 디아스포라의 힘을 '국력의 보이지 않는 팔'로 움직여야 할 때이다. 역사의 시간은 우리를 기다려주지 않는다.

참고문헌

동북아역사재단.『동아시아 평화와 초국경 협력: 남북한, 중·러 변경지역을 중심으로』. 2013.

정영철. "북한 재외동포 정책의 역사와 변화 가능성."『사회과학연구』, 제25권 2호 (2017).

홍면기.『연변 조선족 사회와 한반도 평화통일』. 동북아역사재단, 2018.

______.『영토적 상상력과 통일의 지정학』. 삼성경제연구소, 2006.

______. "재외한인 네트워크의 새로운 방향과 과제: 미래를 위한 '재외한인 비전하우스를 세우자'."
　　　　『재외한인연구』, 제34호 (2014).

서수정　이화여자대학교 통일학연구원 객원연구위원

베이징대학교에서 국제관계학 박사학위를 취득하고 동 대학교에서 Research Scholar로 지냈다. 통일부 해외통일교육위원을 역임했으며, 현재 통일부 정책자문위원, 이화여자대학교 통일학연구원 객원연구위원, 이화통일교육선도사업단 책임연구원으로 활동하면서 대학 강의와 연구과제를 수행하고 있다. 수교 이전 또는 분단 상황을 배경으로 국가가 아닌 행위자들이 국가 간 관계 형성과 외교 과정에서 수행해온 역할 및 그 변화 양상, 그리고 국가 행위자와의 협력·갈등 관계를 1차 사료와 인터뷰를 통해 분석하는 데 연구 관심을 두고 있다. 주요 논저로는 "한중수교 이전 양국관계 발전과정을 통해 본 비정부행위자의 역할 및 정부와의 협력관계"(통일정책연구, 2022), "1980년대 중국 재정분권과 지방정부의 외교적 역할 연구"(중소연구, 2023), 『북한 체제의 닫힌 일상과 흔들리는 미래』(2025, 공저), "북한의 '발화된 침묵'과 국제 규범 수용"(한국정치연구, 2026) 등이 있다.

조영웅　연세대학교 통일연구원 전문연구원

베이징대학교에서 국제관계학 박사학위를 받았다. 현재 연세대학교 통일연구원에서 전문연구원으로 활동하고 있으며, 동 연구소에서 한국연구재단 인문사회연구소 지원사업 「북한외교사료 글로벌DB 구축」 사업에 참여하고 있다. 주요 연구분야로는 외교정책결정과정, 정책반응(policy reaction), 한국외교정책, 중국 중앙-지방관계 등이 있다. 주요 논저로는 "관료조직의 핵심임무와 정책과소반응: 2003년 주한미군 감축 협의 연기 정책결정과정을 중심으로"(국제정치논총, 2024), "북한 비공식 기업의 생산성 향상 기제로서 군사문화 수용 가능성 연구"(아태연구, 2024, 공저), "중국 지방정부의 희생적 성과 강화 전략과 자기 성과 약화형 정책 회피"(현대중국연구, 2025) 등이 있다.

조선철　한신대학교 유라시아연구소 연구교수

베이징대학교 국제관계학원에서 최남선의 변절과 민족정체성의 재구성을 주제로 박사학위를 취득했다. 현재 한신대학교 유라시아연구소 연구교수이자 한국외국어대학교 브릭스 융합전공 특임강의교수로서 대학 강의와 연구과제를 수행하고 있다. 국가의 행위에 미치는 정체성의 영향과 존재론적 안보에 대해서 연구하고 있으며, 최근 중국 소수민족 정치 엘리트의 유형 변화에 대해서 연구하고 있다. 주요 논저로는 "중국은 비합리적인가?: 존재론적 안보를 통한 중국 공세적 행태의 대안적 분석"(중소연구, 2024), "불완전한 주권과 존재론적 안보: 중국의 정체성 불안에 대한 국제정치적 고찰"(국제정치논총, 2025, 공저), "변화 속의 지속: 중국공산당 중앙위원회 소수민족 엘리트 충원 구조의 연속성"(현대중국연구, 2025) 등이 있다.

이인정　국립평화통일민주교육원 객원교수

서울대학교 사범대학 윤리교육과에서 교육학 박사학위를 취득했다. 국립평화통일민주교육원(구 국립통일교육원)에서 교수를 역임했으며, 현재 객원교수로 북한학, 통일교육 관련 연구와 강의를 담당하고 있다. 북한 사회 · 문화분야, 특히 북한의 청소년, 여성, 교육 관련 북한 일차자료 분석을 통한 북한 사회의 변화 추이를 연구해왔으며, 통일교육, 평화교육, 민주시민교육, 다문화교육, 사회통합교육 등 다양한 교육 관련 연구를 수행해왔다. 저서로는 『북한 '새세대'의 가치지향 변화』(2007), 『북한의 사회와 문화 그리고 통일』(2010, 공저), 『김일성사회주의청년동맹과 조선민주녀성동맹: 사회변동과 체제유지의 기제』(2010, 공저), 『글로벌 평화와 한반도 통일의 이해』(2020, 공저)가 있다. 주요 논문으로는 "평화 · 통일 감수성 함양 교육의 목표와 내용 체계에 관한 연구"(도덕윤리과교육, 2019), "김정은 시기 북한의 「교육신문」에 드러난 북한 체제통합 기제로서의 교육제도 연구"(초등도덕교육, 2019), "문화간 감수성 증진 통일교육 방안에 관한 연구"(윤리교육연구, 2020), "다문화 시대 문화다양성을 지향하는 평화 · 통일교육의 방향에 관한 연구"(도덕윤리과교육, 2020), "김정은 시기 북한 고등교육 변화와 남북 대학 협력의 과제"(도덕윤리과교육, 2021), "시민참여형 평화 · 통일교육 프로그램에 관한 연구"(도덕윤리과교육, 2021), "사회통합을 지향하는 평화 · 통일교육의 목표와 내용체계에 관한 연구"(도덕윤리과교육, 2022), "성인 학습자 참여 동기 증진을 통한 평화 · 통일교육 방안 연구"(통일교육연구, 2022) 등이 있다.

정주아　강원대학교 국어국문학과 교수

서울대학교 국어국문학과에서 한국현대소설 전공으로 박사학위를 취득했다. 서울대학교 기초교육원 강의교수를 거쳐, 현재 강원대학교 국어국문학과 교수로 재직 중이다. 한국의 식민지 시기 평안도 지역의 로컬리티와 민족문학 형성의 관계, 한국전쟁기 월남민과 전쟁 난민 문학, 디아스포라 문학 등 공간의 지정학적 변동 속에 생산되는 문학적 주제를 연구하고, 최근에는 한국의 생태주의 문학운동에 관심을 두고 있다. 주요 논저로는 『서북문학과 로컬리티』(2014), 『접경의 기억: 초국가적 기억의 장소를 찾아서』(2020, 공저), "1970년대 원주그룹의 생명론과 '민중–생태'의 형식"(한국현대문학연구, 2024), "'선택적' 디아스포라의 세대와 미국"(국제어문, 2023), "조세희의 '은강'연작과 1970년대 한국의 산업선교"(현대소설연구, 2023) 등이 있다.

김수한　인천연구원 경제산업연구부 선임연구위원

중국사회과학원에서 정부이론 전공으로 박사학위를 취득했다. 현재 인천연구원에서 국제 · 중국 및 재외동포 연구를 담당하고 있으며, 인차이나포럼과 한중DB의 PM을 맡고 있다. 주요 연구 분야는 중국 도시 · 지역 연구, 한중 도시외교, 디아스포라 등이다. 통일부 통일교육위원과 인천시 국제 · 남북 관련 위원으로 자문 활동을 해왔으며, 현대중국학회 미래인재위원장과 중국정치연구회 운영위원장을 역임했다. 2026년 한국유라시아학회 회장을 맡고 있다. 단독저술한 『중국지역연구시리즈 I~IV』 및 『큰 외교로 여는 더 큰 대한민국』(2025, 공저), 『전환의 시대, 세계와 한중관계』(2025, 공저) 외에 약 100여 편의 논저와 연구보고서를 집필했다.

윤혜령　HMG 경영연구원 연구위원

고려대학교에서 국제관계학 박사학위를 취득했다. 통일연구원 연구원을 거쳐 통일부 국립통일교육원에서 사무관으로 근무했으며, 현재는 현대자동차그룹의 씽크탱크인 HMG 경영연구원에 재직 중이다. 주요 연구로는 북한의 사이버 위협을 분석한 "Reassessing North Korea's Evolving Cyber Threat and South Korea's Countermeasures"(North Korean Review, 2025)와 "North Korea's Pursuit of Coercive Leverage in the Information Age: Expanding Cyber and Counterspace Capabilities"(The Korean Journal of International Studies, 2025), 그리고 1990년대 대북 정책을 다룬 "The U.S.'s Deterrence and Assurance Strategies towards North Korea in the 1990s"(Tamkang Journal of International Affairs, 2024, 공저) 등이 있다.

홍면기　고려대학교 아세아문제연구원 연구위원

베이징대학교 국제관계학원에서 박사학위를 받았다. 통일부 근무 후 동북아역사재단으로 자리를 옮겨 정책기획실장 등을 맡아 일했다. 남북관계와 통일문제에 대한 학제적 연구에 관심을 가지고 있다. 재단 근무 중 한국의 대외관계와 외교사 시리즈를 기획 발간한 것은 그런 문제의식의 결과이다. 쓴 책으로 『영토적 상상력과 통일의 지정학』(2006), 『중국 조선족 사회와 한반도 평화통일』(2018)이 있고, 공저로 『동아시아평화와 초국경 협력』(2013), 『중국 동북지역과 환동해지역의 관계성』(2017), 『통일의 신지정학: 평화, 통일의 신지정학(2017)』 등이 있다. 『중국의 한국전쟁 참전기원』(2005)을 우리말로 옮겼다. "페어뱅크 조공체제론의 비판적 검토: 중국중심주의라는 엇나간 시선의 문제"(동북아연구, 2018) 등의 논문이 있다. 2018년부터 「내일신문」에 월 1회 고정칼럼을 쓰며, 역사와 현실을 고민해오고 있다.